영업은
배반하지
않는다

영업은 배반하지 않는다

2016년 11월 25일 초판 1쇄 | 2020년 6월 9일 15쇄 발행

지은이·임진환
펴낸이·김상현, 최세현 | 경영고문·박시형

책임편집·김형필, 조아라 | 디자인·霖design
마케팅·양근모, 권금숙, 양봉호, 임지윤, 조히라, 유미정
경영지원·김현우, 문경국 | 해외기획·우정민, 배혜림 | 디지털콘텐츠·김명래
펴낸곳·(주)쌤앤파커스 | 출판신고·2006년 9월 25일 제406-2006-000210호
주소·서울시 마포구 월드컵북로 396 누리꿈스퀘어 비즈니스타워 18층
전화·02-6712-9800 | 팩스·02-6712-9810 | 이메일·info@smpk.kr

쌤앤파커스(Sam&Parkers)는 독자 여러분의 책에 관한 아이디어와 원고 투고를 설레는 마음으로 기다리고 있습니다. 책으로 엮기를 원하는 아이디어가 있으신 분은 이메일 book@smpk.kr로 간단한 개요와 취지, 연락처 등을 보내주세요. 머뭇거리지 말고 문을 두드리세요. 길이 열립니다.

영업은 배반하지 않는다

영업이 탄탄한 회사는 절대로 흔들리지 않는다

임진환 지음

쌤앤파커스

CONTENTS

PART 1

- ❧ -

이기려는 자가 이긴다 _ 승부사 정신

PART 2

승부는 길목에 있다_판매경로

PART 3

때로는 믿음이 모든 것이다_신뢰관계

PART 4

고객의 꿈속까지 들어가라 _ 고객 비즈니스

PART 5

고객보다 한술 더 떠라 _ 고객 가치

PART 6

로마로 가는 길은 여러 가지다_창조적 사고

PART 7

뒤가 아름다운 사람이 돼라_감성의 정도

알기만 하는 것은 아무 의미도 없다.
제대로 경험하지 않아 현장을 모르는, 성공 경험이 없는 영업리더나 영업직원에게
현혹되어서는 안 된다.
실행 없는 영업은 회사에 해만 될 뿐이다.
배우고 계획하고 연습하고 반드시 실행해야 한다.
그래야 영업이 번성할 수 있고 기업이 생존할 수 있다.

제대로 된 영업이 없다면
좋은 마케팅도 없다

어느 날 영업부서의 한 젊은 직원이 내게 물었다. "어떻게 하면 영업을 잘할 수 있을까요?" 내가 그동안 배우고 경험하고 입증한 것을 바탕으로 몇 가지 이야기를 들려주었다. "고객이 전부이니 고객 입장에서 보아라", "시장에 답이 있으니 놀아도 사무실이 아니라 시장에 가서 놀아라", "공부하지 않는 영업직원은 미래가 없다" 등 평소에 중요하다고 생각되는 말을 그 영업직원에게 해주었다. 그러나 이 몇 마디 말로는 영업을 천직으로 여기며 잘해보려고 노력하는 사람들에게 체계적인 도움을 줄 수 없었다. 그때 생각했다. 내가 공부해서 성공을 거둔 영업 경험을 바탕으로, 진정으로 영업을 잘하려는 이들에게 그 방법을 구체적으로 정리해서 알려줘야겠다고.

한 대기업 임원이 있었다. 입사한 직후부터 관리직에서 일하다가 부장이 된 이후 영업부를 맡고 그 이후 영업 담당 임원이 된 사람이었다. 그는 영업직원을 격려하고 채근도 하는 한편으로 자신을 영업의 달인이라고 여기며 나름대로 영업 노하우도 알고 있다고 믿었다. 이 임원과 얘기를 하다 보면 거슬리는 말을 종종 듣곤 했는데 그것은 '팔아먹는다'라는 말이었다. 그는 물건을 파는 것도 아니고 팔아먹는다고 말하곤 했다.

영업은 단순히 물건을 파는 것이 아니라 고객이 무엇을 원하는지 찾아내거나 혹은 원하지 않아도 무엇인가를 제공해 고객이 사게(구매하게) 하는 것인데, '판다'도 아니고 '팔아치운다', '팔아먹는다', '팔아버린다'라는 표현을 썼던 것이다. 영업 담당 임원이 이런 표현을 쓴다면 십중팔구 그 부서의 영업직원은 모든 수단과 방법을 써서 고객에게 물건을 팔고 난 뒤 그 이후는 알 바 아니라고 생각할 것이다. 그러면 기업과 고객 사이에 연결과 관계는 결코 생길 수 없다.

대학에 와서 취업을 준비 중인 대학생들을 만났다. 내가 취업할 당시와 비교하면 요즘은 취업기회가 상대적으로 너무 적어 기업 취업기회가 있으면 많이 추천하려고 노력했다. 그런데 알찬 중견기업에서도 영업직은 취업 준비 대학생들에게 우선순위에서 대부분 뒤로 밀린다는 사실을 알게 됐다. 경영학과 학생들의 경우 재무, 인사, 마케팅 직군을 먼저 찾고 그쪽이 잘 안되면 그제야 영업직에 눈을 돌리는 것이 아닌가? 그래서 학생들에게 미래를 위해서 많은 것을 배울 수 있는 분야가 영업인데 왜 관심이 없느냐고 물어보았다. "영업은 실적 때문에 스트레스도 받을 것 같고, 불안하고, 뭔가 처절할 것 같아요. 부모님도 가능하면 영업직보다는 다른 일을 추천하시고요."라는 대답이 돌아왔다. 이는 영업의 좋은 점, 특히 B2B영업의 정말 좋은 점들을 실제로 잘 모르기 때문에 일어나는 현상이다.

그래서 이 책을 쓰게 되었다. 첫째로 영업에 대해 잘못된 관념을 가진 중역과 대표이사 그리고 이들로 인해 잘못된 생각을 가지게 될지 모르는 실무자에게 영업이 무엇인지 제대로 알려주기 위해, 둘째로 영업을 수행하고 있는 사람들에게 어떻게 하면 영업을 잘할 수 있는지 그 방법을 구체적으로 알려주기 위해, 셋째로 대학에서 영업에 관해 아무것도 배우지 못하는 학생들에게 잘못된 편견이 아닌 영업의 진실을 알려주기 위해 이 책을 썼다.

나는 이 책에서 영업직원이 갖춰야 할 역량을 7가지로 정리할 것이다. 이 7가지 역량(7C)은 첫째 승부사 정신(Competing Spirit), 둘째 판매경로(Channel), 셋째 신뢰관계(Creditability), 넷째 고객 비즈니스(Customer Business), 다섯째 고객가치(Customer Value), 여섯째 창조적 사고(Creativity), 일곱째 감성의 정도(Cordial Ethics)다. 그리고 이것을 구체적이고 세부적인 33가지 방법으로 정리할 것이다. 7가지 역량에서 앞의 6가지는 '유능한' 영업직원의 역량이고 마지막 한 가지(감성의 정도)는 '따뜻한' 영업직원의 역량이다. '유능함'과 '따뜻함'이 어우러진 영업직원의 7가지 역량(7C)과 33가지 구체적인 방법을 통해 저마다 자신만의 영업 브랜드를 구축하기 바란다.

이 7가지 영업 역량과 33가지 구체적인 방법은 그간 현장에서 쌓은 나의 경험과 성공을 바탕으로, 영업 현장에서 가장 필요한 것이 무엇인가라는 것에 초점을 두고 만들어졌다. 천성적으로 사람을 끄는 영업 성향이 있는 직원을 채용해 기업 영업조직의 경쟁력을 확보하는 것은 구시대적인 발상인 것은 물론, 급변하는 경쟁 시대의 대비에도 미치지 못하는 방법이다. 영업직원을 채용해놓고 시장에 나가서 살아 돌아오는 사람만을 지속적으로 키우는 방법도 경쟁력이 없기는 마찬가지다. 이런 식의 주먹구구식 영업 역량개발로는 저성장 시대, 무한경쟁 시대를 돌파해나갈 수 없다. 영업직원 개개인은 7가지 역량과 33가지 방법을 통해 자신에게 부족한 부분을 파악하고, 이에 대한 개선 계획을 세워 개선해나가야 한다. 그리고 기업은 이 기준을 기초로 영업직원 개발 계획을 세워 체계적으로 교육하고 짜임새 있게 관리해야 한다.

영업은 실무 현장이 무엇보다도 중요하다. 영업이론도 실무 현장의 목소리를 기초로 다듬어져야 한다. 영업은 곧 실무이기 때문이다. 반드시 실무 지침을 바탕으로 제대로 알고 실행해야 한다. 알기만 하는 것은 아무 의미도 없다. 제대로 경험하지 않아 현장을 모르는, 성공 경험이 없는 영업리더나 영업직원에게 현혹되어서는 안 된다. 실행 없는 영업은 회사에 해만 될 뿐이다. 배우고 계획하고 연습하고 반드시 실행해야 한다. 그래야 영업이 번성할 수 있고 기업이 생존할 수 있다.

어려운 시대다. 누구도 저성장 시대를 피해갈 수는 없다. 저성장 시대는 무한경쟁이라는 화두를 만들어냈다. 저성장 시대와 무한경쟁 체제에서의 생존은 곧 시장에서 이기는 것이다. 글로벌 제약회사인 쉐링플라우의 회장인 프레드 하산은 〈하버드 비즈니스 리뷰〉와의 인터뷰에서 기업의 장기적 혁신은 영업과 함께여야 가능하다고 설파했고, 서울대 김현철 교수는 최근에 낸 저서 《어떻게 돌파할 것인가》에서 일찍이 저성장 시대를 맞은 일본을 벤치마킹해 저성장 시대의 돌파전략으로서 영업을 강조했다. 경쟁에서 이기는 영업이야말로 현시대의 필수인 동시에 기업 내 모든 부서, 모든 직급이 알고 행해야 하는 길이다.

2012년 〈하버드 비즈니스 리뷰〉 7/8월호에 실린 '티칭 세일즈(Teaching Sales)'라는 연구에서 영업 컨설팅기업인 찰리 그룹의 분석자료를 인용했는데, 10만 명 이상의 기업 의사결정자를 조사한 결과 기업 구매자의 39%가 업체를 결정할 때 가격, 품질, 서비스보다 영업사원의 역량과 스킬을 보고 결정한다는 내용이었다. 잘 교육된 영업인력이 기업의 성공에 핵심적인 역할을 한다는 사실이 증명된 것이다.

이처럼 기업의 성공 및 생존에 가장 중요한 역할을 하고 더구나 최근의, 아니 미래까지 이어질지 모를 저성장 상황에서 기업이 가장 관심을 가지고 투자해야 할 분야가 영업인 것은 당연하다. 기업은 체계적·과학적으로 영업을 잘하는 방법에 관한 고민과 투자를 늘려야 하고, 영업인은 어떻게 하면 영업을 잘할 수 있을지 끊임없이 배우고 연습하고 실행해야 한다.

영업은 경영의 어느 분야보다도 실무 경험이 중요한 분야다. 나는 대학 졸업 후 지금까지 25년간 영업이라는 한 우물을 파왔다. 글로벌 회사 및 그룹사(IBM, 삼성전자, HP, 한화그룹)에서 실무진부터 중역까지 거치는 동안, 배우고 직접 실행하며 영업의 성공 경험을 두루 쌓았다. 덕분에 전략과 실행이 모두 중요한 영업 분야에서 이렇게 책을 써서 기여할 수 있으니 행운아가 아닐까 싶다.

지금까지의 경험과 이제 막 시작한 연구인생의 첫발인 사례연구를 바탕으로 '영업의 법칙'에 대해 쓴 이 책이, 영업의 본모습을 아직 보지 못한 젊은 세대에게 진정한 영업을 알리는 데 작은 도움이 되었으면 한다. 기업의 대표이사와 중역이 기본적으로 지녀야 할 소양이자, 요즘처럼 어려운 경영 환경하에서는 반드시 보유해야 할 CEO의 덕목이 바로 영업이다. 저성장 시대를 맞아 무한경쟁에서 이기기 위해 영업인력을 개발하고 싶은 기업인들에게도 도움이 되기를 바란다. 무엇보다도 영업에 종사하며 궁극적으로 CEO와 중역이 되고 싶은 독자에게 궁극적으로 선택해야 하는 영업 방법을 구체적으로 알려주고, 이들이 자신의 현재 상황을 되짚어보는 것은 물론 영업 역량 개발 계획을 세우고 발전시키는 데 도움이 되었으면 한다.

영업 현장에서의 경험과 성공을 기초로, 이제 영업을 연구하고 영업의 진실과 중요성을 전파하는 일을 시작한 나에게 많은 격려와 조언을 부탁드린다. 또한 험난하고 힘들지만 즐겁고 의미 있는 이 길을 계속 걷게 해주고 신뢰를 바탕으로 항상 격려해준 고마운 고객분들께 무엇보다도 감사드린다. 아울러 이 책을 출간하기까지 항상 믿음으로 북돋워준 아내 혜영 그리고 딸 규현과 출판의 기쁨을 함께하고 싶다.

PART 1

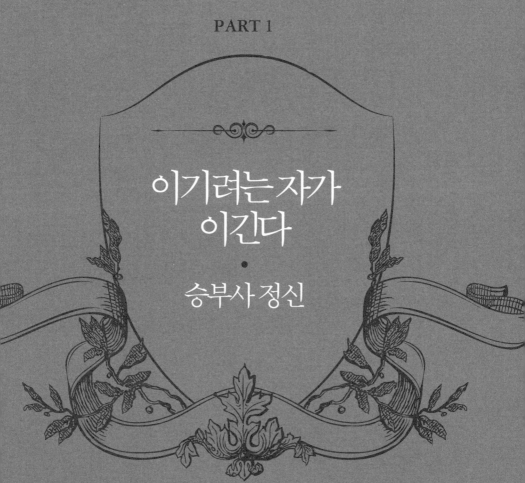

이기려는 자가
이긴다

·

승부사 정신

Competing Spirit

Competing Spirit

한 후배가 어느 날 이렇게 질문했다. "선배님, 저는 고객과도 친하고 거의 매일 고객 회사에 가서 대화하며 열심히 영업하는데, 왜 잘 돼가다가 마지막에 계약이 안 될까요? 너무 화나고 속상합니다. 도대체 뭐가 잘못된 거죠?"

그 후배는 고객의 문제가 무엇인지도 잘 파악하고 있고 구두 뒤축도 자주 가는 편이다. 그만큼 사무실이 아니라 시장에서 고객과 만나며 많은 시간을 보낸다. 회사 내부 직원들과 협업도 잘된다. 고객과 함께 고민해서 가치 있는 해결책도 제안한다. 그런데 계약은 못 따낸다. 왜일까?

이처럼 영업에 필요한 역량을 갖췄는데도 성과를 못 내는 영업직원을 볼 때가 있다. 주변에서는 운이 없다고도 하고 담당 영역(Territory)이 좋지 않다(옥답이 아닌 자갈밭)고도 한다. 정말 오직 운 때문일까? 다른 이유가 있을 수 있다. 이 경우는 고객의 사업을 이해하고 이를 바탕으로 창조적이고 혁신적인 제안까지 했으나 마지막 피치가 모자란 경우다. 7가지 중 첫 번째 역량인 승부사 정신이 부족한 것이다. 이 역량은 결과를 내기 위해 꼭 필요한 덕목이며 고객도 이러한 프로 의식을 지닌 영업직원을 원하고 신뢰한다.

1

옳은 방법이
결국 이긴다

올바르게 이겨라

전장에서의 전투는 생존과 결부된다. 영업직원은 무한경쟁의 소용
돌이에서 이기기 위한 전략과 행동을 생각하고 실행해야 한다. 경
쟁상황을 시시각각 모니터링해야 하고 전투에 임하면 반드시 이겨
야 한다. 물론 큰 전쟁에서 이기기 위해 작은 전투를 희생양으로 삼
을 수는 있다. 그러나 이는 작전참모나 전쟁을 총괄하는 사단장 이
상의 지휘관이 고민할 일이다. 일선의 직원은 무조건 전투에서 이겨
야 한다. 그래야 생존할 수 있고 고객과의 관계도 증진된다. 고객은

전투에서 진 영업직원을 유능하지 않다고 여긴다. 또한 전투에서 지면 고객과의 관계를 지속할 수 없다. 반드시 이겨야 고객과의 관계를 유지하며 가치를 제공할 수 있고 내 가치도 알릴 수 있다.

그러나 정도를 어기면서 목표를 달성하려고 하면 안 된다. 옳은 방법으로 이겨야 한다. 비록 승리하더라도 그 과정에서 수단과 방법을 가리지 않는다면 고객과의 신뢰가 깨지고 지속적인 관계 유지가 불가능해진다. 법적인 문제까지 생길 수도 있다. 정도를 걷지 않으면 아무리 실적이 훌륭하고 큰 계약을 따낸다 하더라도 모든 것을 잃게 된다. 영업의 가장 기본인 고객과 시장의 신뢰를 잃는 것은 물론 자신의 평판과 법적인 문제, 나아가 기업의 존폐에까지 좋지 않은 영향을 미치게 된다. 따라서 반드시 이기되 옳은 방법으로 이겨야 한다. 절대 편법은 안 된다. 소탐대실할 수 있기 때문이다.

이기고 나면 관계는 복원할 수 있다

일단 이기고 나면 그다음이 보인다. 전투에서 이기면 고객과의 관계는 복원 가능하다. A사의 영업직원이 컴퓨터 저장장치(스토리지)를 영업하면서 겪었던 일이다. 고객사마다 구매 의사결정 프로세스가 조금씩 다르다. 컴퓨터 시스템의 경우 IT부서에서 도입을 결정하고 계약까지 끝내는 경우도 있지만, 종종 견제와 균형의 원리를 고려해

도입 결정은 IT부서에서 하고 구매 계약은 총무부 혹은 구매부에서 하기도 한다. 이 고객사의 구매 의사결정 프로세스는 도입 결정을 IT부서에서 하고 구매 계약은 총무부에서 진행하는 방식이었다. 도입 결정부서인 IT부서는 장치를 실제 사용하는 부서이기도 하므로 제품의 품질과 서비스 등을 기준으로 검토한다. 하지만 가끔은 관계를 기반으로 도입을 결정하기도 하고, 균형의 측면을 고려해 한 회사의 제품이 지나치게 많이 도입될 경우 조금 품질이 모자라도 다른 회사 제품을 구매하기도 한다. 이때 사용부서인 IT부서는 성능에 배점을 많이 두고, 구매부서인 총무부는 계약 주체다 보니 가격에 배점을 많이 둔다. 즉, 결정 기준의 비중이 다르다.

이 고객사의 IT부서에서는 상대 경쟁사인 B사 제품을 도입하기로 결정하고 총무부에 구매 계약을 요청했다. 총무부에서는 당연히 경쟁사에 추가 할인을 요청했다. 그런데 B사가 총무부의 요청을 무시하고 추가 할인을 하지 않고 버텼다. 일반적으로 약간의 할인을 해주는 것이 관례였기 때문에 화가 난 총무부는 이번 도입 결정에서 탈락한 A사에 재입찰을 할 테니 가격을 다시 제출하라고 연락했다. 경쟁사에 져서 자존심이 많이 상했던 A사 영업직원은 이것을 전화위복의 기회로 여기고 독특한 전략을 구사했다.

그간 고객사의 IT부서와는 다양한 영업기회를 통해 관계를 잘 유지해오던 터였다. 그러나 이번 건에서는 IT부서에서 경쟁사를 택한 것을 뒤바꾸게 함으로써 자존심을 회복해야겠다고 결심하고, 한 번

졌으니 재입찰에는 참여하지 않겠다고 말한 뒤 내부적으로는 입찰 가격을 고민하기 시작했다. 고객사의 총무부나 IT부서에 수의계약을 하지 않으면 재입찰에 참여하지 않겠다고 공언하며 연막 전술을 쓴 것이다. 입찰 마감시간 30분 전까지 A사가 입찰에 참여하지 않자 경쟁사는 추가로 약간 할인한 가격을 제출하고 돌아갔고, A사 영업직원은 마감 10분 전에 입찰에 참여해 경쟁력 있는 가격을 제출했다. 입찰 가격을 오픈해보니 경쟁사보다 싼 가격이었다. IT부서와 경쟁사는 난리가 났으나, 어쨌든 일주일 뒤 수주는 경쟁사에서 A사로 넘어왔다.

총무부를 통해 IT부서의 결정을 뒤집은 것이다. 물론 IT부서 입장에서는 결과를 뒤집은 영업직원이 마음에 안 들었을 수 있다. 그러나 문제가 될 것은 없었다. 연막 작전을 쓰긴 했지만 고객사에 좋은 가격을 제안했고 총무부 입장에서는 괜찮은 제품을 싸게 도입할 수 있었기 때문이다. IT부서도 이에 대해 반발하면 다른 의구심을 살 수 있었으므로 이 선에서 멈추었고, 결과적으로 영업직원은 열심히 노력한 끝에 고객사의 IT부서와 총무부 모두와 좋은 관계를 유지할 수 있었다.

전투에서는 이겨야 한다. 이기면 고객은 돌아온다. 영업전선에서는 이겨야 고객과의 관계를 지속할 수 있고 관계의 끈이 있어야 신뢰를 쌓는 데 필요한 시간을 확보할 수 있다. 그리고 이처럼 오랜 시간에 걸쳐 쌓인 신뢰는 쉽게 와해되지 않는다.

계약서에 도장을 찍어야 끝난다

승부는 마지막이 중요하다. 아무리 영업기회를 발굴하는 시작 과정이 중요하다고 해도 계약 단계에서 수주를 못하면 힘든 과정은 아무 의미도 없어진다. 우리 편 골문 앞에서 드리블을 시작해서 상대편 골문 앞까지 갔더라도 골인을 못 시킨다면 거기까지 뛰어온 노력이 헛되게 사라지게 된다.

수주 계약서에 도장을 찍을 때까지 절대 긴장을 풀면 안 된다. 계약서에 도장을 찍을 때가 가장 중요한 순간이다. 그 순간 열정을 최고로 쏟아부어야 한다. 샴페인은 계약서에 도장을 찍은 후에 터트려도 늦지 않다. 기업 구매의 의사결정 프로세스상 고객이 의사결정을 한 이후에도 많은 일이 일어날 수 있다. 그래서 긍정적인 의사결정 징후가 보인 이후 종결할 때, 즉 골문 앞에서 공을 받았을 때는 0.01초 만에 결정적인 행동과 자세를 취해야 한다. 최대한 빨리, 긴장해서 열정을 쏟아부어야 한다.

나는 계약의 문턱에서 신속하게 종결하기 위해 노력한다. 계약서에 도장 찍는 것을 하루라도 빨리, 한 시간이라도 빨리 하려고 최대한 집중한다. 내가 영업을 시작한 지 얼마 안 되었을 때의 일이다. 21세기를 준비하는 기업에 장기 비전을 제공하는 컨설팅 서비스 계약이었는데 모든 과정이 일사불란하게 잘 진행되었다. 두세 달 만에 신속하게 진행되어 어느 금요일 오후에 모든 내부 절차가 완료되었고, 토요일 오전에 임원 보고를 한 후 계약하기로 했다. 고객 담당자는 주말에 잘 쉬고 월요일에 계약서 인장을 찍어주겠다고 약속했다. 물론 토요일 오후에라도 찍을 수 있지만 다 되었으니 월요일에 천천히 하자는 것이었다. 결재 프로세스가 끝나 마지막으로 도장만 찍으면 되니 마음 놓고 즐겁게 주말을 보냈다.

그러나 월요일 아침에 상상조차 못한 일이 일어난 것을 알게 되었다. 고객 담당자가 주말 퇴근길에 교통사고를 당한 것이다. 업무에 복귀할 수 없을 만큼 큰 사고를 당하는 바람에 담당자가 바뀌며 새롭게 검토가 시작됐다. 계약서에 마지막 도장 찍는 일만 남았었는데 말이다. 이후 새로운 담당자는 새로운 기준으로 검토했고 두 달 뒤에 이 계약은 경쟁사로 넘어갔다.

이처럼 계약이 바뀌는 변수는 상상도 할 수 없을 만큼 많다. 고객을 졸라서라도 금요일 오후에 도장을 찍었어야 했다. 골문 앞에서는 0.001초도 주저하지 말고 슛을 날려야 한다. 골인 직전에 0.1초를 쉬면 0.01초 만에 상대편이 채간다.

미래는 영업 전문가에게 있다

급속한 경제 발전이 지속된 최근까지도 대부분의 국내 기업에서 제조와 관리(인사와 재무) 분야의 임직원이 승승장구해왔다. 반면에 영업은 마케팅 채널 중 하나일 뿐이었고, 그중에서도 특판 영업이라는 이름의 B2B(법인 영업, 기업과 기업 간 거래)영업은 가기 싫어하는 부서일 뿐만 아니라 업무 부적응자나 운동선수 등 다른 직능의 일을 맡기기 어려운 직원을 보내는 창구이기도 했다.

그러나 지금은 다르다. 우리나라 경제는 이제 저성장 국면으로 접어들었다. 무한경쟁이 기업의 앞을 가로막고 있고, 경쟁에서 이겨야만 살아남는 세상에 살고 있다. 기업이 성장할 때는 좋은 제품을 만들고 인사 및 재무관리를 통해 자원을 골고루 관리하면 된다. 그러나 지금은 매출을 올리는 것이 가장 시급하고도 중요하다. 물론 인사 및 재무, 생산도 중요하지만 영업이 이 모든 것에 우선하는 세상이 온 것이다.

오늘날 경영자와 임원의 가장 중요한 덕목은 매출 확대와 시장점유율을 늘리는 것이 되었다. 글로벌 기업의 경우 영업 출신이어야 CEO가 될 수 있는 조직들이 많다. 사업을 일구고 고객을 만족시키는 것이 회사의 궁극적 목적인 이윤 창출에 가장 중요한 항목이기 때문이다.

내 첫 직장이었던 IBM에는 신입으로 입사해서 고객 영업이나 기술 영업으로 일을 시작해야만 훗날 CEO가 될 수 있는 불문율이 있었다. 1990년대 초까지 IBM 회장을 지낸 존 에이커스와 IBM의 복구를 위해 외부에서 영입해온 회장 루 거스너의 바로 다음 회장인 샘 팔미사노, 지금의 지니 로메티 등 기존의 거의 모든 회장이 영업 출신이다. 최근까지 마이크로소프트 CEO를 지낸 스티브 발머도 영업 출신이다. 글로벌 IT기업의 경우 대부분 영업직원으로 시작해서 사업을 일으킨 경우가 많다. 저성장, 무한경쟁 시대에 영업역량을 보유한 전문가의 미래는 매우 밝아 보인다.

B2B영업 전문가의 미래

그렇다면 B2B영업 전문가의 미래는 어떨까? 더 밝을 것으로 보인다. 마케팅의 구루인 필립 코틀러는 저서《B2B 브랜드 마케팅》에서 전 세계 무역의 80%가 B2B거래에서 발생한다고 언급했다. 2014년 시장조사 전문기관인 IHS에 따르면 정보기술과 관련한 하드웨어, 소프트웨어, 서비스 시장(B2B) 규모는 1조 6,000억 달러로 전년 대비 7. 7%나 성장했다고 한다. 80%까지는 아니더라도 우리가 생활하고 있는 비즈니스 세계에서 최소한 50% 이상은 B2B거래다.

전 세계 글로벌 기업들은 이처럼 큰 시장의 유혹을 뿌리치지 못해 B2B로 움직이고 있다. 이미 포화상태인 B2C시장(소비자 시장)으로는 기업의 성장이 한계에 이르렀기 때문이다. 애플은 이미 시스코, IBM과 제휴해 B2B시장에 진입했으며, 기업고객용 모바일 앱 등을 통해 올해 전체 매출의 15%를 B2B분야에서 달성하겠다고 밝혔다. 구글은 구글앱스 등 B2B용 솔루션 시장을 개척하며, 정체된 기업 광고 솔루션 매출을 늘리기 위해 글로벌 어카운트 제도를 도입하고 B2B 영업 전문가들을 영입 중이다. 알리바바는 최근 B2B플랫폼인 '홀세일러(Wholesaler)'를 론칭하며 B2B시장을 정조준하고 있다. 아마존은 아마존 웹서비스 브랜드로 기업의 클라우드 컴퓨팅 서비스를 제공하고 있다. LG그룹과 삼성그룹도 반도체, 사물인터넷, 자동차 부품, 소재 부품 등 새로운 시장인 B2B시장을 향한 행보를 시작했다. 세계 최대 숙박 공유업체인 에어비앤비(Airbnb)도 기업향 비즈니스 여행 서비스인 '에어비앤비 포 비즈니스(Airbnb for Business)'를 공식 오픈했다. 도시바는 PC, 가전과 TV 생산을 접고 전력과 사회 인프라 등 B2B사업에 집중하고 있다. 이처럼 다양한 분야의 글로벌 기업들이 B2B시장으로 향하고 있다.

국내 기업들의 변화는 어떨까? 글로벌 기업에 속하는 삼성과 LG의 B2B투자는 앞에서 이미 언급했다. 두 거대 그룹의 B2B시장 진출과 투자는 관련 협력 회사와 기업들의 B2B시장 진출을 유도할 것이다. 한샘 등 가구 기업들은 B2B2C모델 투자를 본격적으로 시도하고 있고, 신한카드는 업계 최초로 앱카드 B2B시장에 진출했다. 국민은행도 금융과 업무가 하나로 융합된 B2B핀테크를 출시했다. 식품시장도 B2B시장을 공략하고 있고 유한킴벌리, 크린토피아도 B2B시장 공략을 시도하고 있다. 대리운전 업계에서도 B2B서비스인 '비즈버튼' 앱을 오픈했다. 이렇듯 모든 분야에서 B2B시장으로 진출 중이다.

물론 이전에도 B2B시장은 존재했다. 다만 이제부터는 본격적인 시장 진입과 투자가 체계적으로 시작됐다고 볼 수 있다. 저성장 국면을 타개하기 위한 B2B시장 공략은 더욱 많은 B2B영업과 마케팅 역량을 갖춘 인재를 필요로 할 것이다.

매년 3월 독일에서 열리는 세빗(CeBIT) 정보통신 박람회도 최근의 B2B시장의 성장세에 발맞춰 B2B전문 박람회의 기치를 내걸었다. 그리고 사물인터넷과 클라우드 컴퓨팅 등 스마트 서비스 환경의 디지털 트렌드 B2B전문 박람회로 거듭나고 있다.

이상에서 볼 수 있듯이 B2B영업 전문가의 미래는 밝다. 글로벌 시장과 국내 시장 모두에서 니즈가 크고, 수많은 글로벌 기업과 국내 기업이 B2B영역으로 진출하고 있기 때문이다. 전 세계 박람회도 생존을 위해 B2B사업으로 방향을 틀었다. 저성장과 무한경쟁 시대의 생존을 위해 영업은 필수조건이다. 바야흐로 B2B영업의 시대가 도래하고 있다.

2

골 결정력은
어디에서 나오는가

영업의 맥을 짚는 능력

나는 축구를 그다지 좋아하는 편은 아니다. 하지만 월드컵이나 큰 경기는 세간의 관심과 재미 때문에 꼭 챙겨 본다. 전 세계적으로 특출한 축구선수가 있었다. 역대 최고의 스트라이커라고 칭송받았던 호나우두다.

내가 참 좋아했던 이 선수는 골 냄새를 맡을 줄 알았다. 공격수다 보니 항상 상대편 골문 쪽에 있기도 했지만, 볼이 떠서 골문 앞쪽으로 가면 항상 그 자리에 있었고 볼을 잡으면 순식간에 골문을 향해 돌진해 슛을 날렸다. 상당수의 슛이 골인으로 이어졌을 뿐 아니라 혹 실패하더라도 상대편 수비수의 간담을 서늘하게 만들었다. 반면에 전후반 내내 골을 쫓으면서도 결정적인 순간에 그 자리에 없어서 슛을 못하거나 슛을 해도 골과는 너무 거리가 먼 선수들도 많다. 호나우두는 공이 어디로 갈지 맥을 짚고 골 냄새를 맡을 줄 아는 선수였다. 물론 이 능력은 선천적으로 타고난 것도 있었겠지만 수많은 노력으로 단단히 다져졌을 것이다.

영업에도 맥을 짚을 줄 아는 직원들이 있다. 나는 이런 사람을 돈 냄새를 맡을 줄 아는 영업직원이라고 부른다. 이들은 누가 골대인지(의사결정자인지), 누가 내게 어시스트할지(내부와 고객 스폰서가 누구인지) 알고 수비수가 누구인지(강한 경쟁사가 누구인지) 항상 모니터링하고 준비하고 있다가 슛(고객가치 제안)을 쏜다.

돈 냄새를 맡는 능력은 시장과 고객과의 시간을 많이 가지면 가질수록 생길 가능성이 높아진다. 아울러 시장과 고객에게 끊임없이 관심을 가지고 기회를 엿보아야 생긴다. 그렇다고 무조건 시장을 돌아다녀서는 안 되고 전략과 의지를 지녀야만 한다. 내 고객의 니즈가 무엇이며 무슨 고민을 하고 있는지 항상 모니터링해야 하고, 내 제품과 서비스에는 무엇이 있는지, 시장에는 또 무엇이 있는지 파악하고 있어야 한다. 이런 정보를 기반으로 기회가 왔다 싶을 때 슛을 쏘고 골인을 시키는 것이다. 아마도 호나우두도 축구에 있어서 그렇게 하지 않았을까 생각해본다.

야생의 본능을 키워라

먹이를 찾아 초원을 누비는 사자는 수많은 초식동물 중 어느 것을 쫓아야 할지 느낌으로 안다. 무턱대고 감 없이 쫓다가는 먹이를 잡을 수 없다는 것을 알고, 본능적으로 쫓을 먹잇감을 알아채는 것이다. 많은 초식동물을 보면서 먹이에 대한 기대와 행복감으로 가슴이 뛰는 것도 잠시, 사자는 목표를 정하면 거기에 집중하고 신체의 능력을 120% 발휘해 잡고야 만다. 이것이 야생의 본능이다.

돈 냄새를 맡을 줄 아는, 영업의 맥을 짚는 능력은 야생 포식자의 본능과 같다. 영업직원이라면 이 능력을 키워야 한다. 많은 영업기회 중에 어느 것을 붙잡아야 할지 구별할 수 있는 능력을 키우고, 일단 영업기회를 정하면 그대로 매진해 결과를 얻어내는 추진력과 실행력을 계발해야 한다. 나는 고객의 복잡한 문제나 새로운 대규모 영업기회를 만나면 재미있을 것이라는, 성공하면 큰 보람이 있을 것이라는 기대에 가슴이 뛴다. 물론 나도 영업을 처음 시작한 시점에는 그렇지 않았다. 불안하고 잘 안 될지도 모른다는, 실패할 것 같다는 두려움에 움츠러들어 힘들었다. 그러나 여러 번 성공을 거두고 고객과 많은 시간을 보내면서 어느 순간 기대에 차서 가슴이 뛰기 시작했다. 나는 이제 영업현장을 떠났지만, 지금도 후배나 지인에게서 큰 영업기회나 복잡한 문제를 듣기만 해도 가슴이 뛴다. 복잡한 문제를 해결하면 기회가 따르게 되어 있고 기회는 그 자체로 훌륭한 먹이가 되기 때문이다.

영업으로 성공하고 싶은가? 그렇다면 들에 나가서 야생의 본능을 키워라. 야생의 본능은 비닐하우스 안에서는 절대로 발육되지 않는다.

전략에 타이밍을 더하라

B은행을 담당하는 HP의 영업직원인 송 과장은 거의 매일 고객을 찾아간다. 업무협의 때문에도 가지만 별일이 없어도 일주일에 세 번은 요일을 정해놓고 고객을 습관처럼 방문한다. 처음에는 이렇게 요일을 정해놓고 가는 것이 귀찮기도 하고 힘도 들었지만 5년쯤 하다 보니 안 가면 이상할 정도가 되었다. 그날도 본부 현업부서를 돌고 있는데 우연히 신용정책부서 담당자를 만났다. HP가 B은행 전체 IT시스템 변환 프로젝트를 수행하고 있던 터라 담당자와도 평소 친분이 있었다. 송 과장은 평소 어떤 상황에서도 고객의 문제를 파악해야 영업기회를 찾을 수 있다는 생각을 가지고 있었기에 그날도 신용정책부서의 최근 근황을 물어보았다.

그 담당자는 최근 합병 등의 이슈가 있어 새로 신용리스크 시스템을 구축해야 하는데, 은행이 너무 커지고 복잡해져서 예전처럼 신용평가회사에만 의지해서는 안 될 것 같아 고민이 크다고 했다. 더구나 예전에는 IT부서에서 제안요청서를 보냈는데, 지금은 사업부제로 바뀌어 신용리스크 본부에서 직접 IT시스템 및 컨설팅을 포함한 제안요청서를 보내야 하는 점도 큰 짐처럼 느껴진다고 했다. 기존의 신용리스크 시스템은 규모가 작아서 '한국신용평가'에서 시스템 구축이 가능했지만, 시스템의 규모가 너무 커져서 이 회사에만 맡겨서는 안 될 것 같아 대형 SI회사(삼성SDS, LGCNS 등)에 제안요청을 보내는 것도 고려 중이라는 것이었다.

고객과 보낸 시간이 많았고 항상 영업측면에서 고객의 니즈를 찾아온 송 과장은 본능적으로 돈 냄새를 맡았다. HP가 이 분야에 전문성을 가지고 있지는 않지만 직감적으로 영업의 맥을 짚은 것이다. 송 과장은 큰 영업기회가 될 거라는 예감에 기분 좋게 가슴이 두근거리는 것을 느끼며 "그래, 한번 해보자!"라고 다짐했다. 그는 취합한 정보를 바탕으로 이 사업의 주 업무를 담당하게 될 신용평가회사를 설득해 신용평가회사 및 컨설팅회사와 함께 통합제안서를 작성했다. 물론 HP가 주 계약자로 나섰다. B은행의 IT부서에서도 어차피 신용리스크 시스템이 개발 완료되면 IT부서에서 유지보수를 해야 하므로, 전체 IT시스템 변환 프로젝트를 수행하고 있는 HP가 주 계약을 하는 것도 나쁘지 않다는 견해를 보였다. 아직 준비가 미흡했던 경쟁사에 비해 솔루션 통합을 이룬 HP-신용평가회사-컨설팅회사의 컨소시엄은 B은행에 하드웨어, 소프트웨어 및 서비스를 포함한 총 계약을 제안했고 마침내 수주에 성공했다.

이 사례의 첫 번째 성공요소는 열심히 고객사를 찾아다니며 고객과 많은 시간을 보낸 송 과장의 성실성이다. 그러나 가장 중요한 성공요인은 골 가능성을 느끼고 순식간에 제안을 구성한 송 과장의 '돈 냄새를 맡는 능력'이라고 할 수 있다. 똑같은 영업기회를 접하고도 "이건 전문 솔루션 업체가 하는 것이니 우리 일은 아니네."라며 소극적이고 안주하는 사고를 했더라면 이 대규모 사업은 HP의 수주로 연결되지 않았을 것이다. 제안의 핵심 역량이 아닌 신용평가 업무를 통합 솔루션으로 엮어낸 전략적 사고가 주요한 핵심 성공요소였던 것이다. 송 과장이 이처럼 영업의 맥을 짚고 돈 냄새를 맡는 능력을 개발할 수 있었던 것은 그간 시장에서 활동하며 많은 시간을 보냈던 덕분이었다. 현장에서 많은 시간을 보내는 것은 능력을 키우기 위한 필수조건이다.

새로운 영업 전문가를 위한 교육

미국의 기업들은 요즘 베테랑 영업 전문가를 찾느라 동분서주하고 있다. 알파고 등장 이후 기술의 발전으로 사라지는 직업이 늘고 있다는 것은 모두가 아는 사실이다. 이런 가운데 미국의 노동통계국 (Bureau of Labor Statistics)은 2013년 보고서에서 2020년까지 영업 전문가가 16% 증가할 것으로 예측했다. 사람과 사람 사이의 관계를 통해 이루어지며 신뢰라는 심리학적 가치가 중요하다는 측면에서 영업은 기술의 발전에도 불구하고 사람이 반드시 직접 해야 하는 일이기 때문이다. 그런데 미국의 베이비 붐 시대(1946년부터 1965년 사이에 출생한 사람들)에 태어난 베테랑 영업 전문가들이 은퇴하기 시작하자, 미국의 기업들에게는 젊은 세대에서 베테랑 영업 전문가를 키우는 것이 큰 과제가 되었다. 한국에 비하면 대학에서 영업교육이 활성화되어 있는 미국에서도 젊은 영업직원을 채용하고 육성하는 것이 고민거리가 된 것이다.

미국은 경영대학 학부에서 영업을 가르치며 다양한 산학 협력 영업교육 프로그램이 활성화되어 있다. 기업은 학교에 돈을 일부 투자하고 대학은 기업과 협력하여 학부에서 영업 교육과정을 개설하고 운영한다. 대학과 기업이 협력하여 다양한 '리더십 센터'를 운영하며 이러한 프로그램은 지속적으로 증가하는 추세다. 기업이 먼저 준비해서 졸업 전에 좋은 영업직원을 육성하고 졸업과 동시에 채용한다.

우리나라도 사정은 비슷하다. 얼마 전에 모 대형 보험회사 지점장을 만났다. 그 지점장은 최근 보험회사가 가지고 있는 고민을 토로했다.

"이전에는 보험회사가 계약직이나 외부 보험 모집인 회사를 통해서 영업하고, 이를 이끌 지점장(영업 관리자) 중에서도 베테랑 영업 전문가는 전체의 20~30%에 불과하고 나머지는 영업 베테랑이 아닌 본부 부서의 인사, 재무, 마케팅, 기획 등 분야의 비전문가가 맡아왔던 것이 사실입니다. 그래도 별문제는 없었어요. 시장이 괜찮았거든요. 그런데 요즘은 저금리라 굉장히 힘들어졌어요. 영업도 이제 베테랑이 해야 될 때가 와서 베테랑 영업 전문가를 중용하려고 했더니, 이 사람들이 다 최근에 은퇴를 시작했지 뭡니까. 베테랑 영업 전문가를 개발하고 육성하는 것이 큰 고민입니다."

미국에서 일어나고 있는 일이 우리나라에서도 똑같이 일어나고 있는 것이다. 그래서 이 보험회사는 4년제 대학 졸업생을 목표로 젊은 영업직원을 뽑고 교육에 투자해서 장기적으로 영업 지점장으로 육성하는 프로그램을 개발해서 시도 중이다.

현재도 영업직원의 수요는 많다. 모든 직업이 줄어들고 없어져도 영업직은 더 필요해질 것이다. 미국의 대학 학부 졸업생 중에 전공과 상관없이 20%가량은 직장 경력을 영업으로 시작한다고 한다. 우리나라도 아마도 비슷하지 않을까 싶다. 저성장시대, 무한경쟁 시대의 도래로 인해 영업직원의 수요는 지금보다 더 늘어날 것이다. 전문화된 영업교육이 없던 시절 10명의 신입 영업사원 중 1~2명이 전문가가 되었다면, 전문교육을 통한 영업직원의 육성은 10명의 신입 영업사원 중 1~2명을 영업대가로 만들 것이고 반 이상을 전문가로 육성할 것이다. 그런데 우리나라 대학에서는 영업을 가르치지 않는다. 미국의 사례처럼 기업과 대학의 산학 협력을 통해 좋은 프로그램을 개발하고 영업 전공 교수를 육성하여 젊은 학생들에게 영업의 길을 가르치고 열어주어야 한다. 최근 대학 졸업생이 취업하기란 상상할 수 없을 정도로 어렵다. 저성장시대를 맞아 기업의 경쟁력을 높이고 청년 취업을 해결하는 것은 물론 학생들에게 영업의 혜택을 알려주어 인생을 열어나갈 수 있게 도와야 한다.

3

돌부리와 장벽은
극복하라고 있는 것이다

길을 가다 보면 앞을 가로막는 돌부리도 만나고 벽도 만난다. 돌부리와 벽은 극복하라고 있는 것이지 불평하라고 있는 것이 아니다. 자갈밭도 옥답으로 만들어야 하고 돌부리는 캐거나 아니면 돌아서 가야 하며 벽은 부수거나 어떤 경우에는 피해서 가야 한다.

영업도 마찬가지다. 영업에는 종결해야 할 기한이 있게 마련이므로 장애물을 만났을 때 이것이 해결되기를 마냥 기다릴 수는 없다. 영업은 한정된 자원을 활용해 한정된 기한 안에 가장 효율적이고 창조적으로 제안해야 하는데, 여기에는 항상 언제까지라는 기한이 있다. 제안 마감 일자나 예산 사용 기한, 고객 의사결정자의 프로젝트

종료 기한 등이 그것이다.

이처럼 정해진 기한 안에 결과를 만들고 성과를 도출해내야 하다 보니 영업직원에게는 이길 줄 아는 승부사 정신과 근성이라는 역량이 반드시 필요하다. 승부사 근성은 웬만한 매는 견디는 참을성과 맞는 중에도 승부를 향한 집념을 불사르는 패기를 말한다. 그러므로 영업직원을 채용할 때 반드시 봐야 할 덕목은 맷집과 열정이다. 결과는 쉽게 만들어지지 않으며 성취욕구는 성취 바로 직전에 알을 깨는 고통을 겪어야 깨어난다. 이러한 고통이 있을 것을 각오하고 끝까지 피치를 올리며 마지막 승부 근성을 발휘해야 하는 것이 영업직원이다.

대학 때 계량경영학을 배운 적이 있다. 경영학의 한 전공으로 수학을 기초로 배우는 과목이었다. 문과 출신의 일반 경영학도들에게는 어려운 과목이었는데 그중에서도 지금까지 머릿속에 또렷이 남아 있는 내용이 있다. 아마 교수님도 이것이 남아 있기를 바라면서 이 어려운 과목을 가르치신 게 아닐까 싶다. 당시 심플렉스(Simplex)라는 개념을 배웠는데 이것은 목표(Objective)와 제한조건(Subject to)을 두고 목표를 최대화하는 일종의 방정식 풀이였다. 일반적으로 목표는 매출 최대화 혹은 이익 최대화였고 제한조건은 인력, 자본 등 기업의 한정된 자원이었다. 고등학교 때까지 배운 수학(물론 문과 수학)에서는 변수와 등식의 개수가 같으면 정답이 나왔다. 그런데 이 심플렉스는 등식보다 변수가 많은 조건이었다. 따라서 정답은 없고 개인이 정해진 시간 내에 논리적인 방법으로 변수의 값을 대입해 목표를 최대화하는 데 가장 적정한 변수의 값을 찾아내야 했다.

교수님은 이를 '주먹구구식 논리적 접근'이라는 표현을 쓰셨는데 이것이 나에게는 꽤 흥미로웠다. 목표를 최대화하는 데 들어가는 자원의 종류는 많고, 내가 원하는 목표를 달성하는 데 필요한 제한조건의 변수도 끊임없이 늘어간다. 목적을 이루려면 정해진 기간 내에 내가 제어할 수 있는, 혹은 어쩌면 제어하기 힘든 자원을 가지고 가장 적정한 답을 내야 한다.

영업의 결과(계약 또는 수주)를 내기 위한 변수와 제한조건은 상상할 수 없을 만큼 다양하고 지속적으로 늘어난다. 따라서 주먹구구식 논리적 접근을 취해야 하겠지만 그 이전에 무슨 일이 있어도 기한 내에 목적을 달성하겠다는, 반드시 성취하고야 말겠다는 이기는 문화와·습관의 승부사 정신이 있어야만 논리적 접근도 의미가 있다. 맷집과 열정으로 무장한 승부사 정신이 없다면 결과도 없다.

맷집도 연습이 필요하다

기업영업은 영업기회 발굴부터 계약까지 영업 사이클이 길다는 특성이 있다. 사이클이 길고 의사결정자가 많기 때문에 만족시켜야 하는 고객도 많다. 아울러 규모가 커서 군침 흘리는 경쟁사도 많다. 따라서 기업영업을 하는 영업직원은 맷집이 있어야 한다. 맷집을 국어사전에서 찾아보면 '매를 견디어내는 힘이나 정도'라고 정의되어 있다. 영업직원은 일선에서 긴 사이클도 참아야 하고 수많은 고객의 불만과 충고도 견뎌야 한다. 긴 사이클 동안 수많은 경쟁사 역시 영업직원을 자주 시험하고 심지어 때리기까지 한다. 참을성이 있어야 한다. 웬만큼 매를 맞아도 울지 않아야 한다. 그래야 이길 수 있다.

우리는 영화나 소설에서도 비슷한 경우를 종종 본다. 영화나 소설은 기본적으로 인간사를 반영하며 관객과 독자가 동병상련의 감정을 느끼며 보게 된다. 어느 액션영화도 주인공이 고통 없이 이기는 것은 없다. 1976년에 개봉되어 히트를 친 실베스터 스탤론 주연의 '록키'라는 영화가 있다. 이탈리아계 미국인인 록키 발보아가 변변한 직업 없이 사채 수금원으로 일하다가 세계 프로권투 챔피언이 된다는 내용이다. 할리우드 영화에서 자주 볼 수 있는 사랑과 명예를 동시에 얻는다는 내용인데 2006년까지 속편이 6편이나 나올 정도로 대단한 인기를 끌었다. 이 영화에서 보면 주인공이 항상 형편없이 많이 맞지만 마지막에는 이긴다. 맷집이 세기 때문이다. 이렇듯 이기는 문화와 승부사 정신을 가지려면 강력한 맷집을 가져야 한다.

입술이 부르트는 열정

전투에서 이기려면 이기겠다는 열정이 있어야 한다. 적(경쟁사)에 비해 열정이 떨어진다면 시작부터 한 수 지고 들어가는 것이나 마찬가지다. 일선에서 영업부를 이끌 당시 나는 연초에 팀원들의 눈빛을 보고 올해 사업의 성과 정도를 예측하곤 했다. 목표를 받고 고객을 만나고 난 이후 영업직원의 눈빛을 보면 열정이 있는지 없는지가 한눈에 보이는데, 눈빛이 열정으로 빛나는 팀은 걱정이 없다. 그저 동기부여와 사기를 높이는 데만 전념하면 된다. 그러나 열정이 약해 보이는 영업직원을 보면 여러 가지 고민을 하게 되고 그들의 눈빛을 열정적으로 만드는 일이 가장 급선무가 된다. 이렇듯 이기는 문화를 만들려면 팀원의 열정이 뒷받침되어야 한다.

내게는 지금까지 영업을 해오면서 얻게 된 기분 좋은 징크스가 하나 있다. 나는 돈 냄새를 맡고 선택한 영업기회를 추진하는 과정에서 모든 집중과 열정을 바치는 편이다. 영업의 특성 중 하나는 영업기회 발굴부터 수주까지 오랜 기간이 걸린다는 것인데, 이 기간 내내 열정을 가지고 집중하지만 그중에서도 계약 시점이 다가올 때 가장 열정을 가지고 집중한다. 이럴 때면 내 입술이 부르트고 터지곤 했는데 그러면 나는 거의 이겼다는 것을 직감했다. 영업이 막바지에 이른 어느 날 아침, 입술이 부르튼 것을 발견하면 무척이나 행복했다. 열정과 집중의 결과가 입술을 부르트게 했고 이것이 수주로 이어졌기 때문이다. 열정과 집중이 이기는 영업의 핵심이다.

긴 기간 참는다는 것은 참으로 어렵다. 맷집도 마지막 라운드가 있기 때문에 유지된다. 마지막 라운드가 언제인지 모르는 상태에서 매를 견디고 열정을 유지하며 좌절하지 않기란 너무나도 어려운 일이다. 긴 기간 열정을 유지하고 좌절하지 않으려면 어떻게 해야 할까? 긴 영업 기간 우리는 끊임없이 좌절하고 포기의 유혹을 받는다. 긴 병 끝에 효자 없다는 말처럼 끝까지 맷집을 유지하기란 참으로 어려운 것 같다.

이에 관해 한 사려 깊은 선배가 들려준 조언을 소개할까 한다. 우리는 영업을 하며 하나씩 하나씩 계단을 오른다. 긴 영업기간의 목표까지 계단이 열 개라고 한다면, 좌절해서 포기하고 싶고 열정도 없어지는 때가 보통 다섯 번째를 지나 여섯 번째나 일곱 번째 계단쯤 와있을 때다. 만약 여섯 번째 계단쯤 왔을 때 열정을 포기하고 싶은 욕망이 밀려든다면 차분히 지금까지 올라온 계단을 생각해보자. 우리는 목표까지 남은 계단의 수와 앞으로 참아야 할 시간에 대한 두려움 때문에 종종 포기한다. 그러나 내가 맷집을 가지고 버티며 몇 계단을 올라왔는지, 얼마나 힘들게 여기까지 올라왔는지 다시 되짚어보면 남은 네 개의 계단쯤은 견딜 만하다는 것을 알게 될 것이다. 긴 기간의 전투에서 견디려면 지금까지 내가 거쳐온 자랑스러운 계단을 객관적으로 다시 돌아보자. 열정과 맷집이 마구 솟아날 것이다.

열정을 가지고 계속 시도해라

사물인터넷이라는 용어가 최근에는 일반인들에게도 많이 알려졌다. 냉장고 화면에서 날씨를 보고 TV에서 카카오톡 메시지를 읽으며 자동차로 공항에 가면서 비행기 예약을 변경하고, 가전제품이나 전자기기뿐만 아니라 헬스케어, 원격검침, 스마트홈 등 다양한 분야에서 사물을 네트워크로 연결해 정보를 공유하는 것이 사물인터넷이다. 대표적인 글로벌 제조업체인 제너럴일렉트릭은 이러한 추세에 발맞춰 3년 전부터 'GE는 소프트웨어 회사'로 기업 가치를 바꾸고 혁신하고 있다. 제트엔진과 기관차, 풍차를 만드는 것이 아니라 기능을 확대하고 비용을 절감할 수 있는 솔루션을 판매하겠다는 것이다. 삼성전자도 2015년 CES(국제전자제품박람회)를 통해 "인간 중심의 기술 철학을 바탕으로 사물인터넷의 무한한 가능성을 실현해 나가겠다."라는 비전을 선포했다.

지금은 사물인터넷이 범용화되고 정보기술 시장의 주요 테마로 통용되고 있지만, 몇 년 전까지만 해도 IT회사와 건설회사 일부가 유비쿼터스라는 용어로 이 분야에 접촉했던 것이 전부였다. 2000년대 후반에 삼성전자가 B2B사업이라는 화두를 앞세워 신사업 투자를 시작했는데, 지금과는 기술에 있어 많은 차이가 있었음에도 당시 B2B영업팀은 유비쿼터스 사업을 열정적으로 시도했다. 이 부서의 임직원이 새로운 시장의 탄생(정보기술이 공간으로까지 확대)을 내다보

왔기 때문이다.

청주시 유시티(U-City) 시범사업도 그 당시 여러 가지 시도 중 하나였다. 민·관·학 컨소시엄으로 유비쿼터스 단지를 조성해, 당시 목표 단지인 지웰시티를 정보기술 유비쿼터스 단지로 만들자는 목표를 세우고 시도한 사업이었다. 당시에는 혁신적이고 파격적인 시도였으나 기술 측면에서 미흡한 것은 물론 아직은 시기상조였고, 건설 및 부동산 경기가 수그러들면서 시장 자체가 어려워져 실제로 상용화되지는 못했다. 그 뒤로도 이러한 시도는 계속 이어졌고 이것이 지금 삼성전자가 다양한 분야 및 제품에서 사물인터넷을 구현하는 데 일조하지 않았을까 하고 생각해본다.

이러한 시도의 기초는 회사의 지원에 힘입은 직원들의 열정이었을 것이다. 영업을 담당하는 부서에서 새로운 시도를 하기란 쉽지 않다. 그럼에도 새로운 시도가 열정적이고 지속적으로 이어져야만 기업의 미래가 밝아지고 영업의 목표도 달성될 수 있다. 목표 달성을 위해 열정은 필수다.

디지털 세일즈 :
소셜미디어 등 기술의 발전과 영업의 변화

최근 글로벌 기업들은 디지털 세일즈(Digital Sales) 혹은 디지털 셀링
(Digital Selling)이라는 새로운 영업방법을 도입, 운영하고 있다. 디지
털 셀링이란 기존의 인터넷, 모바일과 함께 마케팅에 중요한 요소로
등장하고 있는 SNS 등 새로운 디지털과 소셜미디어의 기술을 활용
해 영업을 수행하고 계약까지 완결시키는 구체적인 영업방식이다.
이는 마케팅의 큰 축으로 등장하고 있는 디지털 마케팅과는 달리 영
업기회의 발굴뿐만 아니라 실제로 계약까지 종결시킨다. 디지털과
SNS 기술을 이용해 고객의 선택을 다양하게 넓히고, 모바일 환경에
서 정보나 지식에 무한하게 접근할 수 있도록 함으로써 고객만족을

창출하고 이를 통해 계약을 종결하는 새로운 방식의 영업 접근 방법이다. 새로운 기술과 모바일 환경 그리고 SNS에 익숙해진 고객이 만들어냈다고 볼 수 있다. 디지털 세일즈를 활용하면 첫째로 새로운 고객을 찾고, 둘째로 고객의 수요에 대한 니즈와 관계 유지를 통해 영업기회를 늘리며, 셋째로 고객만족과 영업성과를 통해 매출을 올리는 결과를 얻을 수 있다.

2012년 미국의 한 연구 결과(로베르타 슐츠, 찰스 슈웹커, 데이비드 굿)에 의하면 1,989명의 영업직원을 대상으로 한 설문조사 결과, 기업영업을 담당하는 영업직원의 경우 소셜미디어를 사용하는 직원이 고객과의 관계 유지에서 좋은 결과를 보였으며, 소셜미디어의 사용이 영업성과에 긍정적인 영향을 미친 것으로 나타났다. 소셜미디어의 사용이 매출액의 상승에 기여했다는 것이 증명된 것이다.

한국에서 사업을 운영하는 몇몇 글로벌 IT기업들도 디지털 세일즈 부서를 두고, 영업직원이 직접 영업을 수행하는 부서와 구분해 사업을 운영하고 있다. 영업 규모가 작은 고객사의 경우는 영업기회 발굴 창구를 소셜미디어 등으로 통일하고, 이를 통해 발견된 영업기회는 간접 영업 채널인 대리점을 통해 계약을 종결하는 프로세스로 운영하는 것이다. 관계정립보다는 효율성이 필요한 고객의 경우 디지털 세일즈 채널을 십분 활용하고 있는 것이다. 기존에 인적 접촉으로 영업해온 사람들에게는 낯설고 받아들여지지 않는 방법이지만, 이제는 SNS 등 디지털 기술을 활용한 영업방식도 판매경로의 하나로 자리 잡은 것은 확실해 보인다.

기술의 발전은 영업방식에도 변화를 가져오고 있다. 영업에서 인적 자원이 가장 중요한 것은 여전하지만, 앞으로는 디지털과 SNS로 대표되는 온라인과 훌륭한 영업인의 역량으로 창조된 오프라인이 조화를 이루는 새로운 영업방식이 활성화될 것이다. 따라서 어떤 분야에서 영업하느냐와는 상관없이, 영업인이라면 IT 기술과 SNS 등 새로운 비즈니스 모델의 변화에 적극적으로 적응해야 할 것이다.

4

영업팀은
사기를 먹고 커간다

즐거운 영업팀이 높은 실적을 창출한다

승부사 근성은 어디에서 나올까? 원래 타고나는 것일까? 아니면 후
천적으로 개발되는 것일까? 아마도 두 가지가 다 맞을 것이다. 나는
그간 영업일선에 있으면서 여러 가지 이유로 승부사 근성이 생기는
것을 보아왔다. 인센티브 때문에 승부사 근성이 생기는 영업직원도
있고, 회사에 대한 충성심 때문에 생기는 영업직원도 있다. 수동적이
기는 하지만 회사에서 퇴직하기 싫어서 승부사 근성이 생기는 경우
도 있다. 분기별 목표에 민감하게 반응하는 회사들의 경우 종종 두

분기 연이어 목표를 달성하지 못하면 영업책임자를 내보내기도 하기 때문이다. 이처럼 채찍과 같은 역할을 하는 부정적인 원인이 승부사 근성을 불러일으키기도 하지만, 당근과 같은 긍정적인 원인이 영업직원의 승부사 근성을 깨워 펄펄 날아다니게 하는 경우가 더 많다. 긍정적인 면으로 승부사 정신을 창조하는 것과 관련해, 최근에 들었던 어느 젊은 영업직원의 이야기를 해볼까 한다.

"매해 힘겹게 그해의 재무목표를 간신히 맞춰간 지 몇 년쯤 되었을 때였다. 지난 몇 년 동안 별다르게 즐거운 일도 없고, 팀 내 소통도 그저 그렇게 지내다가 새해가 시작되면서 새 팀에 소속되어 일하게 되었다. 새 팀의 영업부장은 부하직원의 상황이나 고충을 잘 헤아려주고 따르는 후배도 많았으며 선배 동료들도 꽤 좋아하는 괜찮은 사람이었다. 이 영업부장에게는 몇 가지 특징이 있는데, 첫 번째 특징은 언제든 부하직원의 고충을 진지하게 들어주었다는 것이다. 처음에 그리 가깝지 않은 관계일 때 만나면 '요즘 어떠냐?'로 시작해서 진지하게 부하직원의 이야기를 들어주었고 해결해줄 수 있는 것은 마음을 다해 도와주었다. 얼마 지나지 않아서 이 진지함에 매료된 모든 부하직원이 영업부장을 찾아가서 이야기를 할 정도였다.

두 번째 특징은 재미있게 해주었다는 것이다. 부하직원을 믿어주고 저녁도 먹고 재미있는 행사도 하고 술도 마시고 가족들을 불러서 이벤트도 하면서 회사가 재미있구나 하는 생각이 들 정도로 즐거움을 주려고 노력했다. 이렇게 팀원들끼리도 자주 보고 고충도 듣고 하다 보니 나이순으로 형님, 동생 하는 사이가 되며 가까워졌고 자연스럽게 팀워크가 놀랍도록 좋아졌다. 서로 담당 고객이 달라 도울 일이 없는 것이 그간 영업팀의 모습이었는데, 접대도 함께 가주고 그해 목표 배분 조정 과정에서도 양보하는 경우가 생길 정도였다. 그해 영업팀은 한 명도 빠짐없이 목표를 초과 달성했다. 새로운 비즈니스도 많아지고 야근도 많이 했지만, 팀과의 즐거운 저녁시간도 그 어느 때보다 많았다."

이 영업직원의 이야기를 들으면서 크게 배운 것이 있었다. 첫째, 일선 영업팀은 즐거워야 한다. 둘째, 팀워크가 좋아야 한다. 그리고 이 즐거움과 팀워크는 자연스러워야 하고 평소에 이루어져야 한다. 가식적으로 만들려고 하면 효과가 절감된다. 즐거움과 팀워크, 이 두 가지가 있으면 팀원 간에 신뢰가 생기고 동기가 부여되며 사기가 진작된다. 그리고 반드시 이기려는 승부사 근성이 자연스레 생긴다. 승부사 근성이 생기면 전쟁과 전투에서 이기려 노력하게 된다. 임진왜란 명량해전 당시의 이순신 장군과 부하들이 아마 그랬을 것이고, 비록 지기는 했지만 영화 '300'에서 3만 명을 상대로 싸운 스파르타의 레오니다스 왕과 그 부하 300명이 그랬을 것이다.

영업직원은 무한경쟁 시장에서 고객의 손을 붙잡기 위해 경쟁사와 큰 전쟁을 치르며 그 속에서 작은 전투를 끊임없이 수행한다. 그러면서 이기기도 하고 지기도 하며 상처도 입고 전사(이직 등)하기도 한다. 이 과정에서 전쟁과 전투에만 몰입한다면 항상 피로밖에 느낄 수 없다. 틈틈이 즐거움도 있어야 하고 당연히 전우애(팀워크)도 있어야 하는데 이것은 지휘관(경영진)이 할 수 없는 일이다. 그들은 전쟁을 지휘해야 하기 때문에 전투병(영업직원)을 돌볼 수 없고, 어쩌면 이들을 사지로 내모는 악역을 맡은 사람들이기 때문이다. 이 일은 소대장(영업부장)이 전투를 하면서 틈틈이 하는 것이 맞다.

전투병의 사기와 승부사 근성을 높여 전투의 승률을 높이는 데는 소대장의 즐거움과 팀워크 관리가 중요한 요인으로 작용한다. 일선 영업부장이 되면 즐거움과 팀워크를 만드는 형님 같은 리더의 역량을 갖춰야 한다. 일선 영업부장은 부하직원이 이후로도 계속 존경하고 사랑할 수 있는 관리자의 역량을 갖출 수 있도록 끊임없이 스스로 계발해야 한다.

의심, 욕심, 변심을 주의하라

영업직원은 매일매일 일선에서 힘겹게 전투를 치른다. 회사의 궁극적 목적인 매출과 이익을 만들어내는 첨병이기 때문이다. 이들 전투병의 하루하루를 지켜보는 사람은 임원도 아니고 대표이사도 아니다. 일선 영업관리자다. 그래서 영업직원의 사기를 책임져야 하는 일선 영업관리자는 훌륭한 사람이 되어야 하고 제대로 교육받아야 한다. 회사도 영업관리자의 교육에 많은 투자를 해야 한다. 영업관리자는 장사를 잘하는 방법보다는 팀원의 사기를 올리고 동기부여를 할 수 있는 방법을 교육받아야 한다. 또한 감독이 되면 안 되고 솔선수범해서 같이 뛰는 주장이 되어야 한다. 관리는 그 위의 임원이 하면 된다. 일선 영업관리자는 영업직원에게 즐거움을 주는 동시에 그들의 고충과 보고를 열심히 경청하고 도와주어야 한다. 그리고 팀을 어떻게 하면 즐겁게 해줄까 하고 고민해야 한다.

최근에 한 선배가 중견 그룹사의 사주 밑에서 일하기가 참 어렵다며 불평을 한 적이 있다. 그 선배의 이야기를 종합해보면 이 사주에게 특징이 세 가지 있는데 바로 의심과 욕심, 변심이란다. 나는 그런 사주를 위해 일해본 적이 없어 잘 모르겠지만, 이 세 가지가 일선 영업관리자에게 있어서는 안 되는 것이라는 사실은 곧 깨달았다. 일선 관리자는 직원을 의심하지 말아야 한다. 외근 나가면 고객에게 갔을 것이라고 생각해야지 사우나 갔을 것이라고 의심하면 안 된다.

관리자는 내 욕심을 차리는 게 아니라, 직원이 욕심을 가질 수 있도록 격려하고 내가 받을 성과급을 부하직원에게 넘겨줄 줄도 알아야 한다. 변심해서도 안 된다. 직원이 고민해서 보고한 영업전략은 함께 심사숙고해서 결정하고, 한번 정하면 직원과 같이 밀고 나가야 한다.

이렇게 관리자가 훌륭해야만 직원 또한 훌륭하게 전투를 치르고 살아남아 승리할 수 있다. 사기를 먹고사는 영업직원에게 전우애를 북돋워주는 관리자가 되어야 한다.

호칭만 바꿔도 사기가 올라간다

영업에 익숙한 사람들 사이에는 세일즈맨을 칭하는 두 가지 호칭이 있다. 영업사원과 영업대표다. 최근에는 대부분의 IT기업들이 영업사원을 영업대표라고 호칭한다. 20~30년 전에는 영업대표와 영업부장이 함께 고객사를 방문하자, 이 호칭을 모르는 고객이 젊은 분이 대표가 되었다며 영업부장보다 영업대표를 존대해준 일화도 있었다고 한다. 여기서 호칭에 대한 이야기를 잠깐 하고 넘어가자.

영업대표는 IBM에서 유래했다고 한다. IBM의 선배들에게서 들은 바에 의하면, IBM이 한국에 진출한 후 영어 호칭을 번역하면서 만들어진 것이라고 한다. IBM에서는 세일즈맨을 영어로 MR(Marketing Representative)이라고 불렀다. 이것이 한국어로 번역되면서 영업대표가 된 것이다. 입사해서 영업사원이 되면 곧 영업대표가 된 것이고 관리자로 진급하면 영업부장이라고 불렸으니 대표의 상사가 부장인 셈이었다. 20년 전만 해도 마케팅과 세일즈가 잘 구분되지 않았던 시기여서 'Marketing'이라는 호칭이 붙었고 'Representative'라는 용어는 어떤 기능을 대표할 때 쓰이는 말이었다. IBM을 포함한 외국계 회사에서 유지보수 엔지니어를 CSR(Customer Service Representative)로 호칭한 것도 한 예일 것이다. 흥미로운 것은 우리말로 번역할 때 CSR은 기술대표라고 하지 않고 CSR이라 하고 MR(Marketing Representative)만 영업대표라고 한 점이다. 나름대로 영업의 대표성에 중심을 둔 것이 아닌가 하는 생각도 든다.

당시 IBM 영업대표에게는 책임감과 주인정신 같은 것이 있었다. 입사 직후 1년간 배우는 영업 신입사원 교육에서도 이 정신을 배웠고, 특히 OJT를 통해 선배로부터 책임감과 주인정신을 몸으로 전수받았다. 어떤 상황에서도 경쟁사에 져서는 안 되며, 경쟁사를 험담하는 것도 가능하면 하지 말고 정정당당하게 승부해 회사의 명예를 높여야 한다는 것이었다.

이 영업대표라는 호칭은 나름 영업을 한다는 것에 대한 자긍심도 심어주었다. 고객에게 이 회사의 영업사원은 조금 다르다는 느낌을 주는 역할도 어느 정도 한 것 같다. 이렇듯 호칭에서 비롯된 책임감과 주인정신이 영업직원의 사기를 올려주는 역할을 한 것은 확실하다. 아울러 이 호칭이 일반인이 잘못 생각하고 있는 무식한 영업사원, 전략 없는 영업사원이 아니라 전략적이고 창의적인 영업대표를 만드는 데도 크게 일조하지 않았나 생각한다.

관리자와 경영진은 이렇듯 호칭 하나에도 영업직원의 사기가 영향을 받는다는 사실을 참고할 필요가 있다. IBM의 영업대표라는 호칭은 사기와 전략적 사고에까지 긍정적인 영향을 미쳤고, 지금은 많은 기업에서 벤치마킹해 사용하고 있다.

가족형 팀워크 문화를 만들다

미국의 중견 제약회사인 복파머컬(Bock Pharmacal)은 최근 몇 년간 매년 100%의 매출 성장을 기록해 머크, 화이자 등 글로벌 대형 제약회사의 부러움을 사는 강소 중견 제약회사다.

복파머컬이 이러한 성공을 거두기까지는 영업본부의 역할이 컸다. 기업의 가치이며 전략인 부가가치 영업, 가족형 기업 문화, 전략적 제휴, 영업직원의 독립 사업제와 기업의 팀워크 문화가 이러한 성공을 이루어냈다고 할 수 있다.

복파머컬은 고객에게 가치를 제공하기 위해 제품의 품질, 유통의 질과 시스템 향상에 지속적으로 노력해왔으며, 내과의사 고객의 정확한 처방 지원을 위해 다양한 정보와 샘플 제공을 게을리하지 않았다. 또한 고객에게 구매 주문을 채근하기보다는 신뢰를 바탕으로 한 관계증진에 더욱 집중해왔다.

대형 경쟁사와의 전략적 제휴도 복파머컬의 주요한 전략 중 하나다. 전략적 제휴는 복파머컬이 제약시장에서 매년 두 배 성장하고 있는 요인 중 하나로 꼽힌다. 복파머컬은 훌륭한 영업자원을 보유하고 있어서 대형 경쟁사조차도 전략적 제휴를 흔쾌히 받아들인다. 대형 제약회사인 엘리릴리가 베스트셀러인 다이나백 항생제 영업권을 제휴한 것도 이런 이유에서다.

복파머컬에서는 가족형 기업 문화를 만들기 위해 공식적인 영업

전략회의를 회장의 집에서 하는 '가족 바비큐 파티'로 주최하고, 신입직원 교육 마지막 날에는 회장과 저녁회식을 정례화해 실시한다. 훌륭하고 신뢰할 만한 영업직원을 채용하기 위해 이러한 즐거운 기업 문화를 만드느라 부단히 노력한다.

또한 훌륭한 영업직원을 채용하는 데 최선을 다하고 그들의 담당 영역을 개인 사업제 형식으로 운영해 주인정신을 가지고 일하게 하며, 신입 채용 교육과 개발 교육에 투자를 아끼지 않는다. 영업직원의 채용과 개발에 시간이 많이 들고 투자가 필요하다는 사실을 정확히 인식하고 실행한다고 볼 수 있다.

복파머컬은 제약회사에 있어서 영업직원의 중요성을 인식함으로써 기업의 주 목적인 지속적이고도 큰 성장을 이루어냈다고 할 수 있다.

5

오락부장보다는
책임지는 분단장이 돼라

외향적이냐, 내성적이냐는 중요치 않다

나는 그동안 많은 영업직원들을 보아왔다. 거기에는 물론 나 자신도
포함된다. 다 그런 것은 아니지만 입사할 때 어떤 사원은 앞으로 영
업을 잘하겠다고 종종 말하곤 한다. 이 사원은 사교적이며 야유회나
체육대회 등에서 앞에 나가 응원을 잘하고 회식자리에서 노래를 잘
부르며 노래방에서 거나하게 취했을 때 분위기를 잘 휘어잡는다. 이
런 모습을 보고 흔히 이 사원은 영업 쪽으로 키우면 잘할 것 같다고
여긴다.

하지만 내 생각은 조금 다르다. 내가 경험한 바로는 사원 시절에 이처럼 행동하는 직원은 영업이 아닌 다른 업무를 하면서 오락부장이 되어야 한다. 신입사원 시절에 외향적인 성격을 가진 사람은 대부분 자기를 좋아하거나 가까운 사람들 사이에서 밝고 사교적으로 행동한다. 즉, 동호회의 오락부장격이다. 그러나 실제로 영업은 좋아하는 사람들이나 가까운 사람들과 신뢰를 쌓는 것이 아니다. 처음 본 고객 또는 협력회사와 신뢰관계를 시작해야 하고, 가깝지 않은 고객과 가까워져야 한다. 또 사교적인 것이 목적이 아니라, 사교성을 활용해 목표를 달성해야 한다. 무엇보다 먼저 책임감이 있어야 한다. 전략적이어야 하고 신뢰도 있어야 한다. 밝고 사교적인 것은 여기에 더해지면 된다.

물론 신입사원 시절부터 사교적이고 외향적인 직원을 영업 직원으로 키우면 안 된다는 말은 아니다. 신입사원 시절에 이런 성향을 가진 사람이 영업에 적합할 거라고 여기는 것이 잘못이라는 논지다. 영업 쪽으로 키울 신입사원의 덕목과 기준은 영업을 하겠다는 의지가 얼마나 확고한가 하는 것이다. 사교성과 오락적인 것은 배우고 키우면 된다. 사교성 있고 분위기 잘 맞추고 노래 잘하는 오락부장은 5년 뒤, 10년 뒤에도 충분히 될 수 있다. 내 경험에 의하면 신입사원 시절 오락부장보다는, 믿을 만하고 책임감 있으며 영업하려는 강한 의지가 있는 분단장이 더 가능성 있다.

내가 초등학교 다니던 시절에는 동네에서 가끔 투견대회가 열렸다. 친척 형님과 몇 번 보러 간 적이 있는데, 불도그의 교배종으로 보이는 도사견이라고 불리는 큰 개들이 싸우는 경기였다. 폐쇄된 링(전체가 투망으로 되어 있어 싸움이 시작되면 한 마리가 꼬리를 내릴 때까지 나올 수 없는 공간)에서 싸움이 시작되면 정말로 치열했다. 매 경기가 끝나면 양쪽 싸움개가 많은 상처를 입어 주인이 상처를 꿰매는 광경이 흔했고, 한 번 물면 경기가 끝나도 놓지 않아 횃불을 가져다 대서 놓게 만들곤 했다. 그런데 재미있게도 경기 시작 전에 크게 짖으며 나대는 투견은 지는 경우가 많았고, 링에 올라가기 전이나 후나 조용하고 주인만을 따르는 개가 챔피언이 되는 경우가 많았다. 챔피언 개의 특징은 한 번 물면 절대로 놓지 않는다는 점이었다.

외향적이거나 내성적인 것은 그다지 중요하지 않다. 영업직원에게 중요한 것은 강한 의지와 책임감과 일관성을 가지는 것이다. 외향적인 것은 얼마든지 개발할 수 있다.

하기 싫은 일을 훨씬 많이 해야 한다

영업을 시작한 지 얼마 안 됐을 때의 일이다. 갑자기 목감기가 오더니 저녁 때쯤에는 말이 잘 안 나올 정도로 순식간에 악화되어 버렸다. 다음날 고객 몇 분이 회사에 와서 교육을 받고 끝난 뒤 저녁을 함께하기로 한 터라 걱정스러웠다. 다음 날 아침이 되자 목 상태는 더욱 악화되어 많이 아픈 것은 물론이고 거의 소리가 나오지 않았다. 고객분들이 오랜만에 본사에 오는지라 저녁은 꼭 함께해야겠다고 생각했지만 혹시 노래방이라도 가게 되면 큰일이라 은근히 걱정이 되었다. '노래를 부를 수가 없으니 어떡하나? 처음 분위기는 내가 띄워주어야 하는데.'라고 생각하며 출근했다.

저녁시간이 되자 목은 더욱 악화되었다. 걱정이 되었지만 고객분들을 만나 내 목이 안 좋다는 얘기를 하며 맛있게 저녁을 먹었는데, 이분들이 뭔가 아쉬운 듯 자리를 뜨지 않는 것이 아닌가? 어쩔 수 없이 목은 아프지만 노래방으로 갔다. 그런데 아무도 노래를 시작하려 하지 않았다. 누군가 첫 테이프를 끊어야 했다. 나는 목소리가 거의 안 나올 정도로 목이 아팠지만 어쩔 수 없이 첫 번째로 노래를 불렀다. 아주 쉰 목소리로 부를 수 있는 노래로 골랐다. 바로 고 김현식의 '내 사랑 내 곁에'였다. 당시 김현식 씨가 작고하기 직전에 몸이 많이 안 좋은 상태로 불렀던 노래인데, 나 역시 워낙 몸이 안 좋은 상태인지라 목소리가 갈라지며 피를 토하듯 힘겹게 부르더라도 이 노래는 소화할 수 있을 것으로 생각했다. 막상 노래를 시작하니 어느 정도 비슷하게 들을 만했다. 노래가 다 끝나자 박수가 터졌고 "임 대표, 그 목에도 이 노래는 잘하네."라는 칭찬 아닌 칭찬을 들으며 자리에 앉았다. 그 뒤로 고객분들은 즐겁게 돌아가면서 노래를 불렀다. 이만하면 아픈 목으로 첫 물꼬를 튼 것 치곤 성공적이었다.

자리에 돌아와 앉았는데 속으로 서글프고 화도 나면서 만감이 교차했다. 그러나 즐겁게 웃으며 잘 끝내고 집으로 돌아왔다. 20년도 더 지난 지금도 이 노래를 들으면 만감이 교차한다. 아마도 영업하는 사람이라면 이런 일화가 몇 가지 있을 것이다. 영업직원은 하기 싫은 일을 훨씬 많이 해야 한다. 그리고 오락부장이 아니라, 고객을 먼저 생각하며 맷집 있게 끝내 목적을 이루는 책임감 강한 분단장이 되어야 한다.

접대에 관한 이야기

영업과 관련된 일을 하는 거의 모든 사람은 접대라는 개념에 노출된다. 영업직원은 고객 접대를 위한 비용이 더 필요한데 회사의 지원이 너무 부족하다고 하고, 영업 담당 임원은 영업직원의 고객 접대가 필요하다는 것을 알면서도 부서의 손익 때문에 넉넉하게 지급해주지 못해 안타까워한다. 다 그렇지는 않지만 일반적으로 재무담당 부서 임직원은 영업부서의 접대비가 과다하게 사용된다고 생각하고, 아마도 제대로 쓰이지 않을 것이라며 의구심을 가지기도 한다. 법무부서에서는 비상식적으로, 혹은 관행에 어긋나게 접대비가 사용되지는 않는지 감시한다. 그러나 접대는 고객과의 신뢰를 쌓기 위해, 마켓 플레이어를 장악하기 위해, 고객사 내부 직원과의 협업과 소통을 위해 반드시 필요하다. 점심과 저녁 등 식사와 스포츠 활동, 음주 등이 접대에 포함된다.

흔히 접대가 관행적으로 동양권에서 많이 행해지고, 미국과 유럽에서는 상대적으로 적을 거라고 생각한다. 외국계 회사에 근무할 때의 일이다. 외국인 보스가 미국에서 부임해왔는데 미국에서도 점심 식사, 골프, 테니스, 낚시 등과 같은 스포츠 접대와 와인, 맥주, 양주 등의 음주 접대, 파티 등의 초대가 일상적이라는 이야기를 듣고 조금 놀랐다. 당시 사람이 살아가는 방식은 동서양을 막론하고 비슷하구나 하고 생각했던 기억이 난다.

흥미로운 것은 이런 일상적인 접대에 관한 미국의 연구 논문이 꽤 여러 편 있다는 것이다. 미국에서는 1970년대부터 다양한 접대에 관한 연구들이 진행되었고, 저명한 마케팅 학자들이 지금도 접대에 관한 연구들을 발표하고 있다. 접대를 사회화 행동(Socializing Behavior)이라고 정의 내린 논문도 있고, 향후 연구를 위해 윤리적인 측면이나 관계마케팅 측면, 재무 측면의 접대로 연구 분야를 선정한 논문도 있다. 접대의 유형에 관한 논문, 중식 미팅의 효과에 관한 논문, 음주와 영업의 효과와 폐해에 관한 논문, 접대와 사회화 행동에 관한 논문 등 지금도 다양한 연구가 진행 중이다.

특히 2015년 마이클 로드리게스라는 학자는 접대와 영업성과에 관한 연구를 통해, 음주를 포함한 관계 형성을 위한 접대는 영업성과에 중요하고도 긍정적인 영향을 미친다는 것을 증명했다. 다만, 이 논문에는 과음과 접대 비용의 과다지출 등 부정적인 결과를 최소화하기 위해 회사와 관리자가 영업직원을 안내하며 도와주어야 한다는 내용도 포함돼 있다.

6

동기부여는
스스로 하는 것이다

스스로 생각하게 하라

영업은 끊임없는 전투다. 주인정신을 가지고 해야 하며, 가끔은 시각을 다투므로 스스로 결정도 내려야 한다. 시장과 고객이 어떻게 급변할지 모르기 때문에 항상 긴장하고 대응책을 마련해야 한다. 고객에게 필요한 가치를 제공해야 하므로 전략적이고 창의적이어야 함은 물론이다. 그리고 이처럼 시장 및 고객에 대응하되 항상 스스로 하게 해야 한다.

　나는 평사원 시절에 상사로부터 항상 생각하도록 교육을 받았다.

"고객이 이런 요청을 해왔는데 어떻게 해야 합니까?"라고 물었다간 치도곤을 맞았다. 항상 "고객이 이런 요청을 해왔는데 제 생각은 이렇게 하는 것이 좋겠습니다."라고 안을 가지고 가야 했다. 이렇듯 스스로 생각하고 행동하도록 교육해야 한다.

이런 교육을 받은 내가 처음 관리자가 되었을 때의 일이다. 역시나 내 팀의 영업직원도 아무것도 몰랐던 예전의 나처럼 "이건 어떻게 해야 할까요?"라고 질문을 해왔다. 꾸지람을 한 후 "자네 같으면 어떻게 하겠나?", "고객은 어떻게 생각할 것 같나?", "자네가 고민해서 안을 가져와봐."라고 주문했다. 간단한 일인 경우엔 내가 가르쳐주면 5분도 안 걸릴 일이었다. 그러나 스스로 해결하도록 유도했더니 하루가 꼬박 걸렸다. 어떤 경우에는 며칠이 걸리기도 했다. 그러나 스스로 하도록 도와주면 그 뒤로는 훌륭하게 하는 것은 물론, 나보다 더 잘하기도 한다. 그렇게 교육했던 영업직원들이 지금은 영업의 베테랑들이 되었다.

어느 날인가 그중 한 후배가 "그때 방법을 바로 안 가르쳐주셔서 좀 서운했는데, 지금 와서 보니 그 방법이 맞았네요."라며 웃었다. 흐뭇했다. 스스로 생각하고 행동하게 해야 하되 곁에서 도와주어야 한다. 그래야 후배를 나보다 훌륭한 영업인으로 만들 수 있다.

회사도 영업직원을 도와야 한다

일반적으로 동기부여와 사기진작은 회사가 책임져야 한다고 생각한다. 그러나 이 두 가지도 내가 직접 계발하고 배양할 수 있다. 기본적으로 긍정적인 사고는 동기부여와 사기를 북돋운다. 일선 영업팀 내의 즐거움과 팀워크 역시 마찬가지이며 이런 팀은 이긴다.

전투는 생존을 위한 일상이다. 영업직원은 일과 내내 생존을 위한 전투의 피로감에 시달린다. 생존이라는 피로감을 가진 조직이 활성화되려면 조직 내에 즐거움이 있어야 한다. 얼마 동안 열심히 일하면 휴가를 내고 쉬는 것이 당연하듯, 날마다 이어지는 전투 속에서 살아가는 영업직원에게는 전투 중간중간 즐거움이 있어야 하고, 그것을 책임지는 것이 팀 내 일선 영업관리자의 덕목이어야 한다. 팀 내의 즐거움은 팀워크를 만들고 사기와 동기부여로 이어지며 자연스레 이기는 문화를 만든다. 영업팀 내의 즐거움이 동기부여가 되고 사기를 높이는 것이다.

이때 영업을 중요시하는 회사라면 동기부여와 사기진작을 책임지지는 않지만 도와야 한다. 일선 영업관리자를 교육하고, 예산을 할당하고, 잘 못하는 영업관리자는 내려오게 해서 영업직원이 적극적이고 능동적으로 동기부여를 할 수 있도록 도와주어야 한다.

전교 1등으로 다루어라

영업직원의 역할은 컨설턴트이자 사업가이면서 오케스트라 지휘자여야 한다. 혹자는 "영업직원이 어떻게 그 많은 역할을 다 할 수가 있느냐?", "저 정도 역할을 할 거면 사업체를 운영하겠다."라고 말할 수 있다. 그만큼 영업직원은 전략적이고 창조적이며 혁신적인 역량을 갖춰야 하고, 승부사 정신이 충만해야 하며 맷집과 열정이 있어야 한다. 그리고 훌륭한 리더여야 한다. 고객가치를 제공해야 하는, 다양한 고객과 이해관계자를 동시에 만족시키는 우수한 자원이어야 하고 그런 전문가가 되도록 교육 계발되어야 한다.

훌륭한 영업직원은 천부적으로 타고나기도 한다. 그러나 좀 더 정확하게 표현하면 천부적으로 타고난 영업직원의 경우 교육하기가 조금 쉬울 뿐이다. 훌륭한 영업직원은 후천적인 교육과 경험으로 만들어진다.

어느 중학교에 3학년 학생이 총 300명 있다고 하자. 이 중에는 전교 1등도 있고 전교 100등도 있다. 교사가 이 300명을 가르칠 때 전교 1등과 전교 100등을 같은 방식으로 가르쳐야 할까? 물론 교육은 평등해야 하므로 논리적, 교육적으로는 같은 방식으로 가르쳐야 한다. 그러나 실제로는 다를 수밖에 없다. 전교 1등과 전교 100등의 수업 준비와 이해도가 다르기 때문이다. 교사는 일반적으로 전교 1등을 세세하게 가르치지는 않는다. 칭찬은 고래도 춤추게 한다는 것을 알기 때문에 혼자서 공부하도록 도와주며 그저 끊임없이 칭찬해준다. 그러나 전교 100등의 경우는 어떤가? 일반적인 교사는 세세하게 가르친다. 옆에서 지켜보며 진도를 체크하고 꾸중도 한다. 훌륭한 교사는 가끔 칭찬도 하겠지만, 대부분의 교사는 관리해야 할 학생이 많기 때문에 일부러 칭찬을 만들어서 하기가 쉽지 않다.

전교 1등은 즐겁다. 선생님이 항상 칭찬해주고 눈빛만 봐도 자기를 좋아한다는 것을 알기 때문이다. 덕분에 공부도 더욱 재미있고 학교 생활도 즐겁다. 더 칭찬받기 위해 알아서 수업준비를 하고, 선생님이 얘기하기 전에 선행학습도 하므로 오늘도 당연히 칭찬을 받는다. 반면에 100등은 선생님이 자기가 알고 있는 것까지 자세하게 설명해주는 게 못마땅하다. 그 정도는 알고 있고 나름대로 수업준비도 해왔는데 지나치게 세세하게 가르쳐주니까 못내 기분이 좋지 않다. 옆에 앉은 1등에게는 체크 없이 칭찬과 미소를 던지면서, 자기에겐 집에 가서 숙제와 공부를 어떻게 할 것인지 써서 내라고 하니 짜증이 난다. 어차피 선생님이 자기를 못 믿어서 다시 자세히 가르쳐주고 체크할 테니 굳이 수업준비를 할 필요가 없다고 생각한다. 그래서 선생님이 하라고 한 것만 해야겠다고 생각하며 오늘도 집으로 돌아간다.

훌륭한 자원은 전교 1등처럼 코칭해야 한다. 영업직원은 회사의 첨병이자 훌륭한 자원이어야 한다. 영업직원은 컨설턴트이자 사업가이면서 오케스트라 지휘자여야 한다. 또 전략적이면서 창의적이고 혁신적이면서 맷집과 열정이 있어야 한다. 말하자면 전교 1등의 덕목을 지녀야 한다. 전교 1등은 1등처럼 대우해야 하고 가르치는 것이 아니라 자율성을 주고 스스로 생각하게 해야 한다. 미래를 위해 문제도 혼자 풀게 해야 한다. 단, 내버려 두는 게 아니라 멀찌감치 물러서서 지켜보며 팁을 알려주어야 한다. 그래야 더 어려운 문제도 풀 수 있다. 잘할 때마다 칭찬과 미소를 아끼지 말아야 한다. 그리고 조금 버거운 목표를 던져주어 긴장하고 노력하게 해야 한다. 교사가 이렇게 대우하며 노력한다면 전교 100등도 힘들지만 점차 석차가 올라갈 것이다.

앞에서 기업 구매자의 39%가 업체를 결정할 때 영업직원의 역량과 스킬을 보고 의사결정을 한다고 언급했다. 영업직원은 훌륭한 리더여야 한다. 이것이 영업관리자가 영업직원을 전교 1등으로 다뤄야 하는 이유다.

신상필벌, 이렇게 하면 망한다

이기는 문화와 승부사 근성을 만들기 위해서는 책임과 권한을 정확히 부여하고 이를 바탕으로 채찍과 당근을 적절히 사용해야 한다. 담당 고객의 영업에 실패하면 채찍질을 하고 성공하면 당근을 주는 것이다. 신상필벌. 공이 있는 자에게는 반드시 상을 주고, 죄가 있는 자에게는 반드시 벌을 준다는 뜻으로, 상과 벌을 공정하고 엄중하게 적용하는 것을 말한다. 잘했을 때는 철저하게 보상해준다. 승부욕은 명확한 신상필벌의 기준 아래에서 솟구치게 마련이다. 이러한 측면에서 거의 모든 글로벌 기업이 중요하게 사용하는 방법이 인센티브 제도다. 이 제도에서는 매출 목표와 손익 목표를 계량화해 영업직원에게 부여하고 이 목표를 기초로 기본급과 인센티브를 정한다. 인센티브는 성과의 진도에 비례해 지급한다. 인센티브 제도를 통해 영업직원은 직급에 상관없이 프로답게 업무를 수행하게 되고, 성과에 따라 급여가 지급되기 때문에 더욱 승부사 근성을 가지게 된다.

성과에 따른 인센티브 제도에는 긍정적인 면이 많아서 대부분의 영업 기업들이 이를 실행하고 있다. 기업의 성격이나 문화에 따라 인센티브율이나 제도의 내용은 조금씩 다르다. 예를 들면, 성과에 매우 민감한 외국계 소프트웨어 회사들은 개인별로 기본급 퍼센트를 줄이고 인센티브 퍼센트를 높인다. 소프트웨어는 제품의 특성상 매출이 바로 이익으로 이어지기 때문에 목표를 초과하는 성과에 대해서는 직원 개개인에게 인센티브로 크게 보상한다. 외국계 재벌 계열사들은 우리나라 기업문화의 협동을 중요시해서 개인별보다는 팀별로 성과를 보상하는 인센티브 제도를 운용하기도 한다. 인센티브 제도를 운용할 때 몇 가지 주의해야 할 사항이 있다.

첫째, 문화를 고려해야 한다. 서구에서 시작된 인센티브 제도는 기본적으로 개인별로 적용하는 것을 원칙으로 한다. 목표를 팀으로 부여하지 않고 보상도 개인별로 이뤄진다. 철저하게 영업영역과 목표를 구분해 개인별로 부여하고 보상도 자기 영업영역에서 나온 재무성과를 기초로 지급한다. 누구의 기여로 이런 성과가 나왔는지에 대한 주관적 평가는 배제하는데, 큰 금액이 관련돼 있다 보니 주관적 평가가 들어가면 잘못될 수 있기 때문이다. 내 영업영역에서 타 영업직원의 기여로 성과가 나더라도 보상은 나의 것이다. 따라서 기업의 문화가 개인별 성과보다는 팀을 중요시한다면 개인별 인센티브는 적용하지 않는 것이 애초의 목표에 가깝다고 할 수 있다.

둘째, 목표 설정과 평가가 공정해야 한다. 인센티브는 목표 대비 성과에 대해 지급하는 것이므로, 인센티브를 많이 받기 위해서는 성과를 높이는 방법도 있지만 분모인 목표를 작게 잡는 방법도 있다. 모든 영업직원은 소극적인 방법이긴 하지만 목표를 작게 잡는 것이 성과를 많이 내는 것보다 쉽다는 것을 안다. 따라서 목표를 배분하는 연초에 공정하게 객관적인 방법으로 목표를 배분해야 한다. 여기에는 여러 가지 자의적인 요소가 개입될 수 있기 때문에 감사 차원에서 타 부서에서 관리해야 하는 것이 운영상 맞다. 목표는 지난 몇 년간의 실질적인 실적과 올해의 시장 크기, 회사 목표의 총합계 등을 고려해 최대한 객관적이고 공정하게 배분해야 한다. 평가도 자의적인 부분이 들어가지 않도록 객관적으로 수행되어야 하며, 객관적인 부서와 상위 관리자가 함께 평가에 대해 합의해야 한다.

인센티브 제도를 만들어놓고 공정하게 운영하지 않으면 훌륭한 인재가 떠난다. 인센티브를 만드는 이유가 승부사 정신을 배양해 더 많은 성과를 기업에 돌려주기 위함인데, 잘못하면 오히려 가장 중요한 인재가 회사를 떠나는 결과를 초래할 수도 있는 것이다. 인사적인 측면에서 보면 옳지 않은 평가에 지속적으로 노출될 경우, 공정하게 평가하는 기업으로 이직을 결심하기도 한다. 인센티브 제도는 만드는 것보다 공정하게 운영하는 것이 더 중요하다. 만약 공정하게 운영하지 못할 것 같으면 차라리 도입하지 않는 게 나을 수도 있다.

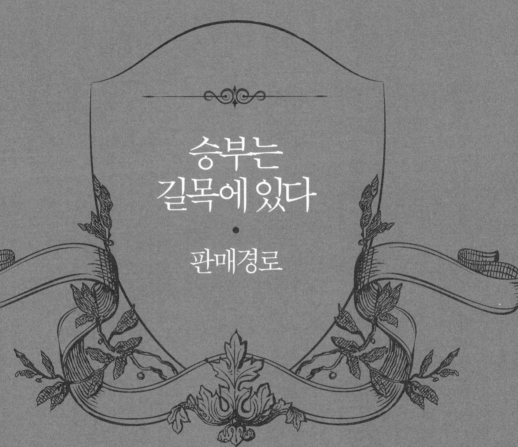

PART 2

승부는
길목에 있다

·

판매경로

Channel

Channel

"아니, 축산업체 사장한테 대형 컴퓨터를 팔게 해? 말도 안 돼! 컴퓨터는 IT 전문가가 운영하는 IT업체가 맡아야지."

"아니야. 고객과 소통하는 모든 채널이 판매경로가 될 수 있어. 축산업자면 어떻고 농사꾼이면 어때? 고객과 연결할 수 있다면 모두 내 협력업체지!"

고객에게 가는 모든 영업경로를 장악하는 것은 영업직원의 중요한 역량이고 영업을 잘하는 방법 중 하나다. 영업경로는 크게 보면 직접영업과 간접영업으로 나눌 수 있다. 직접영업은 영업직원이 직접 영업기회를 발굴해 종결까지 하는 것이고, 간접영업은 대리점이나 기타 간접경로를 통해 영업기회를 발굴하고 종결하는 것을 의미한다. 직접영업과 간접영업의 구분은 효율성에 기초를 둔다. 매출과 수익에 여유가 있는 경우엔 고비용 경로인 영업직원을 통해 직접 고객을 관리하고, 매출과 수익에 여유가 충분치 않은 경우에는 더 많은 고객을 관리하기 위해 대리점을 이용해 간접적으로 고객을 관리한다.

7

시장으로 가는
모든 가능성을 파악하라

시장 및 고객으로 가는 모든 길, 첫째로 영업직원을 통한 직접영업, 둘째로 대리점을 통한 간접영업, 셋째로 고객사에 영향력을 행사할 수 있는 사람인 인플루언서(Influencer)를 통한 협업영업, 넷째로 고객사의 주 협력업체 혹은 시장의 솔루션업체(Market Key Player)를 통한 협업영업으로 정리할 수 있다. 그 외에도 시장으로 가는 모든 경로 및 고객사와 어우러져 살고 있는 모든 기업 및 이해관계자가 모두 판매경로라고 볼 수 있다.

기업은 이 모든 판매경로를 효율적으로 구분하고 차별화할 수 있도록 판매경로 전략을 수립해야 하며, 영업직원은 영업기회를 창출할 수 있도록 자신의 담당 고객사로 향하는 모든 판매경로를 심도 있고 주의 깊게 관리해야 한다. 이를 통해 영업기회가 생성되고 종결되기 때문이다.

축산업자도 컴퓨터를 팔 수 있다

농협 유통부문 담당인 HP 영업직원인 송 과장은 오늘도 고객사인 농협에 들러 별 다른 일 없이 IT부서 및 유통부서 등을 둘러보았다. 농협은 유통부문에서 대형 할인점망을 지닌 국내 유수의 유통회사로, 농산품부터 공산품까지 전 품목을 취급하며 매년 일정 금액의 서버 매출을 올려주는 고객사다. 유통시스템을 운영하는 데 필요한 하드웨어 서버 및 디스크 구입 시 한 구매사가 과점하는 것을 방지하기 위해, 두 경쟁사가 매년 50%씩 서버를 납품하도록 멀티벤더 전략을 실행 중이다.

송 과장은 올해 매출실적이 모자라서 새로운 영업기회를 찾기 위해 고객사인 농협의 정보시스템부서와 유통부서, 기획부서 등을 돌아다니면서 고객의 니즈를 찾고 있다. 농협에서 올해 유통시스템을 업그레이드하기 위해 서버와 디스크 등에 약 10억 원의 예산을 책정한 것은 알지만, 정보시스템부서에서 이미 50%는 경쟁사에 주어야 하니 잊어버리라고 못을 박아 놓은 상황이다. 뭔가 새로운 기회를 찾아야 하는데 올해 농협 예산은 이미 정해진 상태라 가슴앓이를 하고 있다.

'오늘도 별 소득 없이 지나가는구나'라고 생각하며 회사로 돌아간 송 과장은 사무실에서 우연히 교육부 오 부장을 만났다. 오 부장은 가까운 친구 한 명을 모임에서 만났는데 그 친구가 돼지를 키워서 농협 등 유통회사에 납품하는 일을 한다고 했다. 그런데 그 친구에게서 농협에 관한 뜻밖의 이야기를 들었다는 것이다. "난 잘 모르지만 이번에 유통시스템을 업그레이드하면서 서버와 디스크를 꽤 많이 산다고 하던데." 혹시 그에 대한 이야기를 알고 있느냐고 물었다. 오 부장을 통해 들은 내용을 요약하면 이렇다.

돼지를 키워 돼지고기를 납품하는 윤 사장은 축산업을 크게 한다. 주 거래처가 농협 유통부문이고 농협 입장에서는 큰 규모의 공급처다. 윤 사장은 오 부장과 가까운 친구인데 큰 규모로 축산업을 운영하지만 HP처럼 좋은 회사에 다니는 오 부장이 부럽기도 하다. 윤 사장은 거래처인 농협을 방문했다가 유통시스템을 업그레이드하는데 서버와 디스크 등을 많이 구매한다는 내용을 듣고 친구인 오 부장에게 별생각 없이 전달해주었다.

오 부장은 영업이 자신과는 상관없는 분야라 듣고 잊어도 됐지만, 평소 열심히 농협을 드나드는 후배 송 과장이 생각나 도와줄 게 없을까 하고 들려준 것이다. 오 부장을 통해 정보를 얻은 송 과장은 정보시스템부서를 통해서는 불가능하지만 현업인 유통부서를 통하면 수주를 할 수도 있겠다는 생각이 들었다. 송 과장은 오 부장에게서 들은 내용을 토대로 전략을 세웠다.

첫째, 축산업체 사장인 윤 사장을 통해 정보시스템부서가 아닌 실제 사용 고객인 유통부서를 공략한다. 윤 사장은 유통부서 입장에서는 무시할 수 없는 큰 거래처다. 따라서 윤 사장을 통해 실제 사용부서를 움직이면 유통시스템을 수주할 가능성도 있고, 사용부서가 원할 경우 정보시스템부서에서도 거부하지 못할 것이다.

둘째, 윤 사장에게 경쟁력 있는 제안을 해서 움직이게 한다. 윤 사장에게 간접영업 판매경로 정책을 적용해 채널 인센티브를 제안한다. 이번에는 직접영업이 아닌 간접영업을 통해 진행한다. 직접영업을 할 경우 정보시스템부서의 반대에 부딪힐 것이 뻔하므로, 오 부장을 통해 윤 사장과 접촉한다.

윤 사장과 같이 전략을 세우고 어떻게 진행할 것인지 의논한 후 회사에 돌아온 송 과장은 오 부장으로부터 긍정적인 전화를 받았다. 윤 사장이 송 과장의 예의 바른 태도와 자세에 감동했으며 송 과장을 위해 잘해보겠다는 내용이었다. 윤 사장은 오랫동안 쌓아온 현업 유통부서와의 신뢰관계를 기초로 비즈니스를 뒤엎었다. 이미 경쟁사와 계약하기로 거의 다 진행된 단계였으나, 유통시스템 서버 및 디스크의 실제 사용부서인 유통부서에서 정식으로 경쟁에 부쳐야 한다고 주장하자 정보시스템부서도 "사용부서에서 요청하니 받아들일 수밖에 없다."며 받아들였다. 결국 경쟁 입찰을 통해 HP는 서버와 디스크와 관련 소프트웨어를 포함해 10억 원가량의 계약을 수주했고, 송 과장은 그해 매출목표를 달성할 수 있었다.

이는 판매경로 전략을 효과적으로 사용한 사례다. 송 과장의 영업 자세도 중요했고 맷집과 끈기도 적절했다. 정보시스템부서가 끝까지 반대하지 않은 것도 송 과장이 평소 관계를 잘 유지해놓은 덕분이었다. 그러나 무엇보다도 이 사례의 핵심 성공요인은 송과장이 시장으로 가는 모든 길을 이용했다는 점이다. 컴퓨터 제품을 판매하는 회사가 돼지고기를 납품하는 축산업체와 협업해 계약을 수주했듯이, 시장으로 가는 모든 길이 영업의 판매경로가 될 수 있다. 이 사례는 등록된 대리점도 아니고 인플루언서도 아닌 고객사의 주 협력업체와 그것도 영업 제품과 아무 상관없는 고객사의 협력업체와 협업을 통해 성과를 거둔 사례다. 시장에서 움직이고 있는 모든 업체가 영업의 판매경로가 될 수 있다.

다양한 판매경로를 모두 이용하라

시장으로 가는 길은 다양하다. 영업직원은 시장으로 가는 모든 길을 알아야 한다. 시장에서 내가 담당하고 있는 영업영역(예를 들면 제조업의 대기업 고객군, 금융업의 중소기업 고객군 혹은 유통업의 SOHO군 등)의 다양한 판매경로를 알고 모두 이용할 줄 알아야 한다. 대기업군이든, 중소기업군이든, SOHO(Small Office Home Office)군이든 내가 담당하는 고객에게 가는 경로는 모두 알고 있어야 하고 관계 정립 및 유지도 지속적으로 수행해야 한다. 대기업군의 경우 중소기업군이나 SOHO군에 비해 더욱 밀도 있게 관리해야 한다. 그렇다면 판매경로, 즉 고객에게 가는 경로에는 어떤 종류가 있는지 알아보자.

첫째, 영업직원 자신인 직접영업 판매경로가 있다. 영업직원 자신도 고객에게 가는 판매경로가 된다. 무엇보다 가장 중요하고 로열티가 가장 높은 길인 동시에, 대기업 고객군에서 가장 중요하게 그리고 가장 많이 적용하는 판매경로이기도 하다. 이론적으로나 고객관계관리 측면에서나 이상적이지만, 고비용이다 보니 점점 사용하는 고객 수가 줄어들고 있는 것이 현실이다. 효율성을 고려해야 하는 기업 입장에서는 필요하지만 많이 사용할 수 없는 경로이기도 하다. 내가 영업을 처음 시작했을 때는 자신감과 자긍심이 있는 글로벌 기업들은 대부분 이 경로만 사용했고, 그 결과 고객과의 관계정립과 유지에 매우 효과적이었다. 다만 고비용이어서 상대적인 비용은 많이 들었다고 볼 수 있다. 최근에는 직접영업 판매경로의 경우 뒤에서 언급할 다른 경로와의 협업을 통해 시너지를 내는 것이 합리적이다.

둘째, 대리점을 통한 간접영업 판매경로가 있다. 이는 중소기업 고객군의 주 판매경로이자 대기업군의 부 판매경로다. 영업직원 혼자서는 시장을 관리하기가 불가능하므로, 관계 정립 및 유지와 효율성 측면 모두에서 중요한 판매경로이기도 하다. 이전에 비해 중요성이 더욱 높아지고 있다. 고객관계 유지를 위해서는 책임 상권제를 도입해 고객당 담당 대리점을 두는 것이 합리적이나, 이럴 경우 대리점 간의 경쟁을 통한 상승 효과가 사라지는 단점이 있다. 그러므로 책임상권과 경쟁을 통한 상생을 적절히 혼합해야 시너지를 낼 수 있다.

대리점은 전속대리점과 비전속대리점의 두 가지 형태로 나눌 수 있는데, 나하고만 협업하는 것이 전속대리점이고 다른 회사와도 협업하는 것이 비전속대리점이다. 기업은 전속대리점만을 두는 편이 회사에 대한 충성도나 관리 측면에서 좋지만, 현실적으로 전속대리점을 두려면 기업의 시장 점유율이 과점 이상이어야 하기 때문에 쉽지 않다. 대리점의 입장에서는 전속보다 비전속을 택해야 최종 고객사로부터 대리점의 가치를 인정받을 수 있고, 수익성 측면에서도 기업에 대해 우위를 점할 수 있어서 비전속을 선호한다. 대리점은 주요한 판매경로이지만 비전속으로 가는 추세여서 영업직원은 대리점에 전적으로 고객관계를 위임해서는 안 되며, 최종 고객사 관계관리를 적절히 수행해야 한다.

셋째, 고객사에 영향력을 행사하는 인플루언서 판매경로가 있다.

고객사에 영향력을 행사할 수 있는 모든 이해관계자와 집단 및 누군가가 인플루언서가 될 수 있다. 예를 들면, 넓은 의미에서 국회의원이나 고객사와 관련된 정부기관 혹은 기관의 고위층이 될 수도 있고, 요즘은 사외이사의 역할이 주요하기 때문에 사외이사도 될 수 있다. 노동조합도 될 수 있고 소비자 단체나 언론도 가능하다. 이전에는 인플루언서가 영업에 긍정적인 역할을 하며 수주를 도와주기도 했지만, 고객사의 의사결정 과정이 점차 투명해지고 명시화됨에 따라 지금은 정해진 과정을 좀 빠르게 하거나 혹은 경쟁사가 이길 가능성이 높을 경우 의사결정을 늦추게 하는 정도의 소극적 기능이 우세하다고 할 수 있다. 어찌 되었든 고객사에 영향력을 행사할 수 있는 판매경로와의 협업은 당연한 것이고, 영업직원은 이를 위한 적당한 관계 정립 및 유지 또한 중요하게 여겨야 한다.

넷째, 고객사의 주 협력업체와 시장의 솔루션업체를 통한 판매경로가 있다. 말 그대로 시장에서 인정한 특화업체들이다. 이 판매경로는 이전에는 중요성이 크지 않았으나 최근들어 중요성이 증가하고 있다. 영업이 솔루션을 제공하는 쪽으로 바뀌고 고객가치가 고객의 문제와 니즈를 해결하는 방향으로 가고 있기 때문이다. 이에 따라 시장에서 고객이 인정한 솔루션업체의 권한이 높아지고 있는 것이 현실이다. 영업직원은 시장의 솔루션업체를 분석해 파악하고 이들과 관계를 정립하고 유지하며, 이들에게 고객사에 제안하는 것에 버금가는 가치 제공을 고민하고 실행해야 한다. 시장에서의 힘이 곧 영업에서의 힘이므로 고객 의사결정자가 경청하는 솔루션업체들의 힘은 더욱 막강해질 것으로 보인다.

아울러 고객사의 주 협력업체도 판매경로가 될 수 있다. 예를 들어 유통기업이 고객인 영업직원의 경우, 그 유통기업에 납품하는 납품업체(공산품 혹은 농산물 등) 중에서 규모가 크고 신뢰관계가 오래된 업체는 시장의 솔루션업체와 마찬가지로 의사결정자에게 영향을 미칠 수 있다. 객관적 입장에서 고객사의 의사결정자에게 조언할 수 있기 때문이다. 실제로 전혀 무관한 납품업체의 지원으로 큰 규모의 IT솔루션 계약을 하는 것을 본 경험이 있을 정도다.

이처럼 시장으로 가는 모든 경로 및 고객사와 어우러져 살고 있는 모든 기업 및 이해관계자가 판매경로가 될 수 있다. 이 네 가지 판매 경로를 적절히 혼용해서 시너지를 만들어내는 것이 영업인의 역량이다. 이들을 파악하고 관계를 정립한 뒤 유지하며 가치를 제공하는 데 시간을 할애해야 한다. 내 경우 고객관계 정립과 유지를 위해 고객 접점 시간의 1/3은 고객사 구매부서와 1/3은 고객사 현업부서, 1/3은 시장의 내 고객에게 가는 모든 경로와 함께하도록 배분하고 이를 지키려고 노력했다.

대리점에 모두 맡기지 마라

우리나라에는 군대와 관련한 젊은이들의 독특한 정서가 존재한다. 남자가 군대에 가 있는 동안 여자친구가 새로운 남자친구를 사귀게 되어 헤어지는 것, 즉 '고무신을 거꾸로 신는 것'은 군에 복무 중인 군인에게 아픈 추억의 정서다. 내가 군에 갈 때만 해도 30개월로 복무기간도 꽤 긴 편이다 보니, 젊은 연인이 헤어지는 경우가 많지 않았나 싶다. 지금은 복무기간이 줄어서 21개월이라고는 하지만 젊은 남녀가 떨어져 있기에는 긴 시간이다. 이런 정서 때문인지 '고무신을 거꾸로 신는 것'은 소설이나 드라마, 영화 등의 소재로도 자주 등장한다.

　보통 내용은 이렇다. 자기가 군대에 가 있는 동안 믿는 친구나 선배에게 애인을 가끔 만나서 심심치 않게 해달라고 요청한다. 친구나 선배는 처음에는 군대 간 친구의 막역지우로서 친구의 애인을 정성껏 돌본다. 그리고 "눈에서 멀어지면 마음마저 멀어진다."는 말처럼 애인은 자주 보지 못하는 군대 간 남자친구와 점점 멀어지는 것을 느낀다. 지금처럼 카카오톡 같은 SNS나 동영상 통화 등이 없던 시절, 편지나 가끔 외박 나와서 거는 전화 외에는 서로의 안부를 묻기도 힘들었던지라 더더욱 그랬다. 그러면서 군대 간 사이 막역지우와 애인이 연인관계로 발전해 친구도 잃고 애인도 잃는다는 설정이다. '겨울나그네'라는 영화도 그 당시의 이런 정서를 일부 포함한 영화였다.

이러한 일은 어디서부터 생길까? 내가 직접 볼 수 없으니 가장 가까운 친구나 선배에게 부탁해서 애인에게 내 얘기를 대신 전달하고 나 대신 애인을 즐겁게 해주도록 한 것은 좋은 방법이다.

단, 맡겨만 놓아서는 안 된다. 친구나 선배가 내 말을 전해줄 수는 있지만 연인으로서 관계를 발전시키는 행동을 전달할 수는 없기 때문이다. 아무리 가까운 친구라고 해도 연인의 체온과 현재의 느낌을 생생하게 전달할 수는 없다. 예를 들어 "손을 한번 만져보고 내가 전하는 것이라고 얘기해라."라고 할 수는 없다. 관계를 발전시키고 신뢰를 쌓으려면 휴가를 자주 나가 직접 만나야 한다.

파트너(대리점)를 통해 고객관계를 관리하는 것도 이와 비슷하다고 볼 수 있다. 한 고객당 한 명의 담당 영업직원을 두기는 효율성 측면에서 어렵다. 물론 큰 매출과 수익을 가져다주는 고객이라면 영업직원 두 명에게도 담당하게 하겠지만 실제로는 직접영업과 간접영업 방법을 혼합해서 사용할 수밖에 없다. 신뢰할 수 있는 대리점에 특정부서의 관계관리를 맡길 수밖에 없다면, 그 대리점이 관계를 정립하고 유지하는 동안 영업직원도 정기적으로 그 고객과 시간을 가져야 한다. 손도 잡고 영화도 보는 일을 자주는 못하겠지만 정기적으로 해야 한다. 그래야 대리점이 좀 더 정확한 상황과 치우치지 않는 정보를 제공한다. 대리점은 어쩔 수 없이 자기 입장에서 정보를 가공하기 때문이다. 경쟁상황을 과대 포장해서 제안 가격을 낮추고, 이를 통해 대리점 마진을 높이고 좀 더 쉽게 영업하려고 하는 것은 인지상정이다.

아무리 가까운 관계라도 본사는 전속의 충성도를 원하고 대리점은 다양한 본사(Multi-Vendor) 전략을 원한다. 본사는 대리점이 '디지털플라자'이기를 원하고 대리점은 '하이마트'가 되고 싶어 하는 격이다. 이처럼 서로 목표가 다르기 때문에 중간중간 고객 접점시간을 가져 대리점이 고객 접점시간을 늘리고 있는지, 내게 정확한 정보를 전달하고 있는지 체크하는 한편으로 대리점을 측면 지원하면서 나와의 관계를 정립하고 유지해야 한다. 이렇듯 대리점의 권한 위임과 영업직원의 최종소비자 관계 유지를 적절히 조합해서 고객을 지원해야 바람직하다.

시장을 효율적으로 관리하라

관계 정립 유지와 효율성

기업의 시장 구분 및 관리는 어떻게 해야 할까? 시장(영업영역)을 구분할 때는 기본적으로 고객의 문제 및 니즈를 파악하고 해결해야 하므로 고객산업 중심으로 나누어야 한다. 또한 시장을 구분할 때는 시장의 누수를 방지하는 수준으로 고려해야 한다. 시장에서의 영업 충돌을 예방하기 위해 누수를 포기해서는 안 된다.

판매경로 전략 수립을 위해 먼저 시장을 구분하고 관리하는 데 있어서 기준은 무엇일까? 실제로 시장을 구분하고 관리하는 기준은 관계 정립 및 유지 차원과 효율성 차원을 기초로 한다고 볼 수 있다. 시장을 규모로 구분해 500인 이상의 대기업 고객군과 중소기업 고객군, SOHO군으로 나눠보자. 자, 이제 고객군을 어떻게 관리해야 할까? 관계 정립 및 유지 측면에서는 모든 시장군을 회사의 영업직원(직접영업)을 통해 관리하는 것이 좋다. 그러나 효율성 측면에서 보면 대기업군의 매출과 수익이 높은 고객군을 제외하고 중소기업 고객군이나 SOHO를 고비용 판매경로인 영업직원을 통해 관리한다면 기업의 손익에 부정적인 효과를 미칠 것이 당연하다.

따라서 이 두 가지 변수를 고려해 대기업군에서는 높은 효과를 목

효율적 시장 구분 및 관리맵

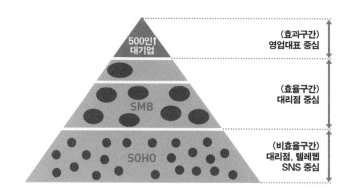

표로 영업직원 중심의 직접영업을 통해 관리한다. 신뢰를 바탕으로 한 고객관계관리로 고객에게 해결책을 제시하고 가치를 전달함으로써 다양하고 규모가 큰 영업기회를 창출하고, 이를 통해 기업의 수익원을 확보하는 것이다.

중소기업 고객군과 같은 중소형고객(SMB)은 효율성을 고려해 대리점 중심의 간접영업으로 관리할 필요가 있다. 대리점 중심의 중소기업 고객군 관리에서는 한 고객당 수익성 측면에서 대기업 고객군과 차이가 있을 뿐만 아니라, 영업기회 또한 상대적으로 적기 때문에 마케팅과 대리점과의 협업이 매우 중요하다. 주먹구구식으로 영업기회를 찾아다니면 투자 대비 효율은 낮을 수밖에 없다.

먼저 마케팅과 대리점 간에 짜임새 있는 협업을 통해 고객의 니즈와 요구사항을 찾고 상세화하는 마켓 센싱(마케팅 관점에서 시장에서 일어나는 일을 체계적으로 분석하고 학습하며 끊임없이 감각을 유지해 나가는 것)과 데이터베이스 마케팅을 기초로 목표 세그먼트를 정한다. 그리고 이에 맞는 맞춤형 오퍼링을 개발해 캠페인화할 필요가 있다. 이는 바다에서 레이더로 얻은 데이터 분석과 선장의 경험을 토대로 투망식 어업을 하는 것과 비슷하다고 볼 수 있다. 마케팅 캠페인을 통해 한번 거른 영업기회를 충성도 있는 대리점에 전달해 종결하도록 하는 것 또한 협업 관리에서 필요한 한 가지다. 이처럼 마켓 센싱과 데이터 분석을 통해 '논리적 투망식 영업'을 수행할 때 필요한 것 중 하나는 대리점의 고객관계관리를 도와주는 것이다. 이때 책임상권제를 활용하면 대리점이 고객관계를 정립하고 유지하는 데 도움을 줄 수 있을 것이다.

중소기업 고객군보다 더 규모가 작고 상대적으로 영업기회도 더 적은 SOHO군에서는 중소형고객 방식과 동일한 '논리적 투망식 영업'을 수행한다. 이 세그먼트는 규모가 작아 대리점조차도 관심을 덜 가지기 때문에 전화나 인터넷을 통해 확보된 영업기회를 관리하고, 확실한 영업기회만을 대리점에 전달하는 방법으로 운영한다. 최근에는 글로벌 기업들이 관계관리 측면보다 효율성 측면에 더 비중을 두고 대리점과 콜센터, 인터넷 중심의 '논리적 투망식 영업' 비중을 점점 늘리고 있는 것이 현실이다. 관계 정립 및 유지를 통해 고객가치를 제공하는 것이 영업의 정석이라는 관점에서 보면 안타까운 현실이다.

이러한 시장의 구분과 관리는 시장환경의 변화에 따라 조정되어야 하므로 정기적으로 하는 것이 합리적이다. 대개의 경우 연초에 전년 실적과 당해 시장환경 변화를 고려해 확정하는 것이 합리적인데, 이때 중장기적인 고객사의 가치와 함께 영업직원의 지속성도 고려되어야 한다. 이미 논의한 것처럼 관계는 신뢰로부터 오고 신뢰를 쌓는 데는 시간이 필요하기 때문에 주요 대형 고객사 영업직원의 경우, 역량뿐만 아니라 지속적인 담당 역할 수행도 반드시 고려해야 한다.

일원화된 판매경로 관리 전략

대리점과 시장의 협력 솔루션업체를 포함한 판매경로 관리는 일원화해서 운영해야 한다. 유통경로 관리와 타 판매경로 관리는 한 조직 내에서 이루어져야 합리적이다. 유통정책과 시장의 협력 솔루션업체 정책이 한 조직 내에서 관리되어야만 판매경로에 전달되는 메시지의 충돌을 예방할 수 있다. 시장의 모든 경로는 한 곳에서 관리되어야 하고 전달되는 메시지도 마찬가지다. 한 고객을 담당하는 영업직원이 그 고객과 관련된 모든 판매경로를 관리해야 하며 전달되는 메시지도 모두 검토해야 한다. 현실적으로는 판매경로 관리 조직이 따로 존재하기 때문에 영업직원이 직접 할 수는 없다. 그러나 담당자로서 당연히 알아야 하고 이를 관리할 수 있는 역량을 갖춰야 하며, 아울러 자신의 의견을 정책이나 메시지에 반영할 수 있어야 한다.

B2C영업과 B2B영업

지금으로부터 10여 년 전에는 B2B영업이란 용어조차 사용되지 않았다. 일반적으로 영업은 소비재 영업을 뜻했으며 B2B영업 대신 법인 영업, 산업재 유통 혹은 산업재 영업, 또는 기업고객 영업이란 용어를 사용해왔다. 10여 년 전부터 B2B영업이란 용어가 사용되기 시작해서 최근에는 많은 기업이 일반적인 B2C영업과 구분해서 B2B영업이라는 용어를 자연스레 사용하고 있다. B2C시장을 주요 시장으로 여겨왔던 기업들이 B2B시장을 새로운 성장엔진을 가진 신사업으로 보기 시작하면서 용어가 상용화된 것으로 볼 수 있다.

영업에 대한 일반적인 개념이 B2C영업이었던 것의 예는 사전의 정의에서도 찾아볼 수 있다. 국어사전에서 B2B영업의 예전 용어가 기업고객 영업이었다는 것을 기초로 찾아보면 '고객'의 정의는 '상점 따위에 물건을 사러 오는 손님', '단골로 오는 손님'으로 되어 있다. '기업고객'의 '고객'조차 '사러 오는', '단골로 오는' 등 '찾아오는' 이라는 개념으로 쓰인 것을 알 수 있다. B2B영업의 기본은 고객을 찾아가는 것이고 B2C영업의 기본은 일반적으로 주요 지역에 점포를 차리고 제품을 진열해 집객, 즉 고객이 찾아오게 하는 것이 기본적인 차이라고 할 수 있다. 여기에서 볼 수 있듯 사전의 정의조차 B2C영업과 B2B영업의 근본적인 차이를 알 수 있게 되어 있을 뿐만 아니라, 상식적인 수준에서도 B2C영업이 더 광범위하게 통용되고 있다. 2011년 출간된 에드워드 트림넬의 저서 《B2B영업》에서는 B2B영업과 B2C영업의 주된 차이를 아래와 같이 5가지로 정의했다.

- **보상의 규모**: B2B영업은 규모가 커서 실패할 경우 회사에 미치는 영향도 크기 때문에 영업 인센티브 또한 크다.
- **복잡성**: B2C영업에 비해 B2B영업은 제품 및 서비스가 복잡하고 관련된 의사결정 부서 및 프로세스도 복잡다단하다.
- **다양한 고객과 이해관계자**: 한두 명의 의사결정만이 필요한 B2C영업과 달리 B2B영업은 다양한 고객(직급별, 부서별 등)과 경영진뿐만 아니라 다양한 위원회 등 이해관계자들이 많다.
- **대규모 계약금액과 위험도**: 계약금액이 대규모일 경우가 흔하며

이 때문에 다양한 위험성이 존재한다.

- **계약에 장기간 소요:** 규모가 큰 계약, 다양한 의사결정자, 구매에 따른 고위험 가능성 등으로 인해 영업기회 발굴부터 종결까지의 기간이 길다.

이처럼 B2B영업은 같은 영업임에도 B2C영업과 차이가 있다. 가끔 영업이라는 측면에서 같을 거라는 가정하에 B2C영업을 해온 기업이 B2B영업으로 사업을 확장하고, 기존의 B2C영업 전문 경영진과 영업사원을 B2B영업으로 전진 배치하면서 종종 어려움을 겪는 경우가 있다. 이는 문화가 다른 영업을 동일시함으로써 생긴 오류다.

앞에서 B2B영업이 B2C영업과 다른 점을 설명할 때 '소비자가 아닌 기업을 대상고객으로 하는 영업하는 행위 및 프로세스'로서 대상 고객군이 다르다고 설명했다. 그러나 실제로 B2B영업의 진정한 의미는 접근 방법의 차이에서 찾을 수 있다. 한양대 한상린 교수의 저서 《B2B마케팅》에서는 B2B영업이란 "B2B마케팅 활동의 성과를 결정짓는 가장 중요한 요소로서 고객의 니즈를 이해하고, 고객이 필요로 하는 가치요소를 찾아내어 고객에게 새로운 가치를 창조해주는 것."이라고 정의했다. 내 경험에 의하면 B2B영업이란 '고객과의 신뢰를 바탕으로 고객의 니즈를 명확히 이해하고 그에 부합하는 제품과 솔루션을 제공함으로써, 고객에게는 가치를 창출해주고 기업에게는 목표를 달성해주는 것'이라고 정의하고 싶다. 여기에서 고객

의 가치라 함은 고객이 지불하는 대가(가격)보다 큰 프리미엄(효용)
이다. 그리고 기업의 목표라 함은 이익이 가장 우선시되겠지만 여러
가지 다른 항목으로도 정의할 수 있을 것이다. 결국 B2B영업은 고
객의 니즈와 문제를 해결하는 해결책을 제공해주는 것이라고 정의
할 수 있다.

문화가 다른 B2C영업과 B2B영업은 목표 고객이나 고객의 성향,
접근 방식이 다르다. 그러나 '고객'의 의미는 같다. 고객과 연결하고
고객에게 가치를 제공하는 것은 다르지 않은 것이다. B2B영업에서
필요한 역량은 B2C영업에서도 마찬가지로 필요하다. 단, 문화가 다
른 데서 오는 문제점은 경영진이 고민하고 해결 방법을 찾아 실행해
야 한다. 그렇지 않으면 '찾아오고', '찾아가고'의 한 가지 문화 차이
만으로도 시장에서 커다란 오류가 야기될 수 있다.

잠자는 순간에도
경쟁사의 동태를 주시하라

경쟁 상황을 상시 파악해라

전투에는 적이 있다. 영업에서의 적은 경쟁사다. 지피지기면 백전불
태라 했다. 적을 아는 것이 그 무엇보다 우선이다. 경쟁사에 대한 정
보를 상시 파악하지 못한다면, 내 고객사에서 경쟁사가 무슨 일을
꾸미고 있는지 모른다면 영업은 시작도 할 수 없다. 경쟁대상이 없
다면 시장에서 이기기도 쉽고 가격을 이용한 수익 확보도 쉬울 것이
다. 만약 경쟁상황이 존재하지 않는다면 영업기회의 기한과 규모도
기업이 관리할 수 있다. 수요자 시장이 아닌 공급자 시장이 되므로,

가격도 판매자가 정하고 납기도 판매자가 정할 수 있다. 그러나 시장에서 경쟁상황이 없기란 불가능하다. 설혹 잠시 경쟁이 없는 시기가 있다 하더라도 공급자들이 이 시장에 들어오려 노력할 것이고 결국엔 경쟁이 벌어진다. 이것이 이기는 습관과 문화가 필요한 근본적 이유다.

영업직원은 마켓 센싱을 통해 시장에서 일어나는 일을 상시 파악해야 한다. 경쟁상황을 인지하지 못할 경우 사업의 판도가 하루아침에 뒤바뀔 수 있다. 경쟁상황을 알려면 시장에 나가야 한다. 콩나물값은 재래시장에서 콩나물을 파는 아주머니에게 확인해야 정확하다. 요즘은 인터넷과 모바일의 등장으로 콩나물값이 조작되기도 한다. 인터넷 쇼핑몰은 더 비싸고 수익성 있는 상품을 팔려고 콩나물값을 턱없이 싸게 내놓아 고객을 끌어모으지만 이는 오래가지 못한다. 시장에는 복원 능력이 있기 때문이다. 영업직원이라면 경쟁상황을 파악하고 시장에서 이기기 위해 반드시 시장에 나가야 하고, 고객 접점시간을 늘려야 한다.

경쟁사를 주시하다 보면 많은 것을 얻게 된다. 고객사와 경쟁사에 대한 마켓 센싱을 통해 제품과 서비스의 피드백을 반영하는 것이 가장 기본적인 소득이다. 아울러 영업기회 측면에서도 작은 영업기회를 얻을 수 있을 뿐 아니라 때때로 대어를 낚기도 한다. 경쟁사와 경쟁관계를 지속하다 보면 나의 시장점유율이 올라갈 뿐만 아니라 나와 경쟁사 모두가 시장을 넓히는 효과를 얻기도 한다.

삼성전자에 재직 시 PC와 TV 등을 초중고 학교에 납품하기 위해 영업한 적이 있다. 이 시장은 대형 제조기업인 삼성전자와 LG전자 두 곳이 대부분을 점유하고 있었기 때문에, 나는 전체 시장점유율은 물론 경쟁사의 시장에서의 활동을 철저히 관리, 감시했다. 경쟁사의 점유율을 숫자까지 철저히 관리하다 보니 당연히 나의 노력은 배가 될 수밖에 없었고, 결국 이것은 시장을 더 창출하는 것으로 이어져 양사 모두 성공하는 결과를 낳기도 했다. 이처럼 경쟁사를 상시 주시하는 것은 여러 측면에서 영업에 도움이 된다.

9

신뢰할 수 있는
개발자와 함께하라

고객이 세일즈맨임을 눈치채지 못하게 하라

고객은 종종 영업직원에게 복잡한 자신의 문제를 털어놓곤 한다. 누
군가가 해결해주기를 바라기 때문이다. 그러나 영업직원 혼자서는
이것을 해결할 수 없고 부서 간 협업이 필수다. 부서 간의 협업을 통
해 더 효율적으로 관계 정립과 유지를 할 수 있다.

고객 입장에서 보면 영업직원을 중심으로 제안팀, 프로젝트개발
팀, 유지보수팀 모두가 판매자다. 이 팀은 고객의 문제와 니즈를 해
결하기 위해 협업하며 조화를 이뤄야 한다. 고객은 영업직원보다는

개발팀이나 유지보수팀을 객관적이고 고객사에 대한 충성심이 높다고 보는 경향이 있다. 고객의 니즈를 직접 해결하는 팀이기 때문이다. 따라서 개발팀과 유지보수팀의 고객 접점과 유지는 영업팀의 것과는 조금 다르다. 고객의 니즈를 해결하는 팀과 협업해서 고객과의 관계를 정립한다면 더 의미 있는 관계를 형성할 수 있다. 부서 간 협업을 통해 고객 접점을 확대하고 해당 팀과의 협업을 통해 고객 접점을 유지하는 것이다. 진정한 영업은 고객의 니즈를 해결해주는 엔지니어를 통해서도 가능하다. 부서 간 협업을 통해 개발팀이나 유지보수팀이 보유한 고객을 소개받아 고객관계를 늘릴 수도 있고 이들과 함께 관계 유지도 할 수 있을 것이다.

삼성전자에서 서비스담당은 고객이 신뢰하는 직원이다. 고객은 제품을 설치하고 수리하는 직원들이 자신을 도와준다고 생각한다. 이들이 세일즈맨이 아니라고 생각하는 것이다. 반면에 영업직원은 목표를 달성하기 위해 모든 것을 정당화할 수도 있다고 여긴다. 그러므로 고객의 신뢰를 얻기 위해 고객이 신뢰하는 서비스 직원과 협업하면 믿음을 줄 수 있다.

IBM에서도 고객이 가장 신뢰하는 직원은 유지보수 담당 엔지니어였다. 당시 기업에서 사용하는 컴퓨터는 대형 컴퓨터였다. 이것은 크기도 컸지만 운용하기도 복잡했고, 고장이라도 나면 업무가 마비되기 때문에 관리가 매우 중요했다. 그래서 대기업 고객의 경우에는 CSR이라는 하드웨어 유지보수 전담 엔지니어가 있었고, 이 엔지니어는 고객사에 상주하다시피 했다. 고객과 가장 많은 시간을 보내는 이 기술 엔지니어에게는 영업목표가 없었으며, 기계를 안정적으로 운용하는 것이 성과지표였다. 당연히 고객은 CSR의 충성심을 믿게 되었고 실제로 영업적인 측면에서 CSR과 영업직원 사이에 충돌이 생기기도 했다. 나는 IBM 영업직원 시절 유지보수 전담 엔지니어와 잘 지냈다. 고객이 가장 믿는 IBM 직원이었기 때문이다. 전담 엔지니어가 주는 약간의 도움이 계약을 수주하는 데 결정적인 역할을 하기도 한다.

삼성전자든 IBM이든 엔지니어 역할을 수행하는 직원들은 영업목표를 가지고 있지 않다. 그렇기 때문에 고객은 이들을 가장 신뢰한다. 따라서 고객이 신뢰하는 직원이 영업을 지원해준다면 고객과의 신뢰는 더욱 공고해질 것이다.

대기업 담당 영업직원의 역할과 책임

실제로 영업현장에서 영업직원이 어떤 역할과 책임을 가지고 영업을 수행하는지 논의해보자. 영업직원은 관계관리와 효율성을 고려해 기업의 규모에 따라 대기업 담당과 중소기업 담당으로 나뉜다. 이 두 부류의 고객에 따른 영업직원의 역할과 책임은 조금 다르다. 대기업 담당자는 고객이 큰 예산을 가지고 있는 만큼 효율성보다는 관계에 더 집중해야 한다. 따라서 직접영업 역할에 힘을 쏟는다. 상대적으로 고객의 예산이 적은 중소기업 담당 영업직원의 경우 효율성에 더 중점을 둘 수밖에 없다. 따라서 직접영업 역할에 마케팅과의 협업과 간접영업 채널인 대리점과의 협업 역할을 추가해야 한다. 그리고 자신의 핵심역량을 간접영업 및 마케팅에 효율적으로 배분해 조화롭게 협업할 필요가 있다. 규모가 큰 기업을 담당하는 대기업 담당 영업직원은 다음과 같이 관계지향형으로 직접영업을 수행해야 한다.

첫째, 단일 고객사 또는 소수의 몇몇 고객사와 비즈니스 전반에 걸쳐 관계를 정립하고 유지해 나간다. 회사 입장에서는 대기업 담당 영업직원의 경우 투자 대비 수익이 높다. 예산이 상대적으로 큰 만큼 성장에 대한 욕망이 항상 존재하므로, 담당 영업직원의 전략적 사고와 관계로 인한 성과를 더 많이 기대할 수 있기 때문이다. 특히 대기업 담당 영업직원은 대기업 내의 다양한 고객 개인과 이해당사자와의 관계에 대해서도 책임을 진다.

둘째, 회사로부터 부여받은 매출 및 손익 목표를 달성한다. 회사로부터 부여받은 매출과 손익 목표를 포함한 재고율, 외상매출 수거율, 전략 제품과 솔루션 납품 등 다양한 영업 목표를 달성한다.

셋째, 고객의 비즈니스와 산업에 관해 이해한다. 단일 고객 또는 두세 고객만을 책임지기 때문에 그들이 추구하는 가치가 무엇인지, 비전이 어디로 향하는지, 산업의 미래가 어떤지, 미래 성장전략이 무엇인지 충분히 이해해야 한다. 또한 담당 고객이 느낄 때 일반적인 산업전문가 수준이 되도록 자기 계발을 게을리하지 말아야 하며, 이를 위해 회사는 자기 계발과 관련된 프로그램과 교육비를 지원해야 한다.

넷째, 고객에게 제품, 솔루션 및 서비스를 통합해 제공한다. 통합과 맞춤을 통해 고객에게 가치를 제공해야 하며, 이를 위해 끊임없이 자기 계발을 수행해야 한다. 회사는 자기 계발과 관련된 프로그램과 교육비를 지원해야 한다.

다섯째, 고객사 경영진의 입장에서 고객의 사업전략에 기여한다. 고객사 경영진의 주요 성과지표와 예산을 숙지하고, 고객의 사업전략에 기여할 수 있을 정도의 고객가치를 개발한다. 이를 통해 고객의 문제와 니즈를 찾아내고 고객사에 부가가치를 제공한다.

여섯째, 고객사 내외부의 주요 활동을 상시 모니터링한다. 고객사의 비즈니스 활동을 상시 모니터링해 영업전략을 개발하고 실행하는 데 사용하며, 마케팅부서의 마켓 센싱 창구로서의 역할도 수행한다. 시장에서 고객의 경쟁상황, 고객의 주요 위험요소, 고객산업의 동향 등의 정보를 취합한다.

일곱째, 영업기회를 발굴하고 회사 내외부의 조직과 협업해 솔루션에 대한 고객의 구매약속을 받아낸다. 고객 영업 일선에서 영업기회 발굴의 첫 번째 창구로서 업무를 수행한다. 고객에게 가치를 제공하는 협업 창구로서, 제안팀 및 서비스팀 등 내부 협업조직과 솔루션 파트너 및 인플루언서 등 외부 조직과 협업을 원활히 수행한다. 영업의 마지막 단계인 고객의 구매약속을 받아내는 역할도 수행해야 하는데, 대형 기업고객일수록 협업의 양과 질은 많고도 복잡하다. 오케스트라의 지휘자처럼 전체를 리드하며 하모니를 이끌어낸다.

여덟째, 회사를 대표해 고객만족에 대한 책임을 진다. 대기업 고객일수록 단 한 번의 고객만족 실패로도 낭패를 당할 수 있다. 고객 규모가 크면 고객 접점 수도 많고 내부의 접점 부서도 많다. 사공이 많아 배가 산으로 갈 수도 있다. 많은 접점에서 고객만족의 창구 역할이 필요하다. 대기업 담당 영업직원은 고객만족의 창구 역할을 수행하며 고객의 불만과 칭찬을 회사에 피드백해주는 기능을 담당한다.

중소기업 담당 영업직원의 역할과 책임

고객의 규모가 대기업에 비해 상대적으로 작은 중소기업의 경우, 기업 입장에서는 관계정립 및 유지뿐만 아니라 효율성도 중요한 기준이 된다. 따라서 중소기업 담당 영업직원은 더 많은 고객을 관리해야 하고, 다음과 같이 대리점 및 마케팅에 효율적이고도 조화롭게 핵심역량을 배분해 협업해야 한다.

첫째, 자신의 영업영역 내 다수의 고객사와 비즈니스 전반에 관해 관계를 정립하고 유지해 나간다. 중소기업은 대기업에 비해 상대적으로 규모나 투자 예산이 작다. 회사 입장에서는 투자 대비 수익률을 고려해야 하므로 중소기업 담당 영업직원은 다수의 고객을 책임질 수밖에 없다. 효율성을 고려한 관계관리가 필요한 이유다. 따라서 다수의 고객사와 효율적으로 관계를 유지하기 위해서는 고객사 책임상권제를 통한 대리점과의 협업이 필수이며, 이를 통해 고객과의 직접적이고 간접적 관계정립 및 유지를 수행한다.

둘째, 마케팅 자원과 프로그램을 선택하고 수행한다. 중소기업 고객 모두를 대상으로 영업직원을 통한 직접영업을 수행할 수는 없다. 효율성 때문이다. 따라서 다수의 중소기업 고객 중에서도 데이터베이스 마케팅을 기초로 타깃 세그먼트를 정하고 이에 맞는 맞춤형 오퍼링을 개발해 캠페인화함으로써 1차로 가망고객을 찾아낸다. 영업직원은 마케팅 자원과 협업해 '논리적 투망식 마케팅 프로그램'을 사용해서 가망 고객을 찾아내고 영업기회를 창출한다.

셋째, 마케팅 플랜과 영업전략을 통합해 대리점과 협업한다. 회사의 마케팅 플랜을 자신의 영업영역 내 대리점 인센티브 플랜과 영업전략을 통합해서 운영한다. 그리고 여기에서 창출된 영업기회를 담당 대리점과 협업해 매출로 연결시킨다. 이때 대리점 책임상권제를 도입할 수도 있고 솔루션별로 대리점을 명시해 협업할 수도 있다.

넷째, 새로운 고객의 니즈와 요구사항을 찾고 상세화하는 마켓 센싱과 정보 탐색 역량을 갖춘다.
다수 고객의 니즈와 요구사항을 모두 찾아다니며 발굴하기란 효율적으로 불가능하다. 시장에서 니즈를 찾아내고 상세화하는 마켓 센싱 기법을 개발하고 수행한다. 아울러 이러한 니즈를 효과적으로 탐색할 수 있는 정보탐색 역량을 갖춘다.

다섯째, 발굴한 영업기회를 최대한 매출로 연결시킨다. 영업의 목표인 매출목표 달성을 위해 승부사 정신, 열정과 헌신으로 발굴한 영업기회를 매출화한다. 이를 위해 대리점의 간접영업과 직접영업을 조화롭게 배치해 발굴한 영업기회의 승률을 높인다.

여섯째, 영업기회를 발굴하고 회사 내외부 조직과 협업해 솔루션에 대한 고객의 구매약속을 받아낸다. 회사 내외부의 판매경로와 협업해 영업기회를 발굴하고, 고객가치를 제공하는 협업 창구-제안팀 및 서비스팀 등 내부 협업조직과 솔루션 파트너, 대리점 등 외부 협업조직과 조화롭고 원활하게 협업한다. 영업의 마지막 단계인 고객의 구매약속을 받아내는 역할도 수행한다. 대기업과 달리 협업의 양과 질은 많고 복잡하지 않으나 영업기회와 협업의 수는 많다. 작지만 많은 영업기회를 효과적이고 효율적으로 리드하며 하모니를 이끌어낸다.

일곱째, 회사를 대표해 고객만족에 대한 책임을 진다. 영업영역 내다양한 고객의 고객만족에 대해 책임지는 창구가 된다. 대기업 담당 영업직원보다 일반적으로 많은 접점의 고객을 보유하고 있기 때문에 고객만족 창구의 역할 수도 많다. 고객의 불만과 요청사항을 회사에 피드백하는 기능을 담당한다.

삼성그룹의 B2B 영업 전략

최근 삼성그룹의 이재용 부회장이 4대 변화 키워드를 내놓았다. 바로 주주친화, 실용주의, 세계화와 B2B다. 나는 10년 전 삼성그룹에서 B2B전략의 시작을 함께했다. 2006년 1월 당시 삼성전자 한국 총괄 B2B미래전략 TF팀장(상무)으로서 윤종용 부회장에게 독대 보고를 한 적이 있다. '삼성전자가 어떻게 하면 B2B사업을 잘할 수 있을 것인가'에 관한 16페이지 분량의 보고였다. 1시간가량의 보고를 마친 후 윤종용 부회장이 "삼성전자의 미래 중 하나는 B2B다. 이것을 시작하는 것은 한국 총괄이지만 목표는 글로벌이다."라고 말했던 기억이 난다.

삼성그룹의 오늘날 B2B전략은 10년 전과는 사뭇 달라졌다. 한 가지 예를 들면 10년 전에는 프린터와 디스플레이 등 기타 가전 품목과 건설시장을 기반으로 한 유비쿼터스로 B2B시장에 진출한다는 전략을 세웠다. 그러나 지금은 반도체와 사물인터넷을 기초로 한 가전 및 IT 제품으로 시장을 확대하고, 최근에 발표했듯이 자동차 전장부품의 B2B시장에도 진출한다는 전략이다. 그룹 전체로 보면 패션을 포함한 전 품목으로 대상이 확대되었다. 혜안을 가진 몇몇 리더들의 생각이 10년 뒤 새로운 큰 사업 축으로 발전한 것이다.

주로 B2C시장에서 성공한 그룹의 랜드마크인 삼성전자는 현재 스마트폰과 TV 부문의 수익성을 대체할 새로운 무엇인가를 필요로 하고 있다. 새로운 시장은 두 가지 측면에서 생각할 수 있다. 생산하는 제품 측면과 접근하는 고객과 시장 측면이다. 제품 측면에서 보면 회사가 장점으로 보유 중인 역량으로 추가 가능한 제품으로 시장을 확대하는 것이고, 고객과 시장 측면에서 보면 집중하지 않은 시장으로 확대하는 것이다.

제품 측면에서 삼성전자는 기존의 제품군에 추가한 무엇인가를 공략해야 한다. 대표적인 B2C 품목인 에어컨 사업의 절반을 B2B로 키워나갈 계획을 발표한 것도 그 한 축이고, 다양한 사물인터넷 기반의 B2B솔루션인 스마트스페이스 구축 계획도 그 일환이다. 삼성전자는 에어컨 사업의 B2B영역인 스마트에어컨 사업을 2020년까지 100억 달러 규모로 키울 계획이다. 그리고 최근에는 애플과 구글에 맞서 스마트카 사업에 진출하기로 결정했다. 자동차가 전자제품화되는 가운데 삼성전자는 이 부분의 제조 핵심역량과 반도체라는 훌륭한 기반을 가지고 있다. 이를 이용해 B2B역량인 자동차 전장사업에 진입하려는 것으로 보인다.

고객과 시장 측면에서 볼 때 삼성전자는 B2C시장에서 신흥국 기업의 주요 공격 대상이다. 따라서 아직 많이 집중하지 않은 B2B시장으로 가는 것이 당연하다. 현재 유통, 교육, 의료, 물류, 호텔, 금융 분야 등을 중심으로 고객산업구조에 연동해 B2B고객 관리를 준비하고 있으며 세계 최대 B2B전시회인 독일 세빗(CEBIT)에서 기업 대상 사물인터넷 솔루션과 B2B브랜드인 '삼성 비즈니스(SAMSUNG BUSINESS)'를 공개해 B2B사업영역을 확대하겠다는 의지를 공식적으로 밝혔다.

삼성전자의 스마트카 전장사업에 발맞추어 삼성SDI는 전기자동차용 배터리 사업에 박차를 가하고 있다. 또 다른 B2B영역의 투자다. 삼성SDI도 앞으로 5년간 2조 원 이상을 투자해 2020년까지 세계 수준에 도달하겠다는 의지를 가지고 있다.

삼성물산의 건설부문과 상사부문은 이미 B2B사업을 지속적으로 수행해왔다. 여기에 추가해 민자발전과 에너지 저장 등을 중심으로 B2B사업을 발전시켜나갈 계획이다.

아울러 패션부문에서도 '젠틀맨 컴퍼니' 프로젝트를 통해 전략적 옷차림이 필요한 회사를 대상으로 신사복과 비즈니스 캐주얼을 제안하는 B2B사업을 시작했다. 본격적인 B2B패션 컨설팅 서비스를 시작한 것이다.

흥미롭게도 국내 두 글로벌 기업인 삼성그룹과 LG그룹 모두 비슷한 품목의 B2B사업에 주력하고 있다. 아마도 두 기업의 미래는 B2B사업의 성공 여부에 따라 결정될 듯하다.

왜 모두가 이 길로 향하는 것일까? 기계공학으로 시작한 자동차 산업과 전자제품으로 시작한 전자 산업의 융합이 전자회사의 눈을 돌려 자동차 전장부품사업에 진입하게 했다. 신사업으로 성장해야 하는 전자회사에는 신시장이 필요한데 B2B시장은 아직 많이 안 가본 시장이기 때문이다. 사물인터넷 같은 첨단 IT분야도 B2C시장보다는 기업의 혁신을 통해 고객사를 만족시키고 가치를 제공해야 하는 B2B시장에 먼저 적용될 수밖에 없다. 사물인터넷과 빅데이터 등도 마찬가지로 소비자 고객을 만족시켜야 하는 B2B기업이 우선 사용할 수밖에 없다. 금융기관의 빅데이터 사용을 통한 소비자 만족이나 자동차 회사의 전자부품을 통한 소비자 가치 제공 등이 바로 그것이다. 그렇기 때문에 첨단기술을 통해 사업을 성장시켜야 하는 삼성전자 같은 회사도 B2B고객(금융기관, 자동차회사 등)에게 향할 수밖에 없다.

물론 삼성그룹은 기존에 건설, 소재, 보안, IT 등 다양한 분야에서 이미 B2B사업을 하고 있었다. 지금은 B2C시장에서 성공한 관계사들이 B2B신시장으로 옮겨가기 시작했다. 기업의 지속성장을 위해

결단을 내린 것이다. 이들은 상대적으로 안정적이고 첨단기술로 인해 미래에 매출 규모가 더 클 것이 확실한 B2B시장을 향해 의사결정을 진행하고 있다.

그러나 제조 역량과 반도체사업을 가지고 있다고 해서 모든 삼성그룹이 B2B사업에서 성공할 수는 없다. B2C시장과 B2B시장은 많이 다르다. 특히 고객 접점의 영업과 마케팅 측면에서 현저히 다르다고 볼 수 있다. 영업과 마케팅을 기반으로 한 역량을 바꾸고 고객입장의 사고, 고객 비즈니스에 대한 이해, 고객이 잘되는 것에 대한 고민과 제언, 협업, 공부하는 환경 등 B2B에 적합한 문화를 만드는 것이 선행돼야 한다.

10

유능한 영업인이
유능한 전략가다

영업의 진실

영업에 대한 사람들의 일반적인 생각은 어떨까? '술과 접대', '실적을 달성하기 위해 처절하게 살아야 한다', '세일즈맨의 죽음', '무식함', '장사꾼', '어느 정도는 사기꾼이 되어야 한다', '영업직원은 공부 안 하고 책도 안 읽는다', '월급쟁이의 막장', '가능하면 안 하는 것이…', '장사꾼 똥은 개도 안 먹는다' 등 거의 모든 어구가 부정적이다. 뒤에 서 다시 설명하겠지만 영업과 판매에 대한 개념 혼동도 부정적 역할에 일조했다고 볼 수 있다. 미국도 상황은 비슷해 보인다. 미국 대학생들이 세일즈에 대해 가지는 선입관은 아서 밀러의《세일즈맨의 죽음》이라는 책에서 본 것과 고등학교와 대학 때 경험한 마트의 아르바이트에서 온 것의 두 가지라고 한다. 더구나 우리나라에서 영업은 고려 말, 조선 시대에 걸쳐 수백 년간 이어져온 신분체계인 사농공상(士農工商)에서 마지막 자리에 있기까지 하다. 물론 지금은 대기업 사주와 임원의 출현으로 사농공상의 체계가 거의 없어졌다지만, 그래도 일반인들에게는 영업직원에 대한 선입관이 잠재해 있다.

영업이라는 직능에 대한 선입관은 이처럼 부정적이다. 그러나 정말 그럴까? 지금부터 영업이라는 직능에 대한 진실을 파헤쳐보자. 이 책에서 내가 직접 접한 사례와 경험 그리고 국내 및 해외에서 조사한 사례를 바탕으로 계속 언급하는 영업은 다음과 같다.

신뢰를 바탕으로 한 관계, 고객의 문제와 니즈를 해결하는 것, 전략적 사고방식이 필수, 창조와 혁신, 협업과 소통, 주인정신, 고객 비즈니스에 대한 통찰과 명견만리(明見萬里), 적극적이고 능동적인 사고와 행동, 책임감과 성취욕, 승부사 정신, 동기부여를 통한 자율적 업무수행, 프로 정신, CEO가 가져야 할 필수 덕목인 돈 냄새 맡는 능력과 맷집.

너무나도 멋있고 좋은 말들이다. 전자의 부정적인 어구와 후자의 긍정적이고 미래 지향적인 어구 중 어느 것이 진정으로 영업을 설명하는 것일까?

전자는 영업에 대한 속설과 영업을 잘 모르는 사람의, 혹은 영업에 실패한 일부 사람의 이야기일 확률이 높다. 영업의 진실은 후자라고 할 수 있다. 내가 이 책에서 계속 강조하듯 전략적이어야 하고, 실행력이 있어야 하며, 신뢰를 바탕으로 한 관계 지향적이어야 하고, 창조와 혁신의 전도자여야 하는 등의 이야기는 영업에 관한 말 어디에서도 찾기 힘들다.

돈 벌어오는 것이 인격이다

경영학을 전공한 학생들은 대개 마케팅, 재무, 인사, 기획 등 소위 펜대 굴리는 일을 하고 싶어 한다. 최근 대학에 몸담으며 학생들의 희망을 살펴보니 영업을 희망하는 학생은 소수인 것이 사실이다. 경영학 전공 과목 어디에도 영업 과목은 안 보인다. 마케팅 과목에서 일부 다룰 뿐이다. 직장에 들어가면 가장 많은 인력이 영업에 종사할 가능성이 높지만, 아이러니하게도 대학에서는 가르치지도 않거니와 선입관은 부정적이다.

내가 대학을 졸업할 때도 상황은 비슷했다. 나는 우연히《IBM Way》라는 책을 접한 후 IBM의 영업대표라는 직업, 교육 프로그램 그리고 영업문화를 알게 되었고, 반드시 이 직업을 갖겠다고 작정하고는 시도해서 합격했다. IBM에 입사한 후 교육과 실전을 통해 영업 역량을 쌓으며 업무에 만족을 느꼈지만, 한편으로는 전략기획팀이나 재무팀, 인사팀에 근무하는 친구들이 무슨 일을 하는지 부럽고 궁금하게 여긴 적이 있었다. 입사 후 1~2년쯤 되었을 때 대기업의 전략기획팀에서 일하는 가까운 친구에게 무슨 일을 주로 하느냐고 물었더니 그 친구는 "주로 복사해."라고 대답했다. 기획관리업무를 얕잡아 보려고 하는 이야기가 아니다. 모든 일은 허드렛일을 하는 것으로 시작한다. 어떤 일이든 기업의 발전에 의미 있는 일이며, 무엇이든 잘못된 선입관을 가지는 것은 개인의 발전을 위해 좋지 않다.

기업은 기본적으로 제품을 만들고 영업을 통해 돈을 번다. 이 과정에서 이익을 내고 이를 통해 지속적으로 존속한다. 이것은 경영학의 기본 개념이다. 제조하고 영업하는 이 두 가지 기능을 지원하기 위해 기획, 재무, 인사, 마케팅 등 주요한 지원 기능이 존재한다. 그래서 기업의 경영지원본부 내에 기획, 재무, 인사 등 지원 기능이 존재하는 경우가 많다. 제조와 영업은 기업의 기초 기능이다. 그리고 그중에서도 영업은 본원적인 기능이다. 기업에서 중역으로 올라갈수록 가장 큰 스트레스를 받는 이유 중 하나도 판매에 따르는 실적 부담이다. 그러나 회사라는 공간에 실적 부담으로부터 자유로운 부서는 없다. 게다가 기업의 본원적 기능에 충실한 영업현장에서 그가치를 인정받기가 더 용이하다. 매출에 대한 예민한 감각과 상황에 따른 전략적 판단을 극적으로 성장시킬 수 있는 영역은 단연코 영업이다. 글로벌 기업들에 영업 출신 CEO와 임원이 늘어가는 것도 바로 이런 흐름과 다르지 않다.

11

충돌보다
누수를 예방하라

철저하게 관리하고 또 관리한다

삼성전자의 수도권 지역 중소기업 시장을 맡은 양 상무는 연초부터
영업기획팀과 함께 PC 시장점유율을 높이기 위한 전략을 수립하느
라 여념이 없다. 기존의 다양한 제품을 비롯해 최근 발표된 디스플
레이와 프린팅 솔루션 등 여러 가지 사업지표가 있지만, 그중에서도
비중이 제일 큰 PC의 시장점유율을 높이는 것이 선결되어야 했다.
그래야 올해 목표도 달성하고 직원들의 팀 인센티브도 두둑이 챙길
수 있기 때문이다. 비록 1등 자리를 지키고 있기는 하지만 경쟁업체

들의 난립으로 기존 시장점유율을 지키기도 어려워 보이는 데다, 점유율을 더 높이라는 목표까지 받았다. 목표를 받을 때 싸워서라도 어떻게든 시장점유율을 유지한다는 목표를 받아야 했는데, 오히려 높이라는 목표를 받았으니 부하직원들에게도 미안한 마음이다.

이 지역의 현재 경쟁상황은 만만치 않다. 대기업과 외국계업체, 국내 중소업체까지 모두 이 시장에서 이기기 위해 다양한 영업전략과 열정을 불사르고 있다. 중소기업고객을 담당할 때는 고객 수는 많지만 한 고객에게서 창출할 수 있는 매출이 크지 않기 때문에 관계관리보다는 효율성을 먼저 고려할 수밖에 없다. 더구나 PC는 단위당 가격이 높지 않아서 더욱 효율성을 고려해야 한다. 따라서 간접영업(대리점 영업)을 주 판매경로로 이용해야 한다. 현재 대리점 수도 제일 많기는 하나 각 대리점이 여러 회사의 제품을 취급하다 보니 관리도 만만치 않다. 이런 상황에서 작년에도 경쟁사와 시장점유율을 두고 치열하게 경쟁해서인지 팀원들의 피로도도 매우 높아 보인다. 그냥 기존대로 영업직원들의 매출 현황만 관리하고 채근해서는 더 나아질 것도 없고 직원들의 이탈도 생길 것 같다고 영업기획부장이 보고한다. 양 상무는 영업기획팀과 더욱 효율적이고 관계 지향적인 차별화 계획을 만들어 실행해야 되겠다고 다짐하고 지금까지 영업하면서 배운 경험과 지식을 바탕으로 다음과 같은 전략을 개발하고 시행하기로 한다.

첫째, 지역별 시장 세분화 및 영업 담당제를 시행한다. 영업영역을 제대로 구분하고 관리하는 것은 시장에 존재하는 영업기회를 놓치지 않기 위해 반드시 시행해야 할 항목이다. 이는 시장에 존재하는 영업기회의 누수를 방지하기 위한 것이기도 하다. 중소기업고객이라는 특성과 PC라는 품목의 단위 가격이 저렴한 것을 감안해서 각 영업직원의 담당영업영역을 지역별로 세분화한다. 고객의 규모가 클 경우에는 고객에게 솔루션을 제공하는 측면에서 산업별로 세분화해야 하지만, 품목의 단순성과 많은 고객 수를 감안하면 지역별로 세분화하는 것이 더 효율적이라는 결론을 얻었기 때문이다. 서울과 인천/경기 지역 도시들은 각 구역별로 시장을 세분화하고, 기타 지역은 군 단위로 세분화해서 담당영역마다 전담 영업직원을 지정해서 관리한다.

둘째, 세분화한 지역에 전담대리점을 지정하되 복수로 두고 관리한다. 대리점을 복수로 두는 이유는 세분화한 지역에 단수로 대리점을 둘 경우 경쟁이 없어서 승부사 정신이나 열정이 부족해지기 쉽기 때문이다. 또한 고객관계관리와 영업기회 발굴의 경쟁을 유도하기 위해서이기도 하다.

셋째, 전속대리점 육성 지원과 채널 인센티브를 개발해 실행한다. 서울/경기 지역의 중소기업고객을 담당하는 대리점은 시장에 매우 많다. 대부분의 대리점이 경쟁사 제품도 함께 취급하는 혼매/비전속대리점이다. 지역의 전담 대리점을 전속대리점화해야 한다. 지역상권에 고객을 보유한 대리점을 전속대리점으로 만들어 자사 제품만 취급하도록 유도한다. 이를 위해 지역 담당 영업직원의 성과지표에 대리점 전속화의 지표를 추가하고 타 지표와 비교할 때의 비중도 더 높인다. 아울러 전속대리점에게 적용할 인센티브 프로그램을 개발하고 실행한다. 또한 지역별 전속대리점들이 자발적으로 협의체를 조성하는 것을 장려하고 영업팀이 적극적으로 협의체 운영을 지원한다. 일원화된 유통정책의 변화를 준비하고 실행하는 것이다.

넷째, 전속대리점을 철저히 관리하고 지원한다. 세분화된 담당영업영역의 영업직원과 전속대리점을 연결해 관리한다. 전속대리점의 독과점을 예방하기 위해 지역별 상권에 다수의 대리점을 반드시 배치한다. 연결된 전속대리점은 책임상권제로 책임과 권한을 주어 관리한다. 전속대리점의 평가는 공정하게 하여 성과에 대한 보상과 페널티를 정당하게 운용한다. 영업직원의 목표 부여 및 실적 평가 또한 공정하게 실행하고 담당 대리점의 성과와 철저하게 연계시킨다. 평가의 기본은 시장점유율이나 대리점 전속화율 등을 계량적으로 수행하며, 만약 계량적 수행이 어려울 경우 최대한 객관적인 목표와 평가 기준을 개발해서 운영한다.

다섯째, 영업팀에 '즐겁고 신나는 일터 프로그램'을 계획하고 실행한다. 최근 몇 년 동안 시장점유율 관리가 과하게 진행되다 보니 지역 담당 영업직원의 피로도가 높은 것이 당연하다. 물론 영업의 사기는 스스로 책임져야 하고, 동기부여 또한 자신의 노력으로 해야 한다. 그렇더라도 회사의 경영진은 이러한 상황을 고려해 즐겁고 신나는 일터를 만들려는 노력을 게을리해서는 안 된다. 영업의 승부사 정신은 즐거운 직장생활이라는 사기 앙양과 밀접한 연관이 있으므로 영업팀에 '즐겁고 신나는 일터' 프로그램을 적극적으로 도입한다. 영업부장 교육을 통해 즐거운 직장생활이 될 수 있도록 관리자 교육을 강화하고, 매주 수요일은 가정의 날로 퇴근시간을 엄수토록 하며, 팀별로 즐거운 직장생활을 위한 프로그램을 개발해 운영하도록 예산을 지원한다. 일과 삶의 균형을 영업본부의 테마로 정하고 운영한다. 임원을 포함한 관리자가 솔선수범해 즐거운 직장생활의 기본은 지위 고하를 막론하고 서로에 대한 신뢰와 배려임을 알린다.

1년여간 지속적으로 이행한 결과, 시장의 누수를 막고 충돌을 슬기롭게 해결해나가는 영업본부가 되었고, 늘어난 전속대리점과 짜임새 있는 유통정책으로 철저히 관리한 덕분에 PC 시장점유율도 올라갔다. 또한 잘 구성된 전속대리점과 책임상권제로 PC 외의 제품과 솔루션도 교차판매되는 부수적 매출 증대 효과까지 얻었다. 일거양득의 효과를 거둔 것이다. 양 상무의 즐겁고 신나는 직장생활이라는 테마는 영업본부의 사기를 북돋우는 데 크게 기여했으며, 영업직원의 승부사 정신까지 끌어올림으로써 그해의 거의 모든 목표를 초과 달성하는 결과를 일궈냈다.

이 사례는 중소기업고객영업군의 핵심역량을 잘 활용한 대표적인 사례다. 판매경로 전략의 수립과 실행, 일에 치인 영업직원의 사기 양양을 슬기롭게 계획하고 철저하게 실행했다. 이 사례의 성공요인을 살펴보자.

먼저 담당 영업영역의 효율적 관리를 성공요인으로 볼 수 있다. 서울 경기 지역의 소형점포부터 중견기업까지 포함하는 중소기업고객이 대상이고, PC제품도 단위당 단가가 낮아서 산업별 영업영역으로 나누기에는 작은 측면이 있었다. 따라서 작은 영업기회의 누수를 방지하고 지역 내 다수의 고객들, 특히 학교와 공공기관의 관계관리를 철저히 하기 위해서 지역별로 세분화하고 전속대리점에 책임상권을 맡기는 영업영역 구분이 주효했다고 볼 수 있다. 이를 통해 영업기회의 누수를 예방하고 충돌을 조율할 수 있었다. 지역별로 영역을 세분화하고 전속대리점에 고객 접점시간을 늘리게 한 것도 효율성과 관계관리를 적절히 배합했다고 볼 수 있다.

적절한 판매경로 전략도 성공요인의 하나다. 중소형기업 대상의 영업은 대리점 중심으로 관리하는 것이 효율적인데, 전속대리점을 통해 직접영업이 아닌 데 따르는 충성도의 한계를 극복한 것은 상황에 적합한 좋은 전략이었다. 여기에 PC를 거래하는 대리점 외에도 중소형기업에 다른 제품을 납품하거나 서비스를 제공하는 최종 고객사의 주 협력업체들을 전속대리점으로 삼은 것도 핵심 성공요인 이라고 할 수 있다. 이 사례는 전속대리점의 인센티브 정책, 협의회 운영 등 유통정책을 일원화하고 철저한 계획하에 위의 모든 사항을 점검 관리한 좋은 사례라 할 수 있다.

시장의 누수를 막아라

기업은 시장을 가지고 있어야 한다. B2C영업은 통상 좋은 거점에 점포를 만들고 고객이 찾아오게 하는 집객 활동을 통해 시장을 만 든다. 반면에 B2B영업은 기업이 고객이기 때문에 집객 활동이 매우 어려워 찾아가는 영업을 해야 한다. 따라서 영업직원은 관계 정립 이전에 시장의 담당 영업영역을 정확하게 나누고 모든 기업시장의 누수를 방지해야 한다. 시장을 정확히 나누지 않은 상태에서 관계를 정립하면 빠지는 시장(영업영역)이 생기고 관계 정립에도 누수가 생 긴다.

영업의 가장 기본은 고객의 문제 및 니즈를 파악하고 해결책을 제 공하는 것이므로 시장을 나눌 때도 고객의 입장에서 나눠야 한다. 따라서 영업직원의 영업영역은 산업별, 세그먼트별, 시장별, 고객별 로 나뉜다.

- **산업별:** 제조, 금융, 통신, 유통, 공공 등
- **세그먼트별:** 자동차, 철강, 은행, 보험, 증권, 방송 등
- **시장별:** 대형 고객, 중소형 고객, SOHO 등
- **고객별:** 주요 고객별(삼성그룹, LG그룹, KB금융지주, 신한금융지주 등)

영업영역을 정확히 나누어 고객의 모든 니즈를 확인할 수 있는 체계를 만들면 모든 시장에서 영업기회를 확보할 수 있다. 아울러 영업직원에게 내 고객과 내 영업영역에서 일어나는 성공과 실패에 관해 정확한 책임소재를 둠으로써 책임상권의 개념을 구현할 수 있다. 최근 들어 글로벌 기업들은 나라별로 흩어져 있는 영업조직을 하나로 합쳐 다양한 고객의 니즈를 한 조직 안에서 파악하고 있으며, 부가가치를 제공하기 위해 글로벌 어카운트 제도까지 운용하고 있다. 영업영역 개념이 지역을 넘어서 고객별 조직으로까지 확장된 것이다.

영업영역을 아무리 정확히 나누어도 충돌 혹은 누수가 생길 수 있다. 더구나 지역별로 나누는 것이 아니라 산업별, 고객별로 나누는 경우에는 더할 것이다. 기술적으로 영업영역을 정확히 나눈다고 하더라도 운영상의 문제로 인한 충돌과 누수가 있을 수도 있다. 예를 들어 금융산업 영업영역에 속하는 신한은행의 자회사로서 건물을 관리하는 회사가 있다고 하자. 신한은행은 금융산업 영업영역에 속하지만, 건물관리 회사 자체를 놓고 보면 서비스산업 영업영역에 속한다.

그렇다면 이 회사는 어느 조직의 영업영역에 두어야 할까? 서로 자기 영역이 아니라고 할 경우 시장의 누수가 생기고, 서로 내 영역이라고 할 경우 충돌이 생긴다. 효율성 측면에서 보면 누수가 옳아 보이나 고객관계관리와 영업기회 창출 측면에서 보면 충돌이 옳다.

아래 그림에서 왼쪽은 영역의 충돌을, 오른쪽은 영역의 누수를 나타낸다. 세 영업조직의 영역이 충돌할지라도 적극적으로 영업영역에 임해야 시장을 잃지 않고 더 많은 고객을 확보할 수 있으며 관계를 정립, 유지할 수 있다. 세 영업조직이 자신만의 영역을 고집하고 충돌을 막기 위해 소극적으로 대처하면 시장의 고객을 잃는 것은 물론이고 영업기회마저 놓치게 된다. 충돌을 두려워하지 않는 적극적인 영업 마인드와 체계가 반드시 필요하다.

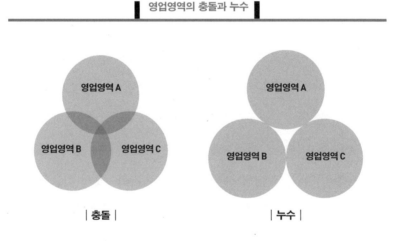

| 영업영역의 충돌과 누수 |

| 충돌 | | 누수 |

영업과 판매와 마케팅

영업의 정의를 사전에서 찾아보면 "영리를 목적으로 하는 사업 또는 행위"라고 되어 있다. 일반적으로 영업은 "고객에게 제품, 서비스, 아이디어를 구매하도록 설득하거나 확신을 주는 행위와 프로세스", "고객에게 제품과 서비스를 판매하는 것", "고객을 창조하는 것", "고객의 피드백을 전달하는 것", "고객에게 가치를 제공하는 것" 등 대부분 고객을 위해 무엇인가 하는 것으로 정의된다. 내가 경험해온 실무 기준으로 볼 때 상식적인 수준에서 영업의 정의는 '고객에게 가치를 제공하는 모든 것'이라고 할 수 있다. 이를 통해서 기업은 매출과 이익을 얻는다.

영업에 대한 연구는 학문적인 견지에서 이제 막 시작되고 있는 실정이라 업에 대한 정의가 거의 없다. 그뿐만 아니라 마케팅 등 다른 경영학의 학문과 달리 영업은 오랫동안 실무에서 지속적으로 발전해왔고, 학문적인 연구가 뒤늦게 따라오는 형국이어서 영업에 대한 정의는 앞으로도 지속적으로 논의될 것으로 보인다.

서울대학교 김현철 교수는 저서 《CEO, 영업에 길을 묻다》에서 "영업이란 기업과 고객을 연결하는 것."이라고 정의했다. 아래 그림에서 보듯 영업은 산지와 소비지, 생산과 시장을 잘 조율해야 하는 몸통 부분에 해당한다. 나비가 양 날개를 잘 움직여야 멀리 날 수 있듯이 몸통인 영업이 이 둘을 잘 조율할 때 기업과 소비자 모두가 만족할 수 있다. 영업은 만들어진 제품과 서비스를 시장에 잘 전달하

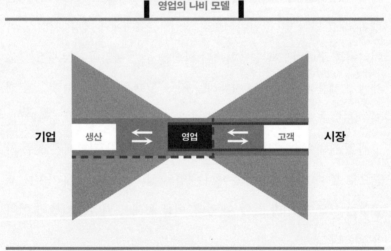

영업의 나비 모델

고 판매해 고객에게 가치를 제공하고, 시장의 흐름을 파악해 잘 판매할 수 있는 제품과 서비스 정보를 기업에 전달해야 한다. 그리고 기업과 고객/시장 사이를 연결하는 매개자 역할을 수행해야 하며, 이를 통해 고객과 기업 모두에게 의미있는 가치를 제공해야 한다.

영어의 'Marketing'이라는 단어는 우리나라에 들어오면서 '마케팅'이라는 외래어로 정착했다. 그러나 'Sales'는 '영업'과 '판매'라는 두 단어로 나누어졌다. 두 개로 나뉜 'Sales'의 정의는 모두를 혼란스럽게 하고 있다. 옆의 나비 모델에서 볼 수 있듯 영업은 판매를 포함하는 개념이고 판매는 영업의 한 기능이다. 고객을 창조하고 고객과 관계를 유지하며, 이를 통해 가치를 제공하고 고객의 피드백과 시장의 경쟁상황을 회사에 전달해 상품 및 서비스 개발에 도움을 주어 '판매 전 활동과 판매 후 활동을 포함해 전체적인 기업과 고객을 연결하고, 이를 통해 고객의 니즈를 파악하고 가치를 제공하는 것'이 바로 영업이다.

영업에 대한 기존의 부정적인 선입관이 생긴 데는 영업을 판매라는 단순 기능적인 측면에서만 보는 것이 큰 역할을 했을 것이다. 영업은 고객을 향한 가치 제공과 판매를 포함한 판매 전후의 활동 등을 모두 통합하는 개념이다.

다음 쪽에 나올 그림은 마케팅의 그루인 필립 코틀러가 마케팅과 세일즈의 역할에 관해 설명한 것을 나타낸 것이다. 구매 단계에서 영

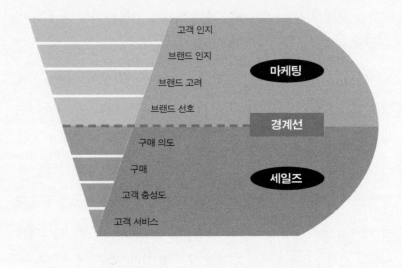

고객 인지
브랜드 인지
브랜드 고려
브랜드 선호

마케팅

경계선

구매 의도
구매
고객 충성도
고객 서비스

세일즈

업과 마케팅이 한 목표(고객가치)를 향해 협업해야 한다는 내용을 담고 있다. 회사 내에서 영업과 마케팅이 협업이 아니라 갈등을 일으키는 상황이 종종 있다. 영업은 마케팅의 부진을 손가락질하고 마케팅은 영업의 계약 노력이 부족하다며 탓한다. 물론 발전하는 기업에서는 두 부서의 협업이 돋보이기도 하지만, 이러한 갈등의 요인은 고객가치라는 같은 목표를 향해 수행하는 역할이 조금 다른 데서 온다.

영업의 한 기능인 판매는 마케팅의 한 기능이기도 하다. 영업의 궁극적인 목적은 고객가치 제공이고 물론 마케팅의 목적도 마찬가지다. 그러나 전략과 실행 면에서 집중도가 약간 다르고 사용하는 전술도 서로 다른 측면이 있다. B2C시장에서는 마케팅이 먼저 시작된 반면에 B2B시장에서는 영업이 먼저 시작됐고, 최근 들어 마케팅이 뒤따라 발전하고 있다. 고객이라는 같은 페이지를 영업직원과 마케팅직원이 함께 써나가야만 성공하는 기업이 될 수 있을 것이다.

PART 3

때로는 믿음이 모든 것이다

·

신뢰관계

Creditability

Creditability

"저한테 잘해주시는 이유가 궁금합니다. 거의 20년이 넘도록 제가 하는 모든 영업을 도와주신 이유가 무엇인가요?"

"글쎄? 음, 당신은 믿을 만했으니까."

내가 20년 넘게 관계를 유지하고 있는 고객에게 한 질문과 그에 대한 대답이다. 지금은 영업적으로 아무 관련이 없다. 나는 학교에 있고 이 고객은 기업을 떠난 지가 5년이 넘었다. 현재는 가까운 선후배로 자주 만난다. 영업은 고객으로부터 시작된다. 고객과의 신뢰가 없으면 아무것도 진전되지 않는다. 이는 가장 흔하게 거론되는 말이면서 가장 중요한 말이기도 하다. 우리나라에서 전형적으로 쓰이는 말로는 '인맥'과 비슷하다고 할 수 있고 중국어로는 '관시'와 어울릴 수 있으나 완전히 같은 뜻은 아니다. '인맥'이나 '관시'와 일맥상통하나 신뢰관계가 가장 우선되어야 하며 고객에 대한 정확한 연구와 인사이트가 준비되어야 한다. 이는 영업영역 체계화, 과학적인 관계 시스템 및 프로세스 정립, 관계 정립 및 유지 관리 등을 모두 포함한다고 할 수 있다.

12

회사 밖에서
놀게 하라

고객과 시간을 많이 보내라

고객관계를 유지하게 하는 것은 관심과 정성이다. 여기에서 논의할
고객 접점 시간을 늘리는 것은 정성에 해당된다. 정의된 영업영역에
서 다양한 고객과의 관계가 정립되면 관계유지가 그 뒤를 따른다.
관계유지를 위해서는 정성이 필요한데 고객과 함께하는 시간을 늘
리는 것이 첫 번째로 해야 할 일이다.

　회사는 영업직원이 고객과의 접점 시간을 늘릴 수 있도록 허드렛
일을 줄여주어야 한다. 혁신 활동을 펼치든지 해서 영업직원의 회사

내부의 관리업무가 줄어들 수 있도록 끊임없이 노력해야 한다. 영업을 수행하다 보면 관리업무가 많아질 수밖에 없다. 협업을 통한 일이 점점 늘어남에 따라 내부 워크로드 또한 점점 증가하게 돼 있다. 따라서 회사는 내부 관리업무를 줄이는 활동을 지속적으로 실행해야 하고, 어쩔 수 없는 내부 워크로드는 내부 관리업무를 전담하는 직원으로 대체해 영업직원과 그 직원이 협업해 일하도록 해야 한다.

영업직원은 고객 접점을 늘리기 위해 담당하는 모든 고객을 자주 만나야 하는데, 시간적으로나 효율적으로나 쉽지 않은 일이다. 따라서 직접 접점과 간접 접점을 적절히 조합해서 운영하는 것이 효과적이다. 내 고객의 리스트를 정한 후 협력사(대리점)를 효과적으로 이용해, 내가 직접 만나야 하는 고객과 대리점을 통해 접촉해도 되는 고객을 정하고 관리해나간다. 단, 여기에서 명심해야 할 것은 협력사를 통해 간접적으로 접촉하는 고객일지라도 정기적으로 직접 만나서 상황을 파악해야 한다는 것이다. 고객 접점 또한 현재 구매 담당만 만나서는 안 된다. 기업영업의 특성상 다양한 부서의 의사결정자와 이해관계자가 존재하므로 내 고객 방문 시간의 퍼센티지를 먼저 계획해놓고 구매부서, 현업부서, 시장의 협력 파트너와의 접점 시간을 늘려가는 것이 바람직하다.

아무리 숙련되고 오래된 영업직원도 일주일만 건너뛰어도 고객사에 가고 싶지 않게 된다. 그러므로 고객 접점 시간을 늘리려면 정기적인 고객사 방문을 습관화하는 것이 좋다. 예를 들어 매일 오후 일정을 고객사 방문으로 정해놓고 지킬 수도 있고 매주 월, 수, 금요일은 고객사를 방문하는 날로 정할 수도 있다. 또는 매주 세 번은 고객과 점심을 먹고 세 번은 저녁을 먹는다는 계획을 세우고 추진해도 좋을 것이다. 고객 접점 방법 중 좋은 것은 함께 차를 마시는 것, 아침 혹은 점심이나 저녁을 먹는 것이며 가장 좋은 것은 운동이나 취미활동을 함께하는 것이다. 주별로 고객 접점 횟수와 방법을 적절히 혼합해 매주 계획하고 스스로 평가하면 습관화할 수 있다. 고객 접점 시간은 습관화로 늘릴 수 있는 것이다.

고객 자문위원회를 통해 의사결정을 한다
– 웰스파고 은행

우리나라 모 대형은행의 은행장이 2015년 상반기 경영전략회의에서 "웰스파고처럼 임직원 모두가 주인의식을 가지고 강하게 혁신하는 강한 은행이 되자."라고 강조했던 것이 기억난다. 미국의 대형 상업은행인 웰스파고는 2008년 글로벌 금융위기를 성공적으로 극복한 부활 DNA를 지닌 은행이자, 총자산 규모로 미국 내 4위지만 시가총액으로는 1위를 달리고 있는 성공한 은행이다.

웰스파고의 존 스텀프 회장은 "우리는 고객의 금융에 관한 니즈를 만족시키고 고객이 성공할 수 있도록 지원하며 프리미엄 금융서비스를 제공하는 금융기업이 되어야 한다."라고 강조해왔다. 그리고 이를 위해 주요 법인고객과의 관계관리 및 고객의 소리 응답 프로그램이라 할 수 있는 '고객 자문위원회'라는 제도를 성공적으로 시행하고 있다.

'고객 자문위원회'는 1990년대 말 법인고객을 위한 '인터넷 솔루션그룹'이 태동하면서 시작된 논의에서 비롯됐다. 인터넷 세상의 출현은 은행에게 법인고객을 위해 어떤 도움을 줄 수 있겠느냐는 고민을 던졌고, 웰스파고는 법인고객의 온라인 서비스 지원을 위해 '법인고객 인터넷 솔루션그룹'을 만들었다. 이 조직의 첫 프로젝트는 법인고객을 위한 'CEO 포털(the Commercial Electronic Office portal)'을 온라인에 오픈하는 것이었다. CEO 포털의 목표는 더 빠르게 더 간단하게 더 스마트하게 고객을 지원하는 것이었고 그러려면 고객이 진정으로 원하는 것이 무엇인지 알아야 했다.

고객의 진정한 목소리를 듣기 위해 웰스파고 법인고객 전략 담당 책임자인 제프 팅커 전무는 영업그룹과 협의해 12명의 주요 법인고객으로 구성된 첫 번째 고객 자문위원회를 결성했다. 웰스파고 은행의 중역진은 이 자문위원회를 통해 자문위원회 고객과 1년에 최소 두 번 이상 미팅을 하며 고객의 소리를 듣고 주요 의사결정을 논의했다. 이렇듯 진정한 고객의 목소리와 피드백을 듣는 과정을 거쳐 CEO 포털은 성공리에 론칭됐다. 그리고 웰스파고 은행 중역진은 정기적인 포럼 외에 참여 고객 12명과의 신뢰를 바탕으로 관계관리를 시작했다. 고객의 가치를 높이는 일뿐만 아니라, 고객의 결혼식에 참석하기 위해 미팅 장소를 본사인 샌프란시스코에서 시카고로 옮길 정도로 신뢰관계를 확대한 것이다.

성공적인 자문위원회 효과인 피드백 청취 및 적용과 고객관계 증진이라는 두 마리 토끼를 더 잡기 위해 웰스파고는 고객 자문위원회를 3개로 늘리기로 결정했다. 고객 자문위원회는 2003년에 5개, 2011년에는 12개로 늘어났다. 고객 자문위원회의 목표는 3가지 측면에서 정의되었다.

첫째, 고객만족 측면에서 시장의 리딩 고객과 신뢰관계를 구축 및 강화하고 목표 고객의 매출을 증진시킨다.

둘째, 전략과 시장 동향 측면에서 자문위원회를 통해 시장의 미래 동향을 알아내어 새로운 비즈니스 모델과 조직의 변화를 결정하고 진행한다. 아울러 시장에서 성공하기 위해 자원을 적절히 배분한다.

셋째, 상품개발 측면에서 토털솔루션을 제공하기 위해 가치 제안을 개발하고 미래의 포트폴리오 혁신을 이끌어낸다.

위에서 언급한 CEO 포털의 목표 정의에 자문위원회의 피드백이 적용되었고, 법인고객이 원하는 인터넷 서비스를 제공함으로써 첫 번째 고객 자문위원회는 성공적으로 시작되었다. 고객의 피드백을 듣고 고객과의 관계 유지를 하는 창구로 자리매김한 것이다. CEO 포털의 성공 외에도 몇 가지 성공사례를 더 추려보자.

고객 자문위원회 멤버였던 대형 레스토랑의 재무담당 임원이 외부활동 중 급하게 큰 금액을 송금해야 하는 처지에 놓였다. 송금하려면 회사에 돌아가서 PC를 이용해야 했는데, 워낙 급한 송금이라 회사로 복귀하기까지 기다릴 수 없었던 그는 웰스파고 법인 담당과 연락을 취해 송금할 수 있었다. 이 재무담당 임원은 정기 고객 자문위원회에서 이 경험을 바탕으로 자신이 가지고 있는 블랙베리폰에서도 송금할 수 있었으면 좋겠다고 요청했다. 웰스파고는 고객의 소리를 적극적으로 검토한 끝에 'CEO 모바일(the Commercial Electronic Office Mobile)'을 경쟁사보다 먼저 내놓을 수 있었다. 웰스파고의 경쟁력은 한 차원 더 높아졌다.

이 외에도 12개의 고객 자문위원회를 통해 들어오는 피드백은 CEO 포털의 운영과 리포팅 툴 및 포털에 접근하는 여러 가지 기능들을 추가하는 데 주요한 역할을 했다.

고객 자문위원회는 상품에 대한 피드백을 제공하는 것은 물론, 고객 입장에서 웰스파고 영업직원의 자세에 대해 조언하기도 하고 웰스파고의 운영비를 줄이는 역할을 하기도 하는 등 다양한 분야에서 자문을 수행하고 있다. 웰스파고의 주요 고객 중 하나인 올스테이트 보험회사가 영업팀을 본사 근처로 옮기기 위해 의사결정을 해야 했는데, 이 과정에서 자문위원회의 구성원인 올스테이트 재무담당 임원이 위치보다 영업팀을 제대로 지원하는 것이 중요하다고 강조한 덕분에 이전계획 백지화에 따른 비용절감 효과까지 얻은 적도 있다.

재미있는 결과 중 또 한 가지는 자문위원회의 구성원인 고객사는 자문위원회에 참여하지 않는 고객사에 비해 웰스파고를 떠나는 비율이 낮았고 은행과도 더 많은 사업을 진행했다. 그만큼 은행에 대한 충성도가 보편적으로 높았다. 고객 자문위원회를 통한 관계관리가 궁극적으로 충성도 높은 고객을 창조해낸 것이다.

이처럼 고객 자문위원회는 웰스파고의 혁신에 주요하게 기여해왔다. 그뿐만 아니라 웰스파고가 시장과 기술의 변화에 적절히 대응할 수 있도록 큰 도움을 주고 있으며, 충성도 높은 고객을 창출하는 역할도 수행하고 있다.

이와 같은 웰스파고의 고객만족주의는 과거 25년 동안 주가를 20배로 올리는 데 크게 기여했다. 최고의 고객만족은 은행의 목적이자 믿음이다. 이 사례는 고객의 목소리를 듣고 공유하며 관계관리를 바탕으로 이에 대응하는 제도의 실행이, 기업으로 하여금 어떻게 지속적이고 예측가능하며 수익성 있는 성장을 이루어내게 하는지 보여주는 증거다.

애플의 B2B시장 진입

2014년 7월부터 2015년 6월까지 애플은 B2B시장에서 매출 250억 달러(30조 원)를 달성했다. 이는 애플 전체 매출의 11%에 달하며 전년도에 비해 40% 성장한 규모다. 올해는 B2B시장의 매출을 15%까지 늘릴 계획이다. 애플 CEO 팀 쿡은 B2B분야가 가진 가능성에 비하면 이러한 성과는 아직 미미하다고 덧붙였다. 이처럼 애플은 주요 사업영역이던 B2C시장에서 B2B시장으로 사업영역을 본격적으로 확장하고 있다. B2B시장을 신성장 동력으로 삼은 것이다.

애플은 왜 B2C시장에 전념하지 않고 B2B시장까지 넘보는 것일까? 바로 성장에 답이 있다. B2C시장에서 애플은 어느 기업도 이루지 못한 혁신과 실적을 달성했다. 그러나 현재 애플은 여전히 아이폰 판매와 여기에서 파생되는 애플생태계의 확대를 통해 사업을 이어나가고 있다. 얼마 전 애플의 분기 매출이 13년 만에 전년 동기 대비 13% 감소했다고 한다. 이에 애플은 지금까지 이루어낸 혁신을 지속하기 위해 새로운 시장, 안 가본 시장으로 향하기로 결정했다. 스마트폰 소비자 시장의 포화, 태블릿PC 감소와 기업 맞춤형 솔루션시장에서의 성장엔진 부족이 곧 다가올 것으로 예견되는 만큼, 그간 상대적으로 많은 노력을 기울이지 않은 B2B시장이야말로 애플이 반드시 올라야 할 산이라고 본 것이다.

B2B시장 진입을 위한 애플의 첫 번째 전략은 파트너십이다. 여기에서 파트너십이란 B2B시장의 리더 기업과의 파트너십을 말한다. 애플은 2014년 IBM과 협업을 이루어냈고 2015년에는 CISCO와 협약을 체결했다. 다양한 기업과 파트너십을 맺고 협업함으로써 B2B시장을 공략하고 있다. 협업을 통해 IBM은 애플의 아이폰, 아이패드, 맥 PC를 고객에게 판매할 수 있게 되었고, 애플은 IBM의 빅데이터 분석과 컴퓨팅 인프라를 활용해 업무용 모바일 앱을 공동개발할 수 있게 되었다. 한때 애플이 독재자 '빅브라더'라고 비판했던 IBM과의 파트너십은 B2B시장에 진출하는 애플의 입지를 시장에 각인시키는 데 가장 크게 기여했다.

제품 전략에서도 B2B시장에 대한 애플의 강한 의지를 엿볼 수 있다. 애플은 기존의 아이패드 에어 화면을 정확하게 2배 늘리고 10시간 지속 배터리와 화면 분할 기능 등을 구비해 기업에서 사용하기에 편리한 아이패드 프로를 발표했다. 애플의 이와 같은 제품 전략은 앞으로도 지속될 것으로 보인다.

애플이 현재 집중하고 있는 산업군은 헬스케어(의료)와 금융, 제조 산업이다. IBM과 공동개발하고 있는 이들 산업의 기업용 앱을 본격적으로 판매하기 위해 솔루션 영업조직을 준비 중에 있으며, 기업용 앱을 애플의 모바일 플랫폼으로 공급해 새로운 수요를 만들겠다는 전략을 세워두었다.

애플은 B2B시장의 본격적인 진입을 위해 회사의 인프라와 역량을 바꾸려고 노력하기보다는, B2B시장 리더기업과 제휴하는 접근 방법을 취하고 있다. 그간 혁신이라는 기치 아래 성공적으로 B2C고객을 리드해온 애플은 고객의 요구에 맞추기보다는 매혹적이고 완벽한 소비자 경험(User Experience)을 창조함으로써 시장을 리드해 왔다. 그러나 B2B시장은 다르다. 고객 맞춤형 요건이 우선시될 수 있고 통합 오퍼링이라는 독특한 가격구조도 존재한다. 제품 구입 후 서비스에 대한 약속도 중요하다. 이는 기존 B2C시장에서는 유효했던 애플의 성공요소를 방해할지도 모른다. 그러기에 애플은 기업고객과 어느 정도 거리를 두면서 B2B시장 리더기업과의 파트너십을 통해 고객을 지원하고 서비스를 수행하며 조심스러운 변화전략을 구사하고 있다.

B2C시장에서 엄청나게 성장한 애플의 매출이 13년 만에 처음으

로 감소했다. 이는 엄청나게 큰 엔진의 효율이 줄어들고 있음을 시사한다. 이제는 새로운 제품으로 시장을 확대해나가야 하고 새로운 시장도 개척해야 한다. 큰 엔진이 멈추지 않게 하려면 굉장한 노력이 필요할 것이다. 이러한 변화의 한 축으로 애플은 B2B시장을 고민하고 있다. 애플의 조심스러운 B2B시장 진입전략이 어떻게 전개될지 사뭇 기대되고, B2B시장에서도 또 하나의 혁신을 만들어낼지 자못 궁금하다.

13

연애의 시작도
믿음에서 시작한다

시간이 걸려도 믿을 만한 친구부터 돼라

"믿을 만한 친구부터 돼라." 이것은 아마도 영업과 관련한 거의 모든 책과 강의에서 나오는 말인 동시에 영업에서 가장 오래되고 가장 중요하며 꼭 지켜야 하는 진리다. 고객과의 지속적인 관계정립은 신뢰에 달려 있으며, 이는 함께한 시간에 따라 달라진다.

고객관계(Relationship)와 고객가치(Value)제안 중 무엇이 우선일까? 내가 처음 영업을 시작할 무렵에는 지금보다는 고객관계가 우선이었던 것 같다. 당시에는 지금과 비교하면 상대적으로 고객사에 대한 정보도 풍부하지 않았고, 구매 의사결정자도 지금처럼 많고 복잡하지 않았다. 고객의 요구도 그리 엄격하고 까다롭지 않았고 구매 판단도 그렇게 분석적이지는 않았던 것 같다. 무엇보다 당시에는 우리나라 경제가 급속도로 성장함에 따라 시장의 기회도 많았고 제품도 훌륭했으며 솔루션도 초기 단계였다. 이런저런 이유로 고객관계가 잘 정립되고 유지되었다면 고객가치 제안보다는 상대적으로 우선순위에 있었을 거라고 생각해본다.

모 통신회사를 담당했던 삼성전자 영업팀의 안 차장은 1월에 전임자로부터 고객사를 인수인계받았다. 1월 초에 인사하러 고객사에 가려고 했더니 전임자를 포함한 내부 직원들이 걱정을 많이 했다. 주요 의사결정자 중에 최 부장이라는 굉장히 힘든 담당자가 있는데, 한번 이야기를 시작하면 2시간이고 3시간이고 격한 목소리로 삼성전자에 대한 불만과 잘하라는 훈계를 쏟아놓는다고 했다. 그러니 그를 피해 다니라는 것이었다. 그런데 아이러니한 것은 막상 영업을 하려면 그 고객을 제쳐둘 수 없다는 점이었다.

인사하러 간 첫날부터 최 부장은 안 차장을 불러 한 시간씩 혼냈다. "삼성전자는 항상 잘못만 해요!" "뭘 잘못했는지는 알아요?" "내가 그렇게 고치라고 했는데 도대체 우리를 위해 뭘 하고 있는지 모르겠어요." 이런 힐난이 주된 내용이었고 한번 시작하면 보통 1시간은 이어졌다. 안 차장은 많이 힘들었지만 꾹 참았다. 따지고 보면 틀린 이야기는 아닌 데다 담당한 지 얼마 안 된 터라 좋은 관계를 만들려면 자주 만나야 했기 때문이다. 1시간여를 시달리느라 귀에 못이 박힐 정도였지만 안 차장은 꾹 참고 적절히 대응했다. 어느덧 석 달쯤 흘러 안 차장이 인내심에 한계를 느끼던 어느 날이었다. 그날도 꾸지람을 듣는 두 시간여 동안 안 차장의 반응은 여느 때처럼 "네 그렇군요! 저희 삼성이 잘못했네요." 혹은 "저희가 잘못했습니다."로 한결같았다. 그런데 갑자기 최 부장이 "우리도 잘한 것은 없어요."라며 자기네 통신회사도 잘못했다는 이야기를 하는 것이 아닌가. 이때부터 두 사람은 친구가 되었다. 그 뒤로 안 차장이 꾸지람이나 훈계를 듣는 일은 사라졌고, 가장 반대파였던 최 부장은 안 차장의 의견을 신중하게 듣고 긍정적으로 검토하려고 노력했다. 이는 안 차장의 영업경험을 통틀어 고객과 신뢰를 쌓는 데 걸린 가장 빠른 기간이었다.

후일담을 들어보니 고객사의 최 부장은 안 차장이 자기 말을 몇 달간 아무런 불평 없이 들어준 것이 기특하고 고맙기까지 했다고 한다. 최 부장은 더 나은 서비스를 받기 위해 원래 삼성전자뿐만 아니라 어떤 거래처에든 심하게 질책하는데, 대부분은 한 달 정도 지나면 자기 근처에 오지를 않아 자연스럽게 질책을 멈추게 되었다고 한다. 그런데 안 차장처럼 자기의 질책을 석 달이나 들어준 경우는 처음이었다는 것이다. 이 정도로 불만 없이 고객의 목소리를 경청한다면, 이 영업직원과는 무슨 거래를 하든 문제가 없을 것이라는 신뢰가 생겼다고 한다.

신뢰를 얻기까지는 당연히 시간이 필요하다. 시간이 모자란다면 고통과 노력이 필요하다. 예전이든 지금이든 고객과의 신뢰를 기초로 한 관계유지는 필수다. 그리고 이는 아무리 자주 듣는 이야기라 하더라도 지나치지 말아야 할 영업직원의 가장 첫 번째 덕목이기도 하다.

진정한 애인은 신뢰 쌓기부터 시작한다

진정으로 마음에 드는 여자를 만났을 때 남자는 어떻게 할까? 아니, 어떻게 해야 진정한 애인을 만들 수 있을까? 어느 날, 전부터 남자는 여자를 소개해주겠다던 친구의 주선으로 소개팅을 나간다. 예쁘고 성격도 좋은 여자가 첫눈에 마음에 든다. 평범한 집안에서 부모님에게 사랑받으며 잘 자란 것 같다. 취미도 비슷하고 나이도 네 살 적고 모든 것이 맘에 든 남자는 이 여자를 꼭 애인으로 만들어서 장차 결혼해야겠다고 결심한다.

그래서 그 여자에게 가치 있는 제안을 해야겠다고 생각하고, 만난 지 얼마 되지도 않아서 자신이 명문대의 인기학과를 나왔다고 말한다. 아버님이 재력가인 데다 지금도 현직에 있다는 사실도 알려주고, 자신도 좋은 회사에 다녀 앞길이 유망하다는 것도 얘기해준다. 최근에 새로 구입한 고급 차종의 모델도 알려준다. 결혼하면 부모님이 서울에 아파트를 사주기로 했다는 비밀도 얘기하고, 운동을 많이

해서 몸도 매우 건강하다는 것도 얘기한다. 남자가 가지고 있는 가치를 모두 알려주고 그것이 여자의 인생에 꽤 만족스러운 영향을 줄 것이라는 뉘앙스도 풍긴다. 이로써 남자는 모든 가치 제안을 마쳤다.

식사까지 잘하고 나서 남자는 의기양양하게 집으로 돌아와 오늘 자신이 참 잘했다고 생각한다. 여자가 원하는 바를 잘 추측하고 이에 맞춰 여자가 좋아할 만한 것을 거의 모두, 그것도 사실대로 얘기했으니 이제 여자와 앞날을 함께할 생각에 마냥 행복하다. 그런데 다음날 여자를 소개해준 지인으로부터 남자가 너무 잘난 체해서 만나지 않겠다는 연락이 온다. 남자는 분명 사실을 전했고 자신도 있는데 왜 그럴까 하며 안타까워한다.

또 다른 남자가 있다. 이 남자도 좋은 집안에서 잘 자란 1등 신랑감이다. 이 남자가 앞의 여자와 비슷한 여자를 만났다. 남자는 첫눈에 여자가 마음에 들었다. 그 역시 이 여자를 진정한 애인으로 만들기 위해서는 자신의 가치를 알려야겠다고 앞의 남자와 똑같이 생각했다. 그러나 남자는 말하고 싶은 것을 참는다. 여자가 남자를 신뢰하고 좋아하게 만드는 것이 먼저라고 생각하기 때문이다. 그날부터 남자는 여자를 위해 영화도 함께 보고 드라이브도 가고, 맛있는 음식도 찾아서 함께 먹고 재미있는 얘기로 즐겁게 해주고, 음악회도 같이 가고 비슷한 취미도 함께 즐기면서 자주 만났다.

한 달쯤 지나니 여자도 남자를 볼 때마다 즐거워했다. 손도 잡고 입맞춤도 했다. 두세 달이 지날 때쯤 보니 여자가 남자를 좋아하는 것이 남자 눈에도 보였다. 바빠서 하루 연락을 안 했더니 여자가 토라졌다. 출장을 가서 일주일 동안 못 본다고 했더니 서운해했다. 이때다 싶어 남자는 자신의 가치를 얘기했다. 앞에서 언급한 남자가 처음 여자를 만났을 때 한 말과 똑같은 내용이다. 남자의 비전 얘기, 부모님 얘기, 건강 얘기 등. 그런데 생각해보니 남자는 틈틈이 취미나 식성, 자동차 등 벌써 자신에 관한 얘기를 이미 많이 한 상태다. 여자의 눈이 남자를 더욱 사랑하는 것 같아 보였다. 이 커플은 좋은 짝으로 사귀다가 1년 뒤 결혼에 골인했다.

극단적인 예이기는 하나 고객관계와 고객가치 제안을 잘 빗댄 이야기다. 기업영업은 기회 발굴부터 계약까지 소요되는 기간이 길다. 규모도 크다. 그만큼 의사결정이 중요하다. 의사결정은 신뢰를 기반으로 이루어진다. 영업직원의 스킬이나 성향은 고객사가 업체를 결정하는 데 가장 큰 영향을 미치는 요소다. 신뢰를 쌓는 데는 시간이 필요하다. 두 번째 예에 나온 여자가 똑같은 얘기(고객가치 제공)를 했는데도 남자에게 잘난 척한다는 소리를 안 한 것은 이미 신뢰가 생겼기 때문이다. 고객과의 신뢰는 영업의 필수적인 필요조건이다. 오래전에는 충분조건이기도 했지만 지금은 그렇지 않다. 고객은 신뢰가 생긴 이후에야 고객가치 제안을 진심으로 듣는다. 영업의 경우 대부분 신뢰를 바탕으로 한 고객관계 관리가 선행되어야 하고 신뢰가 쌓인 고객관계는 지속적으로 유지해야 한다. 특히 계약 규모가 큰 대형 고객의 경우 신뢰를 바탕으로 단골손님으로 만들어야 한다.

영업성과급도 고객관계 관리와 접목한다
- HSBC은행

2007년 이후 시작된 글로벌 금융위기는 세계 경제의 침체기를 불러왔다. 그 뒤 최근 몇 년간은 미국이 작년 12월에 금리를 올리려고 시도할 정도로 경제가 상승국면을 맞고 있다. 기업은 시장환경에 가장 민감하며 호황이냐 불황이냐에 따라 영업조직의 초점을 두는 지점도 달라진다. 금융위기 중에는 영업조직도 원가 통제에 집중했지만, 최근 몇 년간의 상승국면에서는 매출 성장과 수익성 제고에 집중하고 있다. 기업은 경제환경의 변화에 따라 영업성과급 제도도 당시의 전략적 과제와 목표에 연동시킨다. 보통의 경우 기업이 영업성과급 제도를 매년 수정, 변경하는 것은 이처럼 경제상황과 전략에 따라 제도의 초점을 바꾸기 때문이다. 2013년 딜로이트 컨설팅의 연구에 따르면 연구조사 대상 기업의 60% 이상이 과거 2년 동안 영업성과급 제도를 바꿨으며 그 내용은 영업인력의 생산성, 서비스와 상품의 확장, 새로운 목표 시장 등 성장에 더욱 초점을 맞추는 것이었다고 한다.

성장하는 시장에서 영업성과급 제도는 그해의 매출 성장이나 수익성 창출보다는 장기적인 고객관계에 더 초점을 두어야 적절하나, 이를 시도하기에는 위험성도 존재한다. 고객관계에 기반을 둔 성과급 제도는 상품 매출이나 수익에 연동한 성과급 제도보다 계량화하기가 어렵고, 매출 커미션에 익숙한 프로 세일즈맨이 회사를 떠날 위험도 있기 때문이다. 그럼에도 이러한 변화를 새롭게 시도한 조직이 있다. HSBC은행이다. 글로벌 초대형 은행인 HSBC는 최근 성장세인 경제상황을 기반으로 고객재무자문 영업을 담당하는 직원의 성과급을 상품 매출 기반의 성과급 제도에서 고객관계 관리 기반의 성과급 제도로 바꿨다. 고객 접점, 매출의 질, 고객가치의 계량화를 기반으로 성과급을 운영하기로 한 것이다. HSBC의 커뮤니케이션 담당 부사장은 "우리 성과급 제도는 고객과의 신뢰와 HSBC의 전략 및 가치에 기반을 둔 고객과의 지속 가능한 관계관리를 확립하는 데 목적을 두고 있다."라고 언급했다.

HSBC은행이 이러한 고객관계와 가치 기반의 영업성과급 제도를 성공적으로 실행한다면, 조만간 이 분야의 선구자로서 평판이 빛을 발할 것이고 아울러 성장에도 일조할 것이다. 다만, 기존의 상품 매출에 기초한 성과급 제도는 계량화가 가능하고 회사의 재무 목표와 연계가 확실한 데 비해, 고객관계 지향의 성과급 제도는 객관적이고 계량화가 가능한 성과지표를 찾아내기가 쉽지 않을 것이라는 점이다. 따라서 이것이 가능하도록 시스템과 기술(소프트웨어)의 개발과 적용이 반드시 필요할 것으로 보인다.

기업의 목표는 고객을 통해서 달성된다. HSBC은행이 고객에게 파는 상품의 매출액과 이익에 근거하는 것이 아니라 장기 지향의 고객관계 관리와 가치 제공을 객관적으로 계량화하고 운영하는 데 근거해 성공한다면, 이러한 시도는 영업의 보상인 성과급 제도를 궁극적인 고객관계 관리 및 가치 제공과 연동시키는 매우 의미 있는 변화를 이끌어낼 것이다.

누누이 말했듯 영업은 고객과의 신뢰를 바탕으로 고객의 문제를 실제로 해결해주는 것이다. 그리고 판매는 그 부수적인 결과물이다. 무척 어려운 일이기는 하지만, 영업직원이 고객의 문제해결에 더 집중할 수 있는 프로세스와 성과관리가 가능하다면 지금보다 더 큰 재무적 성과를 이룰 수 있으리라 믿는다.

14

처음만 어렵다, 만나야 정도 쌓인다

처음을 잘 견뎌라

아무리 가까운 사이여도 고객은 고객이다. 처음에는 어쩔 수 없이 목적을 가지고 만난다. 신뢰관계가 만들어지려면 최소 6개월에서 몇 년은 필요하다. 처음이 어렵다. 10년 넘게 자주 고객을 만난 영업직원도 일주일만 고객사에 가지 않으면 가기 싫은 법이다. 기본적으로 영업의 목표인 고객이 끊임없이 나에게 뭔가를 요구하고 원하기 때문이다. 그러나 고객의 니즈가 있어야 영업이 시작되므로 이는 당연하다.

영업을 시작한 첫해의 일이다. 당시 국민은행을 담당했는데 처음 맡은 고객이 나보다 10살이나 나이가 많았다. 영업을 하려면 거의 매일 찾아가서 신뢰도 쌓고 영업기회도 살피며 고객이 내 식구처럼 인정하는 것이 필요한데, 나이 차이가 많다 보니 고객과 별로 나눌 말도 없었다. 회사에서 영업 교육만 거의 1년을 받았는데도 어려웠다. 더구나 이 고객도 내게 항상 불만을 토로했다. 고객사로서 공급자에게 원하는 모든 것을 훈계와 꾸지람으로 일관했다. 어떨 때는 고객사 1층에 도착해서 담당자가 있는 4층까지 올라가는 데 1시간이 걸렸다. 미팅은 해야 하는데 만나기가 싫으니 1층에서 2층으로 걸어 올라갔다가 다시 내려왔다. 그리고 다시 3층까지 올라갔다가 다시 1층으로 내려와 현관으로 나왔다가를 반복하니 1시간 이상이 걸렸던 것이다. 그러다 마음을 다잡고 4층으로 올라갔는데 마침 그 고객이 자리에 없으면 너무나 행복해하며 회사로 돌아왔다. 내 할 일은 다했다는 것으로 위안을 삼으면서 말이다.

그러던 어느 날, 고객과 회식을 하다가 끝내 못 견디고 고객에게 대들고는 집으로 와버렸다. 그날이 금요일이었는데 토요일 아침에 눈을 뜨니 앞이 캄캄했다. 고객에게 큰 잘못을 저질렀기 때문이다. '아, 이제 회사를 그만두어야겠구나!'라는 생각이 들었다. 회사에서 고객에게 최선을 다하라고 배웠는데 고객에게 대들었으니…. 지금 생각해보면 그 고객은 그렇게 힘든 고객도 아니었는데 신입 영업사원 입장에서는 너무나 힘들었다. 이틀을 잠도 잘 못 자고 월요일 아침에 바로 고객사로 출근했다. 나이 많은 분에게 대들었으니 잘못했다고 용서를 빌고 회사를 그만둘 생각이었다. 또 용기가 없어 2시간 가량 1층과 4층을 왔다 갔다 하다가 마침내 용기를 내어 들어갔다. 의외로 그 고객은 반갑게 맞아주며 그런 용기가 어디서 나왔느냐며 커피를 사주었다. 그 뒤로 물론 고객의 훈계와 꾸지람은 지속되었지만 그것이 그 고객의 일이기도 하다는 것(영업직원에게 니즈를 전달하는 방법)을 이해했기 때문에 그다지 힘들지 않았고, 머지않아 그것조차 해결하는 방법을 찾아냈다.

아무리 좋은 고객도 고객이다. 고객사 직원도 본인의 회사에서 가치를 높이는 일을 해야 한다. 회사의 윗사람과도 같다. 처음이 힘들다. 그래도 습관이 될 정도로 지속적으로 고객을 만나라. 신뢰가 쌓이고 관계에 관심과 정성을 쏟는 것을 고객이 알게 되면 내부 직원보다 가까워질 수 있고, 더구나 영업의 경력은 고객과 함께 커나가는 것이므로 장기적으로 큰 도움이 된다는 사실을 명심해야 한다.

관계 정립과 유지는 정성껏 하라

고객과의 관계는 정립하는 것으로 시작되고 유지 활동으로 만들어진다. 관계 정립은 신뢰에 기반하는데, 신뢰는 함께한 시간과 밀접한 관계가 있다. 이런 문구가 있다.

"Trust is based on History."

신뢰에는 시간이 필요하다. 그렇기에 기업은 영업직원의 연속성을 고려해야 한다. 대형 고객의 경우 담당 영업직원의 연속성을 고려해 오랫동안 담당하게 해야 한다. 즉, 신뢰를 쌓을 수 있도록 시간을 지원해주어야 한다. 관계 정립은 몇몇 고객과만 하는 것이 아니다. 특히 기업영업의 경우는 다양한 고객(직급별, 부서별 등)과 경영진, 다양한 위원회 등 많은 이해관계자들이 존재한다. 많은 고객과 이해관계자의 니즈를 골고루 만족시켜야 하기 때문에 관계 정립과 유지는 매우 중요하다.

정보기술을 다루는 IT기업을 생각해보자. IT기업에서 기본적인 의사결정자는 정보시스템부서다. 그 안에서도 직급별로 CIO(정보시스템 담당 임원)부터 부장, 차장, 과장 등 다양한 직급의 고객이 있다. 1990년대 말 IMF경제위기 이후에 기업이 사업부제를 시행하면서부터 이전과 달리 IT구매 의사결정에 정보시스템부서 이외에 사업을 하는 부서(사업부)에서 직접 관여하기 시작했다. 예를 들면 은행의 개인고객본부에서도 IT가 투자 금액 측면과 비즈니스 모델 측면에서도 중요해지자 개인고객본부장(부행장)부터 현업부서의 부장, 차장, 과장 등도 고객이 되었다. 또한 솔루션영업은 협업을 통해 이루어지므로 시장에 있는 IT 관련 솔루션 회사들도 파트너로서 중요한 역할을 한다. 고객에 준하는 집단인 셈이다. 결국 IT솔루션을 다루는 기업은 고객사 IT부서의 다양한 직급별 고객과 현업부서의 직급별 고객은 물론, 시장의 솔루션 및 기타 시장의 솔루션 협력업체와 관계 정립을 해야 한다.

그렇다면 관계를 정립한 이후 어떻게 유지해야 할까? 관계 유지의 정석은 관심과 정성이다. 자주 봐야 한다. 이것은 관심으로부터 시작된다. 고객은 부서의 변동이나 전직 등으로 자주 변화한다. 한 부서에서 지속적으로 일하는 고객은 찾아보기가 어렵다. 그러나 내가 몸담은 회사가 몇 번 바뀌었어도 하는 일은 계속 영업이듯 고객도 마찬가지인 경우가 많았다. 영업이 전문적인 분야인 것처럼 고객도 구매, 사업기획 혹은 프로젝트 수행 등 전문적인 경우가 많다. 영업직원은 특히 담당부서를 떠난 고객에게 더 관심과 정성을 보여야 한다. 담당부서에 있을 때 열 번 만나는 것보다 떠난 뒤에 한 번 찾아가는 것이 고객에게 더 큰 감동을 준다. 영업의 관계유지는 일반적으로 친구와의 관계 유지와 별반 다를 것이 없다.

엑셀로 관리하라

나는 지금까지 영업만으로 직장생활을 했다. 회사는 네 번 옮겼지만 내 일이 변한 적은 없었다. 고객의 신뢰와 전략적이고 창조적인 고객가치 제안을 바탕으로 성공적인 직장생활을 보냈다. 지금 생각해보면 영업이라는 꽤나 멋있고 훌륭한 직무를 만난 것이 행운이었던 것 같다. 영업은 관계 관리가 시작이다. 잘해야 한다. 그리고 잘하려면 끊임없이 빠뜨리지 말고 고객을 만나야 한다. 앞서 말했듯 기업 영업의 고객은 많다. 꽤 많은 대상과 관계를 유지해야 하므로 만나는 횟수도 많아야 할 뿐더러 조직적으로 만나야 한다.

이를 위해 내가 한 것 중 가장 잘한 두 가지가 있다. 한 가지는 차와 점심과 저녁, 가끔은 아침과 주말의 차 또는 점심과 저녁 그리고 운동을 고객과 함께한 것이다. 차보다는 점심이 낫고, 점심보다는 저녁이, 저녁보다는 함께하는 운동이 관계를 증진시키고 신뢰를 쌓는 데 효과적이다. 다른 한 가지는 관계관리 계획을 세우고 엑셀로 관리한 것이다. 옆의 표는 내가 직접 관리한 엑셀표이다. 매년 초 그해에 관계 관리를 해야 할 목록을 정리하고, 매월 최소 네 번 정도 계

엑셀 관리: 고객 미팅과 횟수의 예

고객사	월	1				2				3				4				5				6		
	횟수	1	2	3	4	1	2	3	4	1	2	3	4	1	2	3	4	1	2	3	4	1	2	
A은행	윤모모 상무	6	7	18	21	2	4			10	14	23		19	27	28		4	10	30		7	13	
	전모모 상무	24				21	23			4	7	14		7	14	18		4	9	11		3	7	1
	박모모 본부장	24				21				7	9	15		7	14	27		16				16	27	3
	주모모 본부장						4			7	15	16		8	21	28		10				16	20	2
	정모모 본부장					23				7	21			27	28							16	21	3
	박모모 팀장					23				4	21	23		28				27				7		
	정모모 팀장	12								7	9	10		7	18			30						
B건설	주모모 상무	17	21	25		1	22			10								24						
	권모모 상무	4	17	21		1	4	22		10				28				25				8	15	1
	이모모 부장																	4						
	김모모 과장													28				25						
C백화점	이모모 부사장																							
	송모모 상무																							
	이모모 부장																							
	박모모 차장									7														

162

획을 세우고 실행하며 매주 점검한다. 전화로만 안부를 묻는 것은 포함하지 않는다. 차, 아침, 점심, 저녁, 운동 등을 함께하는 것만 해당된다. 매주 말에 점검하면 못 본 고객이나 협력사가 엑셀에 보이게 되어 있다. 그러면 다음 주에 한직에 가 있는 고객이나 최근에 만남이 뜸한 고객, 혹은 협력사에 연락해 함께 무엇인가를 한다. 이 두 가지가 내가 영업의 길을 잘 걷도록 도와준 가장 큰 기여자다.

15

처음 2분의 인사이트가
신뢰를 결정한다

뛰어난 영업직원은 스스로를 어떻게 차별화할까? 무엇인가 고민하
거나 도전을 받고 있는 사람들은 함께 고민해줄 '누군가'를 갈구한
다. 그 '누군가'는 무엇이 중요한지 생각하게 해주고 질문하고 경청
하며, 현재 답을 가지고 있지는 않지만 답을 찾을 수 있도록 도움을
주는 사람이다. 또한 그 '누군가'는 자기 생각을 전달하는 것에 겁내
지 않으며 강하게 확신하는 것은 단호하게 주장한다. 그리고 사람들
이 신뢰하고 또 좋아한다. 이 '누군가'는 '무엇인가' 달라야 한다. 이
'누군가'는 영업의 대가이고 '무엇인가'는 다른 영업과 차별화된 그
들의 인사이트다.

처음 2분의 인사이트가 중요하다

고객과의 신뢰를 통한 관계 정립과 유지는 영업의 필수조건이다. 고객에게 가치를 제공해야 하나 신뢰를 바탕으로 한 관계가 없으면 대부분의 경우 시작조차 할 수 없다. 무엇보다도 신뢰관계를 구축하는 것이 가장 우선이고 영업직원이 늘 추구해야 할 덕목이다.

영업직원이 제아무리 인사이트영업을 하려 해도 신뢰관계가 만들어지기 이전에는 고객사에 대해 자신이 가지고 있는 인사이트를 보여줄 수 없다. 그런데 유능한 고객은 대부분 바쁘고, 바쁜 고객은 시간을 내기가 힘들다. 영업은 해야겠는데 나의 제대로 된 인사이트를 어떻게 보여줄 수 있을까?

이 중에서 신뢰가 쌓이기 이전의 고객과 초기에 소통하는 단계의 방법에 관해 내가 직접 경험한 것을 이야기하겠다. 신뢰를 바탕으로 한 관계 정립 이전의 바쁘고 똑똑한 고객에게는 미니 인사이트를 전달해야 한다. 그런데 이런 고객은 영업직원에게 오랜 시간을 할애해주지 않으므로, 처음 인사이트를 전달하는 순간인 2분 안에 고객의 마음을 사로잡아야 한다. 그러려면 문장은 연역법이어야 한다. "이렇게 하는 것이 좋겠습니다. 왜냐하면…"이 되어야지 "… 때문에, 결과적으로 …하셔야 됩니다."처럼 귀납법이어서는 안 된다. 아직 신뢰가 쌓이기 전이므로 결론이 뒤에 나올 때까지 고객은 기다려주지 않는다.

그렇다면 이 처음의 2분을 위해 고객에 대한 나의 인사이트(고객사의 정보, 고객의 정보, 구매 프로세스, 현재 그들이 가장 고민하는 것) 준비는 물론 철저해야 한다. 2분을 넘기는 순간 고객은 그다음 3분을 경청하고, 그 뒤 5분 동안 자신의 고민을 정확히 이야기한다. 약 10분 안에 관계 정립이 시작되는 것이다. 첫 번째 화제나 프레젠테이션 자료는 결론부터 제시해야 한다. 관심을 끌어야 하기 때문이다. 준비되지 않은 거짓 인사이트는 어차피 다음번 미팅에서 들통난다. 준비된 인사이트로 처음 2분 안에 고객의 마음을 사로잡아야 한다.

　C은행에 카드사업본부가 처음 생겼을 때의 일이다. 합병으로 탄생한 C은행은 본격적으로 카드사업을 하기로 결정하고, 카드사업본부의 본부장과 부본부장 자리에 외국계 카드사 임원을 영입했다. 당시 나와 우리 회사 내의 중역은 그분들과 일면식도 없었고 전혀 신뢰관계가 쌓여 있지 않은 상태라, 당연히 카드사업 시스템에 관한 의견이나 제안을 할 수 없었다. 그런데 두 고객에게는 큰 고민이 있었다. 당시 외국계 컨설팅사는 카드사업 시스템을 굳이 새로 만들지 말고 아웃소싱을 하자고 주장했다. 이것은 그 고객들의 경험에 따르면 옳지 않았으나 자체 시스템에 관해 도움을 줄 회사가 마땅히 없었다.

　우리가 도움을 주겠다고 실무 중역인 부본부장에게 제안해야 했으나, 나는 그 당시 차장직급이었고 서로 신뢰관계가 없던 터라 미팅을 잡기가 쉽지 않았다. 거의 매일 카드사업본부를 다니며 얼굴을

익힌 후에 부본부장에게 5분만 시간을 할애해달라고 부탁해 성공했다. 며칠 뒤로 잡힌 5분의 미팅을 위해 나는 모든 관계를 동원해 다른 고객으로부터 정확한 현재 상황을 파악한 뒤 2장짜리 제언을 만들었다. 제목은 '통합은행 카드시스템 구축을 위한 방향'이었다. 물론 전문 컨설턴트가 만든 것이 아니어서 훌륭하지는 않았으나, 누구보다도 정확한 정보를 바탕으로 카드사업본부가 앞으로 나아가야 할 방향에 관한 구체적인 내용으로 채웠다.

미팅을 시작할 때만 해도 컴퓨터회사 영업차장이 신뢰관계가 없는 은행 부본부장에게 제안을 했으니 그다지 분위기가 좋지 않았다. 그러나 2분 만에 그분은 내게 관심을 보이며 "어떻게 이렇게 상황을 정확히 아느냐?" "이렇게 하면 정말 잘되겠느냐?" 등의 질문을 했다. 충분히 준비한 영업직원의 인사이트에 2분 만에 만족한 것이다. 물론 비즈니스가 바로 종결되지는 않았다. 그러나 그 순간부터 신뢰가 시작됐고, 해결책에 관해 함께 고민하고 제안을 거듭한 끝에 그해 말에 카드사업본부 사업 중 한 부분을 수주하는 데 성공했다.

처음 시작한 지 2분 내에 고객의 마음을 사로잡아야 한다. 그리고 이를 위해 치밀하고 철저하게 고객에 관한 인사이트를 준비하고 제공해야 한다.

16

좋은 평판을 만들고
유지하라

영업의 평판 위험

서비스산업 차별화의 결과는 평판으로 판가름 난다. 이 평판 또한 신뢰를 바탕으로 형성된다. 영업은 서비스산업이다. 고객의 니즈를 찾아서 이를 만족시킬 수 있도록 제안하고 이를 만들어주어야 하기 때문에, 제조가 바탕이 되더라도 결국은 고객에게 문제 해결 서비스를 제공하는 서비스산업이라고 할 수 있다. 이런 측면에서 영업 또한 평판 위험이 크게 존재하는 분야다.

한화에서 IT회사 금융사업부장으로 재직할 때의 일이다. 당시 사업부의 사업 모델은 한화그룹 내부의 금융 관련 회사인 한화생명보험, 한화손해보험, 한화투자증권 등의 IT개발 및 운영서비스를 지원하고, 대외적으로는 금융회사의 IT개발 및 운영서비스를 영업하는 것이었다. 대외사업은 IT사업의 역량을 갖추어야만 할 수 있는데, 우리 회사는 그룹사 내부의 대형 금융기관을 지원하면서 나름대로 역량을 보유한 상태라 사업을 추진하는 데 큰 무리는 없었다.

다만, 금융사업 중 은행이 계열사에 없었기 때문에 은행 업무 관련 역량을 갖춘 직원들을 채용해 은행 IT 관련 사업을 시도했다. 그러나 시장에서 받아들이지 않았다. 은행 IT분야의 평판은 단순히 전문 인력을 채용하는 것으로는 해결되지 않았다. 이 영역에서 보낸 긴 시간과 업무 문화를 가지고 있는지 고객은 주의 깊게 관찰했다.

결국 우리는 은행 IT업무에서 탁월한 인력과 소프트웨어 자산을 가진 '뱅크웨어글로벌'이라는 회사와 전략적 제휴를 맺은 이후에야 은행 IT시장에 진입할 수 있었다. 이 회사는 최근 중국 알리바바의 은행사업에 IT분야 회사로 참여했고, 알리바바로부터 지분 투자도 받았다. 또한 우리나라 첫 번째 인터넷 전문 은행 사업자인 'K뱅크' 컨소시엄에 참여해 명실공히 국내 최초 인터넷 전문 은행 IT어플리케이션 부문의 주 참여자가 되었다. 평판을 만드는 데 긴 시간이 소요될 경우에는 기존에 좋은 평판을 보유한 기업과의 제휴를 통해 평판 및 신뢰를 창출하는 것도 의미 있어 보인다.

우리 가족의 취미는 음식점 탐방이다. 맛있는 음식점을 찾아가보는 것이 큰 낙인데 우리가 자주 가는 경기도의 맛집 동네가 있다. 여주에 있는 천서리라는 마을인데 막국수로 유명하다. 강원도로 여행 가면 가는 길에 꼭 들러서 막국수와 편육을 먹는다. 이 동네는 꽤 오래전부터 막국수 집으로 소문(평판)나기 시작해서 막국수 식당 여러 곳이 운영 중이다. 그런데 그중에 한 곳만 항상 문전성시이고 나머지는 거의 개점휴업 상태다. 막국수로 유명한 동네의 같은 막국수 식당인데도 소문난 곳만 사람이 가득 차고, 나머지 집들은 일반 동네의 막국수 식당보다도 한산하다. 이것을 보면 평판의 중요성을 잘 알 수 있다.

긍정적인 면에서 보면 평판은 배가 된다. 평판이 좋은 식당은 같은 종류의 음식을 파는 옆 식당에 자리가 있어도 사람들이 줄을 서서라도 맛을 본다. 평판이 좋은, 신뢰를 기반으로 하는 회사는 고객이 다른 프로젝트가 끝나기를 기다리기까지 한다. 점심시간에 소문난 냉면 한 그릇을 먹기 위해 30분 이상을 기다리는 것과 같은 이치다.

유리 같은 평판이 깨지지 않도록 유지하라

평판의 유지에는 더 큰 위험이 도사리고 있다. 만약 천서리의 소문난 그 식당에서 맛을 위해 몸에 치명적인 무언가를 섞었다는 소문이 난다면 아마도 하루아침에 손님이 끊길 것이다.

영업현장에서도 평판 유지의 위험을 종종 본다. 대형 고객사의 영업직원이 오랫동안 쌓은 신뢰를 바탕으로 평판을 잘 쌓았다고 하자. 누가 봐도 영업직원에 대한 고객사의 신뢰가 중요하다는 사실을 인정하는데, 그 영업직원이 다른 부서로 간 뒤 새로운 영업직원이 평판을 해친다면 이를 다시 찾는 데는 많은 노력이 필요할 것이다. 한걸음 더 나아가 만약 평판이 좋은 기업이 정도(윤리)에 어긋난 행동이나 조치를 취했다면 이 기업은 평판을 회복하기까지 꽤 많은 고통을 감내해야 할 것이다. 평판을 유지하는 것은 평판을 만드는 것보다 훨씬 힘들고, 어쩌면 다시 찾는 것이 불가능할지도 모른다.

내 평판을 만드는 것도 마찬가지다. 이것도 오랜 시간을 통해 만들어지기 때문이다. 앞서 말했듯 평판을 지키는 것은 더욱 어렵다. 잠시 한눈을 팔면 순식간에 날아가버린다. 영업인의 평판은 부서를 옮겨도, 회사를 이직해도 다음 부서에, 다음 회사에 따라간다. 그러나 나쁜 평판뿐만 아니라 좋은 평판도 따라다닌다는 것을 명심해야한다. 잘 만들어 정성껏 유지한 평판은 어디에서 영업업무를 하든 항상 당신의 점수가 될 것이다.

솔루션 이상을 제공하는 인사이트영업

기술의 발달로 인한 다양하고도 정리된 정보와 고도로 숙련된 구매부서, 어디에서나 구할 수 있는 컨설턴트 등으로 똑똑해진 고객은 이제 단순히 니즈와 문제를 해결해주기를 기다리지 않는다. 이제는 고객의 니즈와 문제를 찾아 해결해주는 방식만으로는 고객을 만족시키거나 고객에게 가치를 제공할 수 없게 되었다. 정보와 솔루션만이 아니라 인사이트를 제공해야 한다. 영어사전에는 인사이트가 'The ability to have a clear, deep and sometimes sudden understanding of a complicated problem or situation(복잡한 문제나 상황을 정확하고 깊이 있게, 때때로 순간적으로 이해할 수 있는 능력)'로 되어 있다. 단지 문제의 해결책만이 아닌 그 이상의 직관과 통찰을 의미한다. 이제는 고객 비즈니스에 대한 직관과 인사이트를 가지고 솔루션을 제공해야 한다.

고객과의 신뢰도 중요하고 고객가치 제공도 중요하고 고객 비즈니스에 대한 이해와 통찰도 중요하다. 이러한 솔루션영업의 기본 역량 위에, 다양한 루트를 통해 많은 것을 아는 바쁜 고객에게 관계 정립보다 먼저 내게 인사이트가 있다는 것을 보여주어야 하는 경우도 있다. 고객은 많은 도전과제 속에 파묻혀 있기 때문에 고민을 함께 나누고 자신을 도와줄 것이라고 믿는 '누군가(인사이트영업을 하는 영업직원)'를 찾는다. 그러나 눈앞에 있는 영업직원이 인사이트를 가졌는지 확인할 방법이 없다. 그렇기 때문에 이후의 긴 신뢰를 바탕으로 관계를 정립하기 위해 고객의 비즈니스에 대한 인사이트를 가지고 있다는 것을 알리는 미니 인사이트를 먼저 보여주어야 하는 경우도 존재한다. 이 경우엔 먼저 미니 인사이트를 보여주어야 신뢰관계가 시작된다.

첫 번째 인사이트영업으로 신뢰가 생기면 이때부터 관계가 정립되고 유지된다. 솔루션영업이 시작되는 것이다. 처음 만나기 전에 구매 진도가 60% 정도 이미 진행 중인 혁신적이고 똑똑한 고객에게는 영업직원이 먼저 제안해야 한다. 문제나 니즈의 해결이 아닌 고객에게 중요한 아이디어와 함께 변화와 혁신을 드라이브함으로써 새로운 수요를 창출하고, 이를 고객의 니즈로 만들어 기업의 가치를 높여야 한다.

인사이트영업은 솔루션영업을 기본으로, 적극적이고 선행적이며 능동적으로 영업을 수행하는 것이다. 고객에게 직관과 통찰을 제공하려면 신뢰관계가 충실해야 하고, 더욱 많은 고객에 대해 공부해야 하며, 소통을 통해 고객에게 혁신과 변화에 대한 아이디어를 제공해야 한다. 인사이트영업은 고객의 문제를 해결하고 가치를 제공하는 솔루션영업의 진화된 버전이다.

브렌트 아담슨은 2012년 7/8월 판 〈하버드 비즈니스 리뷰〉에 기고한 'The End of Solution Sales'라는 연구에서 "뚜렷한 비전과 요구가 있는 고객이 아니라 혁신적이고 변화가 필요한 고객을 찾아내고, 고객들이 아직 발견하지 못한 니즈를 한발 먼저 발견하며, 니

솔루션영업 vs. 인사이트영업		
	솔루션영업	인사이트영업
대상 고객	뚜렷한 비전과 예산이 있는 기업	지속적 혁신, 조직 민첩성, 신규 수요가 있는 기업
정보 취합	고객이 원하는 니즈	고객이 아직 인식하지 못하는 니즈
투입 시점	고객이 문제를 인지한 후	고객이 문제를 구체적으로 인지하기 전
대화 방법	고객의 니즈에 관한 질문	고객을 사고하게 하는 인사이트 제공
정보 흐름	고객의 구매 프로세스	고객에게 구매 프로세스를 만들고 지원하도록 코칭

즈를 바탕으로 고객에게 솔루션을 찾아야 한다고 먼저 설득하고, 고객이 구매 프로세스를 바꾸고 의사결정을 할 수 있도록 확신시키며 도와주는 것이 인사이트영업이다."라고 언급했다.

상위 20%의 영업직원은 이미 고객이 원하는 바를 만족시키는 단계를 넘어, 변화를 추구하는 고객사와 그 조직 내의 혁신적이고 성취욕구가 있는 고객을 찾아 인사이트를 제공한다. 그리고 어떻게 구매할지 코칭함으로써 영업의 가치를 올리는 인사이트영업을 이미 수행하고 있다. 그들은 고객이 원하는 솔루션을 제공하는 솔루션영업을 넘어 고객에게 비즈니스에 대한 인사이트를 제공한다.

PART 4

고객의 꿈속까지
들어가라

·

고객 비즈니스

Customer Business

Customer Business

"답은 거기 있어. 집사람과의 문제는 집사람에게 물어봐야 하고 아들과의 문제는 아들에게 물어봐야 돼."

"모든 답은 현장에 있는데 사람들은 현장에 물어보지는 않고 다른 곳에 가서 물어봐. 그래서 해답을 못 찾는 거야!"

삼성전자의 어느 선배가 내게 해준 말이다. 집사람과의 문제는 집사람을 이해하고 집안에서 답을 찾아야 하며 아들과의 문제는 아들에게 물어봐야 해결할 수 있다. 이와 마찬가지로 영업직원은 고객이 어떻게 생활하는지, 고객이 무슨 생각을 하는지, 고객의 고민이 무엇인지 알아야 한다. 고객이 수행하는 업무, 비즈니스 환경, 현안 등을 알지 못하고는 제품과 솔루션도 무용지물이 된다. 문제를 알지 못하는데 해결책이 나올 수 없는 것과 같은 이치다. 고객의 비즈니스에 대한 이해와 공부는 필수다. 단, 밖에서만 공부하면 안 되고 고객을 직접 찾아가서 공부해야 한다.

17

현장 말고는
다 헛소리다

현장에 답이 있다

내가 대학을 다니던 시절에는 대학에서 군사훈련을 받았다. 당시는
남자들이 학교에서 군사훈련을 필수로 받아야 했고, 심지어 고등학
교에도 교련이라는 군사훈련 과목이 있을 때였다. 대학에서 군사훈
련을 받을 당시 훈련교관은 베트남전에서 직접 전투를 경험한 베테
랑이었는데 이분이 총검술을 가르칠 때의 일화다. 총검술의 '찔러
총' 자세는 적과 육탄전을 벌일 때 총에 칼을 끼워 적의 목을 향해
말 그대로 찌르는 공격 자세다. 교본에는 15도 각도로 위를 향해 총

을 찌르라고 되어 있었다.

교관이 말하길 교본에는 15도 각도로 위를 향해 찌르라고 되어 있는데 베트남전에서 실제로 전투할 때는 달랐다고 했다. 당시 베트남군의 키는 한국군에 비해 작아서 15도 위를 향하면 목을 찌를 수 없었다. 그래서 적을 찔러 총 자세로 공격할 때는 적을 보고 목을 향해 공격해야 했다. 교관은 만약 한국군이 2차 세계대전 때 독일군과 전투했다면 45도 위 이상을 공격해야 했을 거라고 덧붙였다. 또한 찔러 총 자세에서 찌른 후 총을 빼는 자세도 교본에는 뒤로 잡아 빼게 되어 있는데, 실제로는 칼이 몸에서 잘 빠지지 않기 때문에 적의 몸에 발을 대고 지지한 후에 빼야 한다고 했다.

교본은 평균적이고 기본적인 것을 가르치는 것일 뿐, 실전 및 현장에서의 경험이 추가되어야 진정으로 역량이 완성된다. 답은 현장에 있다.

현장을 최우선으로 한다
– ㈜ 한샘

2014년 가구업계의 공룡인 이케아가 한국시장 공략을 시작했다. 탁월한 원가 경쟁력과 글로벌 유통 파워를 보유한 이케아의 상륙은 국내 가구업체의 몰락을 예견하기에 충분했다. 그러나 가구 공룡이라는 명성답게 추운 겨울에도 매장 앞에 사람들이 장사진을 이루며 일대의 교통체증까지 일으킬 만큼 선풍적인 바람몰이를 했다. 그런데 그런 이케아의 코를, 국내 가구업체의 맏형이라고 할 수 있는 한샘이 납작하게 눌러버렸다.

한샘의 성공비결은 여러 가지로 볼 수 있다. 유통과 서비스에 대한 투자, 원가절감, 새로운 생태계의 구축 등 다양한 성공비결이 있겠지만, 이 모든 것이 가능했던 것은 고객이 있는 현장을 최우선시한 덕분이었다.

1970년 부엌가구 전문회사로 출범한 한샘은 이후 다양한 변화와 혁신을 거치면서 현재는 부엌가구, 인테리어, 건자재 사업을 망라해 명실공히 토털 홈 인테리어 기업으로 사업을 키워나가고 있다.

한샘의 올해 재무지표를 보면 이케아가 국내 공략을 발표한 2012년과 비교해도 예상매출이 두 배를 넘어섰고, 영업이익은 세 배가 넘는 급성장을 이루어냈다. 모두가 걱정했던 글로벌 가구 공룡 이케아의 국내 진출이 오히려 한샘을 상승가도로 유도한 것이 아닐까 하는 생각이 들 정도다.

한샘은 오랫동안 다양한 전략을 지속적으로 실행해왔는데, 특히 이케아의 진출이 기존에 수립된 전략을 확실히 밀고 나가게 하는 계기가 된 것으로 보인다. 도전적인 환경 변화가 기업의 진화에 긍정적인 역할을 한 것이라고 볼 수 있다.

한샘의 차별화 노력 중 하나는 원가절감 노력이다. 이는 협력업체를 전문화하고 판매량을 늘려 원가를 낮추었기 때문에 가능한 전략이었다. 한샘의 원가는 이케아보다 원래 25% 정도 높았으나 매년 그 폭을 줄이기 위한 노력한 결과 2013년 한 해에만 8% 정도를 줄이는 데 성공했다.

서비스 조직을 강화해 서비스 품질을 향상시키기 위해 노력한 것도 한몫했다. 고객만족은 제품은 기본이고 설치 시공과 배송, AS의 총합으로 이루어진다. 한샘은 이케아와 차별화해 이 모든 것을 통합해 서비스한다. 시공 관리 전문회사인 한샘서비스원의 설립은 한샘이 국내 최초로 시도한 전략이었다.

한샘은 시장에 대한 포지셔닝도 차별화했다. 일반 인테리어 고객 외에 고가의 제품을 원하는 고객을 대상으로 키친바흐 전용매장을 구축했는데, 고가 브랜드인 키친바흐는 전년 동기 대비 2~3배의 매출 신장을 보였다.

기존 국내 가구사들이 제조에만 전념할 때 한샘은 유통의 발전 및 투자에도 눈을 돌렸다. 점포 대형화와 온라인 판매 채널을 구축한 것이 이를 증명한다.

최근 한샘의 성장에 가장 크게 기여하고 있는 리하우스사업부의 선전도 유통에 있어서의 큰 변화다. 사업부의 매출은 2011년 936억 원에 불과했으나 2014년에는 2,127억 원으로 두 배 이상 성장했다. 이는 국내 부엌가구 시장의 80%를 차지하는 비브랜드 인테리어 업체 공략을 위해 시도한 사업으로, 기존 한샘의 대리점 유통 채널이 아니라 비브랜드로 유통하던 개별 인테리어 업자들과 협업해 한샘 제품을 유통한다. 현장에서 상권관리자(영업직원)를 통해 개별 인테리어 업자와 파트너십을 맺고, 기존의 비브랜드 모델에서 제공하지 못했던 A/S와 한샘 브랜드를 앞세워 인테리어까지 토털 솔루션을 제공함으로써 소비자들의 수요를 창출하는 모델이다. 사업부의 모델은 한 걸음 더 나아가 B2B에서 B2B2C로 현장의 룰을 바꿨으며, A부터 Z까지의 모든 서비스를 제공해 고객을 만족시키는 통합솔루션 사업의 성공 사례다.

최근 이사나 집수리 때문에 부엌을 바꾼 내 지인들은 거의 한샘을 통해 시공했다. 한 지인이 들려준 이야기다.

"한샘은 인테리어를 포함해서 전부 다 설계 시공해주고, 내가 원하는 자재나 부엌가구를 선택할 수 있게 해주며, 잘못되었을 경우에는 재시공도 해준다. 직원들의 자세나 업무에 관한 지식도 이전의 인테리어 업자들과는 달라 보인다. 디자인과 선택을 내 마음대로 할 수 있고 나름 괜찮은 사람들이 영업하니까 가격 대비 느끼는 행복감도 높다. 주변 지인에게 널리 알려주고 싶다."

고객의 칭찬을 들어보니 통합솔루션이라는 가치 전달도 잘되고 있고 평판에 의한 시장 독점의 가능성도 엿보인다. 한샘 최양하 회장의 인터뷰 기사가 생각난다.

"우리는 이케아를 연구한 지 이미 20년이 넘었다. 그동안 제품개발부터 오퍼레이션, 마케팅, 디자인 등 모든 것을 배웠다. 그런 만큼 우리도 나름대로 경쟁력을 가지고 있다. 물론 디자인은 부족하다. 그 래서 디자인부문의 사장을 영입했다. 우리는 이케아에 비해 약점이 더 많다. 영업사원도 많고 출고사원도 많으며 물류사원과 시공사원 도 많다. 그러나 우리 한샘은 사람의 가치를 존중한다. 코스트는 높 지만 현장의 직원들이 고객에게 감동을 줄 수 있기 때문이다. 이케 아는 고객감동을 주지는 못한다."

한샘의 핵심전략은 현장을 중심으로 한 고객감동이다. 한샘 리하 우스 사업부 발전의 첨병 역할을 맡은 영업 조직도 현장 경영전략의 일환이다. 고객과의 접점인 '현장'에서 배달, 시공 및 AS까지 토털 서비스를 제공함으로써 이케아와 차별화한 것 또한 현장 영업경영 으로부터 나온 전략이다.

얼마 전에 한샘 리하우스 사업부의 간부직원에게 경쟁사가 어디 냐고 질문한 적이 있다. 당연히 가구회사 중 하나일 거라고 생각했 는데 KCC, LG하우시스, 한화 같은 건자재 회사들이라는 대답이 돌 아왔다. 시장에 새로운 생태계를 만들어 사업을 키우고 시장의 룰을 바꿔 부엌가구 회사가 건자재 회사와 경쟁한다. 이 모두가 결과적으 로 현장에서 답을 찾으려는 한샘의 노력이 낳은 전략인 셈이다.

최근에는 한국에서 배우고 경험한 것을 기초로 중국사업에 매진 하고 있다고 한다. 시장에 관해 끊임없이 연구하고, 시장의 룰을 바 꿔 경쟁하며 성장하는, 현장 영업직원을 중요시하는 현장 경영의 첨 단기업인 한샘이 중국에서 어떻게 성공할지 기대된다.

B2B영업 문화의 구축

지금까지의 배움과 경험을 바탕으로 B2B영업 문화를 몇 가지로 정리해보려고 한다. B2B영업 문화는 고객중심주의(Customer), 약속이행/책임(Commitment), 공부하는 문화(Culture for Learning), 협업(Collaboration), 소통(Communication)의 5C로 정의할 수 있다.

첫째, 고객중심주의 문화(Customer)다. B2B영업의 모든 것은 고객으로부터 시작된다. 고객의 니즈를 알아야 하고 고객의 업무를 이해해야 하며, 고객과의 신뢰를 바탕으로 오랫동안 지속적으로 관계를 정립해야 한다. 즉, 고객중심의 문화를 확립해야 한다.

둘째, 업무수행에 있어서 약속과 책임을 이행하는 문화(Commitment)다. B2B영업은 대부분의 경우 계약금액이 커서 성공과 실패의 두 경우 모두 회사에 미치는 영향이 크다. 따라서 책임과 약속 이행은 필수적인 습관이 되어야 한다. 혹시라도 실패할 경우에 대비해 영업 기회를 철저히 관리하는 영업방법론과 파이프라인 시스템이 필요하다. 아울러 성공할 경우에도 회사에 큰 영향을 미치는 만큼 인센티브 제도를 운용해 영업팀에게 동기부여를 해주어야 한다.

셋째, 공부하는 문화(Culture for Learning)다. B2B영업 수행 시 고객의 업무에 대한 이해와 통찰이 있어야만 고객의 문제를 해결할 수 있다. 다양한 방법과 프로세스를 활용해 조직에서 영업을 포함한 모든 분야의 직원이 공부하는 문화와 습관을 지녀야 한다. 내가 재직했던 회사들은 모두 이 부분을 중요하게 여겼다. 전 직원을 대상으로 주별 또는 월별로 정기적인 교육시간을 가지고, 직원 개개인의 자기개발계획을 인사평가에 접목시키며, 전통적인 직급체계에 추가해 전문가 제도를 통한 승진과 개발의 기회를 제공해야 한다. 또한 주간 임원회의 시 매번 임원교육 시간을 할애해 솔선수범을 보이고, 직원들은 주별과 월별로 아침 일찍 공부하는 '얼리 버드' 시간을 가질 필요가 있다.

넷째, 협업하는 문화(Collaboration)다. 고객의 문제는 절대로 혼자

해결할 수 없다. 문제가 복잡하고 어려울수록 해결할 경우 고객에게 부가가치를 제공할 수 있으며, 그럴수록 협업을 통해 해결해야 효율적이고 진정한 해결책을 찾을 수 있다. 솔루션은 협업을 통해 제공하되 협업이 시스템과 문화로서 정착되어야 한다.

다섯째, 소통하는 문화(Communication)다. 위의 모든 문화는 소통을 통해서 완성된다고 할 수 있다. 협업도 소통을 통해 이루어진다. 경영진의 소통, 협업조직 간의 소통, 상하직원들 간의 소통 등 B2B 영업 문화는 소통을 통해 완성되어야 한다.

그렇다면 이러한 문화를 만들기 위해 단순히 제도만을 만들어 실행하면 될까? 아니다. 단순히 제도만을 만들어 실행하거나 혹은 행동강령을 만들어 관리하는 것이 아닌, 조직원 개개인의 생활에 살아 움직이는 문화로서 확립되어야 한다. 그러려면 기업이 영업을 혁신해야 하는데, 이를 위해서는 아래의 세 가지를 혁신하고 관리해 B2B 영업 문화를 유지하고 발전시켜야 한다.

첫 번째, 조직과 역량을 혁신해야 한다. 고객 중심주의의 조직과 인력 역량을 만들어야 한다. 전통적인 유통이나 제품에 관한 지식을 앞세운 영업과 제조 역량만으로는 사업을 차별화해 성공하기란 불가능하다. 고객의 니즈를 파악하고 이것을 고객이 원하는 대로 만들어주는 것은 물론 사후 관리까지 할 수 있어야 하므로 고객산업에 대한 지식과 문제해결 능력, 인사이트 역량이 필요하다. 아울러 수익을 창출할 수 있는 고객을 찾아 사업기회를 발굴할 수 있는 역량도 필요하고, 고객과의 신뢰를 바탕으로 강한 유대관계를 유지할 수 있는 역량 또한 필수적이다. 위의 영업역량에 추가해 제안 역량과 프로젝트 개발 역량, 프로젝트 관리 역량 및 위험 관리 역량을 지닌 전문가를 통해 솔루션기업은 성공에 다다를 수 있다. 지금은 대량으로 제품을 만들고 유통시켜 납품하던 시기에 필요했던 역량과는 사뭇 다른 역량이 필요하다.

두 번째, 방법론을 혁신해야 한다. 조직원 모두가 전통적인 것과는 다른 방법론을 만들고, 그에 맞게 사고하고 행동해야 한다. 방법론이 없으면 사고의 틀이 매번 달라질 뿐만 아니라, 인력이 이탈해 새 인력이 충원될 경우 단절이 발생한다. 즉, 문화로 승화되지 못한다. 반면에 표준화된 방법론이 있으면 영업 문화가 기업 인원의 변동과 상관없이 계승, 발전된다. IT산업의 경우 영업방법론, 개발방법론 및 관리방법론 등을 방법론으로 들 수 있는데, 이는 가구산업의 경우나 자동차부품산업의 경우에는 다를 수 있을 것이다. 각 산업마다 고유한 환경과 역량을 고려해서 기업 내 프로세스를 표준 방법론화함으로써 회사 내에서 관리하고 발전시켜야 한다.

세 번째, 시스템 인프라로 마지막 혁신을 해야 한다. 앞의 첫 번째와 두 번째 요소는 시스템 인프라로 비로소 완결되고 완전한 지속성을 가진다. 프로세스를 확립하고, 사고의 틀인 방법론의 기반을 시스템으로 만들어 완벽하게 유지하고 지속적으로 발전시켜야 한다.

세 가지 혁신요소가 아래 그림에 설명되어 있다. 조직과 역량, 방법론, 시스템은 각각 하드웨어, 소프트웨어, 언어라는 카테고리로 정의할 수 있다. 이 세 가지 요소는 B2B영업 문화를 확립해 지속 가능하도록 유지하기 위한 중요한 요소로 평가되며, CEO의 지원 아래기업 내에서 발전되고 관리되어야 한다.

영업 문화 확립의 구성 요소

하드웨어
| 조직 / 역량 |

소프트웨어
| 방법론 |

언어
| 관리시스템 |

18

"그걸 꼭 말로
해야 아나!"

고객의 소리를 찾아라

한국적인 정서인지는 모르겠지만 연세 드신 부모님도 정확히 무엇을
원하는지 잘 얘기 안 하시고, 집사람도 자신이 원하는 것을 정확히 얘
기하지 않는다. 흔히 하는 말로 표현하자면 "그걸 꼭 말해야 아나!"
다. 참으로 어렵다. 이는 고객도 마찬가지다. 고객의 니즈를 파악하고
부가가치를 제공해 시장에서 이기려면 고객의 소리를 들어야 한다.
그러나 고객은 아무에게나 모든 얘기를 들려주지는 않는다.

고객의 니즈를 알아야 훌륭한 제안(가치 제공)을 할 수 있지만, 그

렇다고 해서 고객이 항상 니즈를 알려주지는 않는다. 공정해야 하기 때문이다. 우리는 "그걸 꼭 말해야 아나!"에서 그것이 무엇인지 잘 알아내야 한다. 그렇다면 말 안 해도 알 수 있는 방법은 무엇일까? 고객의 대나무 밭을 찾으면 된다.

어렸을 때 들었던 이야기 중에 〈임금님 귀는 당나귀 귀〉라는 이야기가 있다. 어떤 나라 임금님 귀가 당나귀 귀라서 항상 모자로 가리고 다녔다. 어느 날 궁전으로 불려간 이발사가 머리를 깎으며 보니 임금님 귀가 당나귀 귀였다. 이발사는 깜짝 놀랐지만 아무에게도 이야기해서는 안 된다는 임금님의 명령을 받고 입을 다물어야 했다. 답답함을 참지 못한 이발사는 결국 뒷산 대나무 숲으로 가서 아무도 못 듣도록 깊숙이 들어가 "임금님 귀는 당나귀 귀!"라고 몇 번 크게 소리질렀다. 그러고 나니 속이 후련해졌는데 그 뒤로 바람만 불면 대나무 밭에서 "임금님 귀는 당나귀 귀!"라는 소리가 났다는 이야기다.

고객은 자신의 고민을 누군가와 의논하고 싶어 한다. 사람은 기본적으로 자신이 알고 있는 이야기를 누군가에게 말하고 싶어 하는 성향이 있다. 고객의 대나무 밭을 찾아가면 경쟁상황에 대해서도 알수 있고 니즈도 알 수 있다. 영업을 하면 좀처럼 듣기 어려운 이야기를 고객에게 직접 들을 수 있는데, 그러려면 먼저 대나무 밭을 찾아야 한다. 그럼 대나무 밭을 어디에서 찾아야 할까? 시장에서 많은 시간을 보내다 보면, 고객과 시간을 많이 보내다 보면, 뒤축이 많이 닳아 구두를 자주 바꾸다 보면 찾게 된다.

행간을 읽어라

어느 아들과 며느리가 시어머니에게 같이 외식하러 가자고 권했다. 시어머니는 "나는 괜찮으니 너희나 다녀와라."라고 말했다. 며느리와 아들은 한 번 더 같이 가자고 권했다. 여전히 "너희나 다녀와라."라고 하길래 둘이 외식하러 다녀왔더니, 시어머니가 "그렇다고 진짜 너희만 갔다 오느냐."라며 화를 냈다는 이야기를 종종 듣는다. 고객도 마찬가지다. 고객이 말하는 행간을 읽을 수 있어야 한다.

LG투자증권을 담당할 때의 일이다. 한 고객이 영업기회가 있을 때마다 반대하는 것은 물론 혹 어쩔 수 없이 영업이 진행되어도 별로 좋지 않은 뜻의 발언을 자주 했다. 다른 부서의 고객을 통해 알아봤지만 왜 그런지 모르겠다는 답변만 돌아왔다. 우리 회사가 뭔가 잘못했나 싶어 고민해봐도 딱히 떠오르는 것도 없었다. 그 고객은 인품도 훌륭하고 여러모로 봐도 우리 IBM과 나쁠 일이 없는데 도무지 이해할 수 없었다.

그런데 어느 날 우연히 그 고객이 자기가 이 회사에 입사하기 전 IBM에 시험을 쳤는데 떨어졌다고 말하며 기분이 나쁜 듯한 표정을 짓는 것이 아닌가? '아! 그거였구나!' 싶어 나는 바로 "그다음 해에 시험 다시 안 치셨어요?"라고 물었다. 고객은 "아니, 안 쳤어요. 한 번 치면 끝 아닌가요?"라고 대답했다. 나는 "모르셨군요? 당시 IBM에는 전산화가 안 되어 있어서 입사 희망자가 서류나 시험에서 떨어져도 다음에 다시 응시할 수 있었어요. 그렇게 해서 합격한 사람도 몇 명 있었고요. 다시 시험을 쳤다면 실력이 좋으니 꼭 붙었을 텐데, 아쉽네요."라고 응대했다. 그제야 고객의 얼굴에는 미소가 떠올랐다. 그 뒤로 그 고객이 반대하는 일은 거의 없어졌다.

고객은 대부분 진정으로 원하는 것에 대한 얘기나 속 얘기를 잘 안 하거나 못한다. 영업직원은 행간을 읽을 줄 알아야 한다. 그러려면 시장 및 고객과 많이 시간을 보내야 한다.

최대한 빠르게 고객의 소리를 듣고 반응한다
– 버라이즌

미국의 이동통신 회사 버라이즌의 고객만족센터 책임자인 가브리엘라는 최근 고객만족센터에서 시장조사 자료를 더욱 신속하게 이용할 수 있는 방법이 없을까 고민 중이다. 버라이즌의 시장조사 자료는 훌륭하기로 업계에 소문이 자자하다. 그러나 커다란 단점 또한 가지고 있는데, 이 자료가 조사되어 고객만족 서비스 점수가 버라이즌에 도착하기까지 걸리는 시간이 무려 8주나 걸린다는 점이다. 빠르게 변화하는 이동통신 시장에서 8주는 관련 고객이 멀리 떠나고도 남을 만큼 충분한 시간이기에 가브리엘라는 고민에 빠졌다.

버라이즌은 2012년 말 기준으로 미국 내 가입자가 1억 명이 넘은 미국에서 가장 큰 이동통신 회사다. 버라이즌의 CEO는 고객만족 서비스 점수가 매출추이의 사전 척도임을 확신한다. 따라서 8주나 지난 뒤에 이 정보에 대해 대응하는 것이 회사의 매출에 나쁜 영향을 끼친다는 것을 잘 알며 이를 조속히 해결해야 한다고 생각한다. 그래서 시장에서 경쟁사보다 일찍 고객만족 정보를 알아내고, 고객에게 이에 대한 대응책을 피드백하는 방안을 마련하라고 고객만족센터 책임자인 가브리엘라에게 지시한다.

가블리엘라는 먼저 고객만족 서비스 시스템을 제공하는 회사를 찾고 업체들로부터 제안을 받는다. 저마다 고객만족에 관한 실시간 데이터를 제공할 수 있다고 나선다. 그러나 300페이지가 넘는 실시간 데이터는 콜센터 직원들에게 실제로는 아무 의미도 없다. 직원들에게는 고객에게 응대하고 피드백할 수 있도록 정리된 데이터가 필요하다. 다행스럽게도 CEM 코퍼레이션이라는 기업이 실시간 데이터를 정리해 고객만족센터 직원들이 고객에게 대응할 수 있게 해주는 시스템을 만들 수 있다고 제안해왔다. 가브리엘라는 이 회사에게 시스템 개발을 의뢰했다.

개발이 성공적으로 끝나고 시스템을 오픈한 지 첫 30일 만에 버라이즌은 고객만족 점수를 6%가량 올릴 수 있었고, 이를 통해 매출추이를 상승세로 돌리는 데 성공했다. 고객의 소리에 즉각적으로 대응한 것이 고객만족에 좋은 영향을 끼친 것은 물론, 이것이 매출하락을 막는 역할을 한다는 CEO의 강한 신념과 혜안이 회사 발전에 기여한 것이다.

고객의 소리를 듣는 것은 영업의 기초 중에 기초다. 듣기만 하면 안되고 피드백하고 대응해야 한다. 회사는 고객과 가장 첨단 접점에 있는 고객만족센터와 영업직원의 목소리를 듣고, 이를 통해 고객서비스를 지속적으로 혁신하는 시스템과 프로세스를 준비해야 한다.

19

고객의 숨소리까지
연구하라

고객의 업무를 습득하라

고객의 문제를 파악하고 고객의 니즈를 알아내어 해결하려면 고객
에 관한 모든 것을 알아야 한다.

첫째, 고객의 업무에 대해 이해해야 한다. 고객사가 은행이면 은행
업무를 알아야 한다. 은행이 무엇을 통해서 돈을 벌고, 은행의 위험
요소는 무엇인지 파악해야 한다. 고객사가 자동차 회사라면 자동차
비즈니스에 대한 내용을 파악해 두어야 한다. 정부고객이면 정부의

사업과 위험에 관한 정보가 기본이어야 한다. 물론 영업직원이 고객 업무에 관한 모든 것을 알 수는 없다. 영업은 협업을 통해서 이루어지므로 기업 내에 조직으로 존재하는 각 업무 분야의 전문가(제안팀 혹은 컨설팅팀) 집단과 협업해야 한다. 다만, 이 경우 영업직원도 기초적인 업무지식 이상의 지식 폭은 보유해야 한다. 얕지만 폭넓게 알아야 할 필요가 있다. 고객업무 분야의 부장(일반적으로 관리자는 실무직원들처럼 깊이 있게 알지는 못한다)과 만났을 때 소통할 수 있는 정도는 되어야 신뢰가 시작된다. 내 경험에 의하면 대부분의 기업에서 부서 간 소통이 그렇게 원활하지는 않다. 기업이 성장하면 할수록 각 부서의 경쟁논리로 인해 마케팅은 마케팅에 전념하고, 영업은 영업에, 재무는 재무에 전념하게 된다. 고객사도 마찬가지다. 영업직원은 이 틈을 비집고 들어가야 한다. 부서 간의 소통이 원활하지 않은 조직의 정보의 매개자 역할을 함으로써 신뢰를 얻는 것이다. 고객업무에 대해 깊지는 않지만 폭넓은 지식을 갖추고, 최근 기업 역량개발의 화두가 전문성인 만큼 개인도 전문성을 가진다면 고객과의 신뢰를 쌓는 데 큰 도움을 받을 수 있다.

둘째, 고객의 비전과 사업부장(중역)의 주요 성과지표에 대해 알아야 한다. 고객사의 미래 방향과 고객사의 핵심가치, 중장기 계획 등을 인지해야 비로소 고객에게 가치를 제언할 수 있다. 영업직원이 반드시 보유해야 할 관계는 고객사 중역과의 신뢰관계다. 영업부장이 고객사의 경영진이나 중역과의 관계증진 및 유지를 위해 고객의 비전이나 중장기 계획에 대해 인지하고 그에 따른 견해를 보유한다면 큰 이점이 될 것이다. 고객의 문제와 니즈를 해결하겠다면서 고객사 중역의 성과지표를 모른다면 말이 안 되지 않을까?

셋째, 고객사의 의사결정 프로세스를 알아야 한다. 기업마다 의사결정 프로세스가 다르다. 예를 들어 IT의 경우 정보시스템부서에서 의사결정의 중심을 잡는 경우도 있고, 구매부에서 의사결정을 하는 경우도 있다. 어떤 기업에서는 한시적 조직인 태스크포스가 의사결정의 주체가 되기도 하고, 어떤 기업은 사업을 수행하는 기업이 아닌 지주회사에서 의사결정을 하기도 한다. 어떤 기업에서는 대주주의 직계 임원이 있는 부서가 의사결정의 핵심 역할을 하는 경우도 있다. 기업에 따라 보이지 않는 의사결정의 원칙이 있는 경우가 있으므로, 규모가 큰 기업영업의 특성상 의사결정 프로세스도 중요한 고객 비즈니스의 이해항목으로 들어갈 수 있다.

고객산업에 대한 인사이트를 가져라

여기서 말하는 인사이트는 고객산업에 대한 지식과 이해에 바탕을 둔다. 내가 IBM에서 은행의 IT 관련 영업을 수행할 때 당시 고객에게 자주 하던 말이 있다. "나는 IBM 직원이 아니고 은행 직원입니다. 내 월급은 회사에서 지급하지만 실제로는 은행에서 발생한 매출에서 내 월급이 나오니까요. 오랫동안 은행을 담당하다 보니 은행산업의 이해는 물론 문화마저 은행원 문화를 가지게 된 것 같습니다." 이렇게 말하면 고객은 이런 나의 태도를 좋아했다. 나중에 한화에서 다시 금융 고객을 맡았을 때도 이런 표현을 또 한 번 사용했다. 고객의 업무뿐만이 아닌 고객산업에 대한 이해와 문화까지도 이해하려는 노력이 필요하다. 고객산업에 대한 통찰을 가지려면 무엇을 준비해야 할까?

첫째, 고객산업에 대한 이해가 먼저다. 공부를 통해서 고객산업에 대한 이해와 통찰을 얻을 수 있다. 고객산업에 관한 책을 구해서 읽고 관련 신문이나 정기 간행물을 구독하며 인터넷으로 서핑하고, 고객이 등록한 조찬회나 포럼에 함께 참석하고 고객산업 자료를 꼼꼼히 읽는 등 고객산업을 이해할 수 있는 다양한 방법으로 공부한다. 고객산업에 대한 기초지식을 갖춰야 고객이 반응한다. 아울러 고객산업을 이해하는 좋은 방법 중 하나는 고객 접점 시간을 늘려 고객과 소통하는 것이다. 고객과의 시간을 늘리지 못하면 산업에 대한 고민과 해결책도 공유할 수 없다. 일반적으로 고객산업에 대한 이해와 통찰은 그 시장에서 뛰며 생존하고 있는 고객사의 실무자, 관리자, 중역이 제일 잘한다. 항상 산업에 닥친 문제를 해결하고 정진해야 하므로 이들은 밤잠을 설치면서까지 산업에 대해 고민한다. 따라서 고객과의 접촉에서 가장 최신의, 가장 적절한 이해와 통찰을 가질 수밖에 없다.

둘째, 회사는 고객산업의 분류에 맞는 조직을 갖추고 운영해야 한다. 앞서 다룬 고객관계 관리 역량에 관한 내용에서 고객 중심의 영업영역 관리는 이미 다루었다. 여기에 추가해 고객사 산업의 분류에 맞는 지원 조직을 운영해야 한다. 이는 제안팀, 솔루션팀, 컨설팅팀이 산업의 분류에 맞게 조직화되어 영업팀과 협업하는 것을 뜻한다. 제조산업 고객인 경우 ERP와 SCM, CRM, 빅데이터 등 다양한 산업의 부제목들에 관한 전문가 그룹을 갖추고 이들과 협업해서 고객산업의 통찰을 보유해야 한다.

셋째, 고객산업의 경쟁상황을 알아야 한다. 고객사의 외부환경 분석과 경쟁환경 분석을 통해 고객사의 경쟁자를 분석하면 고객사 역량의 현주소를 알 수 있다. 고객산업의 이해는 경쟁상황을 통해 고객산업이 직접 겪고 있는 위험과 현안을 숙지하는 것에 도움이 되므로, 고객에게 더 가치 있는 해결책을 제공할 수 있다.

고객 비즈니스 이해가 영업교육의 시작이다

지금까지 왜 고객 비즈니스를 공부해야 하는지, 어떻게 해야 하는지에 대해 논의했다. 아울러 고객산업에 대해서도 왜 공부를 해야 하고 어떤 면을 공부해야 하는지도 알아보았다. 이번에는 고객업무와 고객산업에 대한 이해와 통찰을 얻기 위해 영업직원이 어떤 교육을 받아야 하는지에 관해 생각해보자.

첫째, 고객 비즈니스에 관한 공부를 위해 고객의 업무에 관한 교육을 받아야 한다. 내 첫 직장이었던 IBM에서는 입사와 동시에 초보딱지를 떼고 전문가 집단으로 거듭날 수 있도록 여러 가지 교육 프로그램으로 구성된 커리큘럼을 운영했다. 모든 신입사원이 입사 후 1년 동안 실제 업무 없이 교육과 역할극 등 실습만을 진행했다. 신입사원을 채용한 뒤 1년이라는 시간을 오롯이 교육에 투자한다는 것은 회사 입장에서 보면 참으로 대단한 결정이었다. 그만큼 회사가 교육의 중요성을 높이 평가하는 것은 확실했다. 9개월 정도가 지났을 무렵 은행사업부로 첫 발령이 났다. 물론 발령이 난 이후에도 회사의 신입사원 교육 프로그램은 연말까지 지속되었기 때문에 발령이 난 이후에는 회사 프로그램에 추가해 사업부에서 따로 교육을 받았다. 당시 은행사업부에서는 은행업무라는 과목을 개설하고, 사업부로 발령난 나를 포함한 신입사원에게 은행이 예금과 대출을 통해 어떻게 수익을 내는지, 매일매일의 은행 결산 프로세스 등 신입은행원이 배우는 프로그램에 준하는 교육을 실시했다. 은행에서 채용한 경력사원과 은행고객을 강사로 직접 초빙하기도 했다. 되돌아보면 그 당시로는 낯설게도 컴퓨터를 취급하는 회사에서 신입사원에게 은행업무를 가르쳤던 셈이다. 지금 생각해봐도 당시 전 세계적으로 영업사관학교라는 명성이 자자했던 IBM에서 은행업무 교육을 시켰다는 사실에는 여러 가지 의미가 있어 보인다. 신입사원에게 제품과 솔루션에 버금가는 고객사의 업무에 대한 중요성을 인식시키는 효과가 있었을 거라고 생각한다. 그 이후로 나는 어떤 일을 하든 고객의 업무에 대한 관심과 공부를 게을리하지 않는 습관이 몸에 배게 되었다. 고객업무에 대한 교육은 신입사원부터 시작해서 몸에 익숙하게, 습관화하는 것이 중요하다. 여기에서는 신입사원 때부터 고객업무에 대해 교육하는 예를 들었지만, 이 교육은 신입시절뿐만 아니라 영업하는 내내 끊임없이 프로그램화해야 하며 여러 가지 방법을 통해 체득하고 진화시켜야 한다.

둘째, 제품과 솔루션 교육을 받아야 한다. 내가 받았던 신입사원 교육에 관한 이야기를 좀 더 해보자. 당시 1년간의 교육은 PC 스쿨, 중형서버 스쿨, 대형시스템 스쿨, 마지막으로 뱅킹 스쿨의 네 가지 모듈로 구성되었다. 앞의 세 가지는 제품과 관련된 교육이었고 마지막 한 가지는 은행업무와 관련된 교육이었다. 이 네 모듈을 9개월간

교육받았는데, 매 모듈의 코스가 끝나면 시험과 실습을 통해 통과와 탈락이 정해졌다. 제품과 솔루션 교육도 중요한 커리큘럼이었고, 신입사원들은 이 모듈의 교육 시 많은 스트레스를 받았다. 영업에 있어서 제품과 솔루션은 당연히 중요하다. 앞의 고객업무 교육을 받아야 하는 것도, 이것에 대한 이해와 통찰을 가져야 하는 것도 고객으로 하여금 제품과 솔루션을 구매하게 하는 것이 목적이기 때문이다.

셋째, 영업기법에 대한 교육을 받아야 한다. 마지막으로 IBM 신입사원 교육을 더 살펴보자. 당시 9개월간의 교육 프로그램에서 앞서 진행된 6개월간의 제품과 솔루션 교육 모듈의 목표는 PC부터 중형 컴퓨터와 대형 컴퓨터까지 고객에게 판매하는 것이었다. 우리는 제품 및 솔루션에 관한 이 모듈을 비롯한 모든 모듈에서 당시 영업방법론에 근거해 영업 단계별로 역할극을 통해 실습교육을 받았다. 역할극에서 고객 역할은 실제 고객사를 경험한 선임 영업직원들이 맡았는데, 이 실습교육을 위해 모듈마다 1주일간 합숙교육을 받기까지 했다. 실전에 나가기 전에 고객을 직접 접하며 실전을 연습하는 시간이었다. 그 당시의 교육은 교본과 실전이 어우러져 제품과 솔루션에 관한 교육과 영업기법을 배우는 것이었다. 당시 영업이 제품 위주였다면 최근에는 고객의 문제해결과 니즈 발견을 통한 해결책을 제공하는 것으로 바뀌었고, 이에 따라 영업 방법론도 협상기술, 대화기술, 영업코칭 등 전문 역량이 합쳐진 솔루션영업 방법론으로 진화되었다.

글로벌 LG의 미래, B2B시장에 걸다

2015년 11월 LG그룹의 사장단 인사에서 글로벌 LG그룹의 미래 모습을 읽을 수 있었다. LG그룹 오너 일가의 일원으로 LG전자를 이끌었던 구본준 부회장이 LG그룹 지주회사인 ㈜LG의 신성장사업 추진단장을 맡는 동시에, LG전자 이사회 의장도 겸직하면서 그룹의 미래를 책임질 주인공으로 자리매김했다. 구 부회장은 자동차 부품, 소재, 에너지사업 등 B2B사업을 그룹의 미래 성장과 신성장 동력으로 삼아 포트폴리오를 고도화하는 데 주력할 계획이라고 밝혔다.

아울러 각 계열사의 B2B사업을 책임지던 경영진 중심으로 승진이 이루어졌다는 점도 LG가 신사업 위주의 B2B사업으로 미래의 중심축을 이동하겠다는 강한 의지가 엿보이는 대목이다. 대부분의 사장 승진자가 자동차 부품과 에너지 등 B2B분야에서 배출되었다. 그룹의 미래를 책임질 구 부회장과 그룹의 B2B사업을 책임질 계열사 사장들의 배치가 완료된 것이다.

LG그룹의 B2B사업 전략은 그동안 전자사업 등에서의 실적 부진과 수익성 악화를 벗어나기 위한 특단의 대처다. 글로벌 경제에 저성장 기조가 굳어지고 있는 상황에서, 더욱이 중국 등 후발주자에게 원가경쟁력을 내준 B2C시장에서는 승산이 없다고 보고, 기존의 전자 등에서 확립된 역량을 바탕으로 자신들이 잘할 수 있는 분야의 B2B사업으로 포트폴리오를 전환하고 있는 것이다. 그 결과 최근 자동차 전장부품사업에서 미국 GM에 차세대 전기자동차 구동모터 등 11종의 핵심부품을 공급하는 내용의 전략적 제휴를 체결했고, 전기자동차 배터리 분야에서도 글로벌 20여 개 업체의 공급자로 선정되는 등 실질적인 성과를 얻고 있다. 태양광 사업에서도 세계 최고효율(19.5%)의 태양광 패널 모듈 상용화에 성공했다. B2C분야였던 전자 분야의 핵심역량이 B2B사업의 핵심역량으로 유연하게 이동하고 있는 것이다.

한편으로 이러한 변화는 글로벌 시장 선도기업들의 변화 추세를 반영한 것이기도 하다. 최근 낮은 인건비와 국가 차원의 전략적 지원을 등에 업은 신흥 제조국들이 B2C시장으로 급속히 진출하고 있다. 이 때문에 글로벌 기업들은 사업의 포트폴리오를 변경하고 있다.

한때 글로벌 이동통신 단말기 시장의 절대 강자였던 노키아는 휴대폰 제조사업에서 글로벌 통신장비 업체로 사업을 전환했고, 삼성전자 역시 B2B브랜드를 공식 론칭하고 B2B사업 확대에 박차를 가하고 있다.

B2B시장은 신뢰관계를 바탕으로 지속 가능하고 수익성이 높을 가능성이 높다. 대규모 계약과 계약의 지속 가능성, 판매 이후 서비스 계약의 안정성 등 B2C사업에 비해 장기간에 걸쳐 안정적으로 높은 수익을 올릴 수 있기 때문이다. 이 또한 LG그룹이 B2B시장을 선택한 이유다.

2000년대 후반부터 그룹 차원에서 환경친화형 자동차 부품사업에 투자해온 LG그룹의 B2B사업 현황을 보면 LG전자는 자동차 부품, LG화학은 전기자동차 배터리, LG이노텍은 차량용 센서 및 LED를 협력 생산하고 있다. LG디스플레이는 글로벌 자동차 업체에 정보안내 디스플레이와 계기판 등 자동차 디스플레이를 공급하고 있다.

또한 친환경 토털 에너지솔루션 기업을 지향하는 LG그룹에서는 LG전자가 고효율 태양전지와 에너지저장 시스템, LG화학이 에너지저장 시스템용 배터리, LGCNS가 스마트 전력망과 원격 검침 인프라, LG퓨얼셀시스템즈가 연료전지 발전 시스템을 개발하며 친환경 통합에너지 솔루션 사업을 실행하고 있다. 그룹의 모든 기업이 B2B사업을 향해 시너지를 통합하고 미래의 청사진을 위해 약진하고 있는 것이다.

LG그룹의 신성장사업 추진단장을 맡은 구본준 부회장의 취임 일 성이 "B2B사업을 위한 맞춤 조직을 만들어라."였다. 이에 따라 사장 단으로 구성된 B2B사업조직의 하부조직에서 기틀 만들기가 시작되 었다. 이러한 변화의 일환으로 최근 영국 런던에 있던 LG전자 유럽 지역 본부가 독일 법인이 있는 뒤셀도르프로 이전한다. B2B사업 확 대를 염두에 둔 포석이다. 자동차 산업과 친환경 에너지 사업의 본산 이기도 한 독일로 유럽 본부를 옮김으로써 B2B핵심역량의 큰 축인 고객현장으로 이동해 이 부분의 영업을 강화하려는 조치인 것이다.

한국전쟁 이후 한강의 기적을 이루어낸 우리나라의 경제는 지금 까지 B2C형태의 모습을 띠고 있었다. 국내 대표기업인 삼성, 현대, LG 계열사 중 글로벌화한 회사의 대부분이 B2C사업에서 나왔다. 삼성전자, LG전자, 현대자동차가 그 예다. 부존자원은 부족하지만 인력 자원은 훌륭한 우리나라 기업은 해외시장을 공략해 글로벌화 되어야만 생존과 성장이 가능하다. 대한민국 입장에서 보면 B2B시 장으로의 진출은 포화된 B2C시장을 뒤로하고 반드시 가야 하는 길 이다.

LG는 그룹의 핵심역량인 전자부문에서의 강점과 시너지가 있는 그룹 계열사의 사업구조를 바탕으로, 새로운 시장인 B2B시장에 진 입을 시작했으며 본격적으로 사업을 펼치려 하고 있다. 단, 기존의 B2C와 B2B의 문화는 다르다. 제조와 생산 관리에서는 시너지가 있 을 것이나 영업과 마케팅의 고객 접점과 사업관리의 프로세스, 판매

사후 유지보수 등의 DNA는 매우 다르며 문화의 차이가 있을 것이다. 사업을 바꾸는 데 그칠 것이 아니라 조직이 이 문화까지 소화해내야 한다. 제품 중심이 아닌 고객 중심의 마음가짐, 아울러 LG의 전통적인 문화까지 아우르는 새로운 문화를 만들어야만 B2B사업에서 성공할 수 있을 것이다.

B2B사업의 역량은 동일하다. 판매하는 제품과 솔루션이 무엇이든 간에 가장 중요한 것은 고객의 니즈이고 가치다. LG의 새로운 B2B사업은 B2B영업을 하고 있거나 준비하는 사람들에게도 좋은 기회가 될 것이다.

20

영업직원의 비전이
회사의 비전이다

미래를 위한 준비는 점심 먹듯이

나는 새로운 사업을 맡으면 항상 두 권의 노트를 준비한다. 현재를 생존해나가는 노트와 미래를 준비하는 노트다. 현재를 돌파해나가는 노트에는 지금 사업을 잘하기 위한 과제와 기한을 정리하고 이를 관리해나간다. 매출은 어떻게 해야 하고, 매출을 늘리기 위해서는 누구를 만나야 하고, 어느 고객과 소통을 해야 하고, 이익을 높이기 위해서는 무슨 행동을 취해야 하고, 현재 문제는 무엇이고 언제까지 해결해야 하며 어떻게 해결해야 하는지가 정리된 노트다. 이것을 잘

관리해나가면 내 사업의 현재를 지킬 수 있다. 이 노트는 올해를 무사히 보내게 해준다.

두 번째 노트는 미래를 준비하는 노트다. 현재 사업은 2~3년 후면 언제나 위기가 닥치게 마련이다. 앞으로 닥칠 위기에 대해 고민해보고 이를 극복하기 위한 과제를 지금 정리해본다. 정리된 과제는 이 미래 노트에 적어둔다. 내가 지금 맡은 사업을 1년만 할 것이 아니므로 이 미래 노트는 항상 비치해두어야 한다. 그리고 정기적으로 관리해야 한다. 미래 노트는 지금 급한 것은 아니지만 매우 중요하다. 2년 뒤에는 이 미래 노트가 현재 노트가 될 것이고 지금 준비해놓지 않으면 2년 뒤의 현재에 생존하지 못할 것이기 때문이다. 이 노트는 급하지 않으므로 잘 보지 않게 된다. 아마 한 달에 한 번 보기도 힘들 것이다. 대부분의 경우 만들어놓고 책상 서랍 속에서 잠들게 된다. 그래서 미래 노트는 점심식사 하듯이 관리해야 한다. 점심은 매일 먹는다. 미래 노트 관리를 점심식사 하듯이 정해놓으면 매일, 혹은 일주일에 한 번은 진척상황을 체크하게 되고 자연스럽게 점심 먹듯이 미래를 준비하게 된다. 현재와 미래 준비의 두 마리 토끼를 잡을 수 있는 방법이다. 점심식사 일정을 일정표에 표시해놓고 그대로 하는 것이다. 점심을 안 먹으면 배가 고프고 점심 이후의 시간이 힘들어진다. 일주일에 하루는 점심을 거를 수 있지만 매일 거를 수는 없으므로 자연스레 미래를 준비하게 된다.

고객 비즈니스를 이해하려면 공부를 해야 하고 이에 필요한 시간을 내야 한다. 하지만 영업직원의 현실은 그리 녹록하지 않다. 매출 마감도 해야 하고 전략도 짜야 하고 고객도 만나야 하고 보고서도 써야 한다. 현재를 살아가기 위해 해야 할 일이 너무 많다 보니 24시간이 모자란다. 이 모든 것을 끝내고 공부하려면 시간이 없을 것이다. 공부는 미래 노트다. 미래를 준비하는 공부는 점심시간 잡듯이 매일 일정 시간 혹은 매주 일정 시간을 정해놓고 점심밥을 먹듯이 해야 한다. 그리고 반드시 지키려고 노력해야 한다. 점심(미래를 준비하는 공부)을 먹어야 오후(미래의 생존)가 있기 때문이다.

회사 차원에서 영업교육에 투자한다
– 모혹 인더스트리

전 세계 140여 개 국가에서 사업을 전개해 8조 원의 매출을 올리며, 3만여 명의 직원을 보유한 모혹 인더스트리(Mohauk Industries)는 미국을 포함한 글로벌 시장에 바닥재를 공급하는 기업이다. 이 기업은 최근 경쟁이 점점 더 치열해짐에 따라 영업력 증강을 위한 투자에 한층 노력을 기울이게 되었고, 그 일환으로 영업교육에 대해 회사 차원에서 집중 투자를 결정했다.

모혹 인더스트리는 영업직원의 역량과 성과를 증진시키기 위해 신입직원 과정, 고객관계 관리, 팀 협업과 직무 및 개인 역량 개발의 네 가지 측면에서 지속적이고 일관된 교육 프로그램을 운영할 계획이다. 이 프로그램을 소개한다.

첫째, 모혹 세일즈 아카데미가 개발, 운영하고 있는 신입직원 과정이다. 이 과정은 6개월간 신입 영업직원을 대상으로 세 단계로 나눠 운영된다. 먼저 영업 수습사원이 참여하는 온라인 대학 과정에서는 제품 지식과 판매 스킬을 공부하며, 비디오와 교육훈련 책자를 통해 온라인 과정이 진행된다. 2012년부터 시작된 이 과정을 통과한 신입 영업직원은 입사한 지 첫 18개월 내에 매출실적이 이전보다 10% 정도 증가하는 결과를 보였다. 아울러 정규 신입 영업직원과 협력사 영업직원을 위해 신입 직원 오리엔테이션도 개발했는데 이 과정은 9개의 복수과정과 직급별 온라인 교육과정을 포함한다. 회사 정보, 복리후생, 제품 지식, 세일즈 교육, 안전 교육과 회사 기간계 시스템에 관한 교육을 받게 된다.

둘째, 고객관계 관리에 관한 교육과정이다. 이 과정은 내비게이터(회사 시스템)와 세일즈포스닷컴 시스템을 사용한다. 이 시스템은 영업직원의 일상업무를 지원하며, 이 시스템을 사용하면 영업직원의 생산성이 높아진다. 영업기회를 창출하고 관리하는 시스템 교육을 통해 회사에 더 많은 영업기회를 제공하는 효과를 얻을 수 있다.

셋째, 팀 협업 과정이다. 프랭클린 코비의 '4가지 실행 원칙' 프로그램을 실행함으로써 내부 교육과정을 운영한 결과, 카펫 법인영업사업부의 전략 고객사 매출이 전년 대비 20% 성장했다.

넷째, 직무 및 개인 역량 개발과 관련된다. 카펫 법인영업사업부에서는 프랭클린 코비의 '놀라운 생산성을 위한 5가지 선택' 프로그램도 채택해 운영했는데, 이 프로그램에 따르면 생산성 코치를 통해 목표 설정, 잘못된 업무 형태와 개인 습관을 고치고 증진시키는 데 도움을 받을 수 있다. 아울러 모혹 인더스트리는 영업의 기초, 시간과 영업영역 관리, 전략고객 관리, 협상 스킬, 비즈니스 오퍼레이션, 제품 지식, 제품 설치, 클레임 처리, 소매 영업 스킬 등 다양한 개인 역량 개발과정도 운영하고 있다. 이 과정들은 '러닝 매니지먼트 시스템'을 통해 온라인과 오프라인 교육이 병행해 진행된다.

모혹 인더스트리의 경영진은 공부하는 환경을 문화로 만들고, 지속적으로 시행 중인 전략을 바탕으로 회사의 비즈니스 목표를 달성해나가고 있다. 거의 모든 기업이 영업직원 교육의 중요성을 인지하고 있다. 다만, 모혹 인더스트리처럼 시스템과 프로세스에 의해 교육하는 문화를 만들지 않으면, 중요한 일이지만 급하지 않아서 실행이 미뤄지는 분야가 될 수 있다. 경영진이 지속적으로 관심을 기울여 공부하는 문화를 만들어야 한다. 시스템과 프로세스 기반으로 운영

되어야 함은 말할 필요조차 없을 것이다. 아울러 여기에서는 언급하지 않았지만 고객비즈니스에 대한 교육도 반드시 개발, 운영해야 한다. 변화하는 고객환경에서 고객의 비즈니스를 알지 못한다면 고객에게 진정한 가치를 제공할 수 없기 때문이다. 물론 기업의 고객은 다양하므로 한 과정으로 요약하기가 쉽지는 않을 것이다. 그러므로 사업부별로 과정을 개발하거나 OJT 교육을 통해 실행하는 것을 고려할 필요가 있다.

21

영업 교육이 탄탄한 회사는
흔들림이 없다

앞에서 고객업무에 대한 이해와 고객산업에 대한 통찰이 영업을 잘
하기 위한 핵심역량이라는 것을 알아보았다. 또 이를 위해 어떤 교
육을 받아야 하는지도 알아보았다. 그러나 이러한 역량이 프로세스
화되지 않는다면 개인별로 편차가 생기는 것은 물론 영업직원의 역
량도 늘지 않을 것이다. 게다가 기업으로서의 미래도 밝지 않고 영
업직원의 발전 또한 기대하기 어렵다. 나는 삼성전자에 근무했던 첫
해에만 20번이 넘게 영업에 대해 강의를 했다. 앞에서 살펴본 사례
인 미국의 모흑 인더스트리나 삼성전자와 같이 온·오프라인 교육의
양을 극대화하는 것이 제일 좋은 방법이다. 그러나 현실적으로 모든

영업자원을 언제까지 교육만 시킬 수는 없다. 물론 효율적이지도 않고, 영업성과를 내야 할 영업직원이 줄곧 공부만 하고 있는 것도 문제다. 따라서 이러한 역량을 개발, 유지, 발전시키려면 다음의 두 가지를 활용하는 것이 효과적인 방법이다. 하나는 어카운트 플랜의 제도화이고, 나머지 하나는 개인별 자기개발 계획의 수립 및 운영이다.

어카운트 플랜을 운영하라

영업직원이 고객비즈니스에 대한 정보를 가지고 있다고 할지라도 이것은 반드시 회사 내부에 저장되어야 한다. 영업직원은 매년 그해의 사업에 관해 사업보고를 한다. 각 고객에 대한 사업계획을 세울 때 고객의 비즈니스로부터 시작하도록 템플릿을 구성하고, 이 사업계획이 보고대로 진행되는지 중간보고와 결과보고를 하도록 진행한다면(1년에 약 2번) 고객사의 중요한 정보를 기업의 자산으로 만들 수 있다. 어카운트 플랜은 크게 두 부분으로 구성된다. 바로 고객에 대한 정보와 영업전략이다. 예를 들면 다음과 같다.

- 고객사에 대한 정보
- 비전 및 핵심가치
- 외부환경 분석: 경쟁 및 시장상황

- 사업 목표 및 계획 분석: 당해 연도 사업 목표, 계획 및 세부 예산 분석
- 경영진의 주요 성과지표
- 구매 프로세스 및 주요 의사결정 프로세스
- 고객 주요 의사결정자 관계도: 고객 주요 의사결정자의 호/불호 현황 및 기업 임직원과의 구체적 관계도
- 영업전략
- 전년도 영업결과 분석: 전년 대비 성장률 및 마켓 쉐어 혹은 월렛 쉐어 분석
- 외부환경 분석: 영업의 경쟁 및 시장 분석
- 영업기회 분석: 예산 및 시장환경 기초
- 영업 전략: 세밀한/분석적 접근
- 관계 지도: 주요 의사결정자 관계 관리 계획(누가, 언제, 빈도수 관리)
- 요청사항

이를 통해 영업직원은 고객의 비즈니스에 대해 공부하게 되고, 이렇게 공부한 정보는 회사의 자산이 된다.

자기개발 계획을 제도화하라

공부하는 문화를 만들려면 영업직원 개개인이 자기개발 계획을 수립하고 실행하고 평가받아야 한다. 또한 고객비즈니스에 대한 이해와 통찰을 가지려면 공부해야 하고 이를 위해 자기개발 계획의 수립과 연간 업무성과 평가에서 반드시 평가받는 프로세스를 만들어 실행해야 한다. 그러려면 경영진의 관심과 조치를 포함한 문화가 만들어져야 함은 물론이다.

관리자는 연초에 직원에게 영업목표를 줄 때 자기개발 계획을 함께 세우도록 하고, 이를 검토한 후 승인한다. 그리고 분기에 한 번 정도는 체크한다. 이때 회사의 제도와 프로세스로 정해야 함은 물론이다.

연말성과를 평가 시에는 그해 자기개발 계획이 제대로 수행되었는지 관리자가 검토 및 승인하고, 차상급 관리자가 최종 승인한다. 자기개발 계획의 진척도에 따라 성과에 대한 평가도 영향받도록 한다.

이러한 노력이 수년간 지속되면 영업직원은 이 자체를 문화로 받아들여 매년 영업목표와 함께 자기개발 계획을 수립하고 수행하게 된다. 회사는 교육에 대한 투자를 지속적으로 수행하고, 직원이 개인별로 공부 계획을 세워 자발적으로 진행하고 평가받는 프로세스를 만들어야 한다. 즉, 제도 자체를 문화화해야 한다.

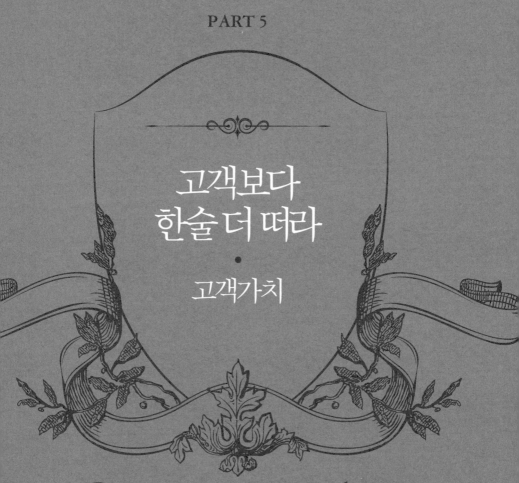

PART 5

고객보다
한술 더 떠라
·
고객가치

Customer Value

Customer Value

고객을 대표이사로 만드는 꿈을 꿔보자. 그리고 이것을 위해 계획을 세우고 실행해보자. 이런 정도는 생각하고 행동해야 진정한 고객가치를 생각하는 영업인이 아닐까?

영업직원은 고객 비즈니스의 이해를 넘어선 인사이트를 가져야 한다. 신뢰를 바탕으로 한 관계 정립 그리고 고객 비즈니스에 대한 인사이트는 왜 필요할까? 이를 통해서 고객에게 가치를 제언하고 제공하기 위해 필요하다. 궁극적으로 고객가치를 제공하는 것이 곧 기업의 부가가치를 창출하는 것이고 영업직원의 가치를 높이는 것이다.

고객을 대표이사로
만들겠다는 꿈을 가져라

마음으로 고객을 생각하라

고객가치란 특정 공급업체와의 거래관계에서 고객사와 그 임직원, 이해관계자가 인식하는 혜택과 그에 대해 지불하는 비용과의 차이를 의미한다. 고객사의 임직원이 느끼는 가치는 진급일 수도 있고 이익을 많이 내는 것일 수도 있고 프로젝트가 성공적으로 끝나는 것일 수도 있다. 그렇다면 고객사의 임직원이 느끼는 가치와 영업직원이 가져야 하는 궁극적이고도 실현 가능성 있는 최고의 가치는 무엇일까?

내가 영업을 하는 동안 고객에게 제공하는 최고의 가치라고 여기고 꼭 하고 싶었던 것이 있다. 바로 내가 신뢰하는 고객이 그 회사의 대표이사가 되는 것을 보는 것이다. 고객이 대표이사가 되는 데 영업직원이 실질적으로 기여를 할 수도 있다. 대표이사로 만들고 싶은 고객이 주요 성과지표를 이룰 수 있도록 어떨 때는 고객의 니즈를 창조하기도 하면서 만족시켜주는 식으로 말이다. 현실적으로는 영업직원이 고객을 대표이사로 만든다는 것이 불가능할지도 모른다. 다만, 이런 생각을 가진 영업직원이라면 늘 진정한 고객가치를 고민하며 행동하지 않을까? 겨우 1년간의 짧은 관계를 맺은 고객을 대표이사로 만든다는 것은 어불성설일 테고, 오랜 기간에 걸쳐 신뢰를 쌓은 고객이 있다면 잘될 수 있도록 지원을 아끼지 말아야 할 것이다. 실제로는 할 수 있는 방법이 많지 않기 때문에 마음으로, 기도로 간구하기도 해야 할 것이다.

나는 개인적으로 이것을 꼭 이루고 싶었다. 진정으로 영업을 전공한 사람이라면, 내가 고객을 제대로 지원해서 그 고객이 직장인의 궁극적인 목표인 대표이사가 되도록 돕는 것이 고객에게 진정한 가치를 제공하는 것이 아닐까 믿었기 때문이다. 결과적으로는 절반의 성공을 거두었다고 볼 수 있다. 오랜 시간 동안 신뢰관계를 유지해온 은행의 고객 몇 분이 행장이 되는 것을 보고 싶었으나, 한 분은 계열사의 대표이사를 거쳐 행장이 될 수 있는 후보 2인까지 올랐지만 퇴임하셨고 몇 분은 자회사의 대표이사가 되셨다. 조금은 아쉽지만 나의 고객 지원이 분명히 일부 기여했을 것이기 때문에 절반의 성공은 거두었다고 생각한다.

진정한 영업인이 되고 싶다면, 자신이 오랫동안 신뢰를 쌓아온 고객을 그 회사의 대표이사로 만드는 꿈을 가지고 고객가치 지원을 하는 것도 의미있지 않을까 싶다.

영업과 소셜미디어

일반적으로 영업은 마케팅의 유통채널 중 하나로 여겨져왔다. 2006년 마케팅의 그루인 필립 코틀러가 〈하버드 비즈니스 리뷰〉에 구매 프로세스에서 마케팅과 영업은 각기 담당하는 분야가 다르며 협업해야 한다는 주장을 발표하면서부터 영업과 마케팅의 동등한 협업에 대한 논의가 시작되었다고 볼 수 있다.

그러나 영업이 마케팅의 유통채널 중 하나라는 주장과 코틀러의 영업과 마케팅의 협업이론은 B2C시장에서나 가능한 논지일 것이다. 실제로 B2B시장에서는 고객의 니즈에 부응해 가치를 제공한다는 수요창출의 기본이 영업에서 시작되었고, 마케팅에서는 1990년대에 이르러서야 B2B마케팅과 B2B브랜드라는 개념이 처음으로 시도되었다. 1993년부터 2006년까지 IBM에서 최고 마케팅 임원으로 근무했던 애비 콘스탐이 아멕스에서 경험했던 B2C마케팅을 근간으로 B2B마케팅을 만들었다고 볼 수 있다. 20여 년 전 시작된 B2B마케팅은 현재 많은 기업들 사이에서 시도되고 있다.

더구나 국내에서는 몇몇 대기업과 외국계 글로벌 기업만이 B2B마케팅을 시도 중이다. 그러다 보니 글로벌 기업에서는 B2B마케팅을 어떻게 진행하는지 호기심이 생기는 것은 당연할 것이다. 아울러 최근에는 B2C마케팅과 영업 분야에서 소셜미디어의 사용이 급속도로 확산되고 있다. 자, 지금부터 글로벌 B2B기업에서 소셜미디어를 어떻게 이용하고 있는지 함께 알아보자.

첫째, B2B마케팅 메시지 개발과 브랜딩에 이용한다. 독일회사인 바스프는 전형적인 B2B기업으로 화학, 전자, 약품 등 8,000개가 넘는 제품을 취급한다. 그러나 일반 고객들에게는 그저 1980년대에 철수한 비디오테이프를 만드는 기업으로 인식돼왔고, 더구나 환경을 파괴하는 기업이라는 부정적 이미지까지 가지고 있었다. 이를 해결하기 위해 바스프는 차별화된 가치로서 '고객과 환경보호'를 설정하고 이를 브랜드화해서 고객에게 제공했다. 그리고 이를 확산시키기 위해 B2B영업의 첨병인 영업팀의 교육 훈련에 역점을 두었다. 광고보다는 고객과 항상 함께하는 영업팀을 통해 브랜드 육성에 주력한 것이다. 이러한 노력으로 바스프 브랜드는 신뢰받는 브랜드로 변화했고, 글로벌 금융위기 때도 오히려 매출과 순이익이 증가하는 성공을 거두었다.

둘째, 최종 고객의 니즈 파악을 통한 선제 대응에 이용한다. 마켓센싱을 통해 고객사의 니즈에 선도적으로 대응하는 것은 마케팅과 영업에 반드시 필요한 정석이다. B2B기업에도 급속한 환경변화에 대응하기 위해 주도적 상품기획 역량이 요구되는 것은 당연하다. 그런데 B2B기업은 고객사의 니즈뿐만 아니라 고객사의 최종소비자의 니즈에도 대응해야 하는 어려움을 안고 있다.

듀폰 제품 중 항공기 내장을 코팅하는 폴리머 제품이 있는데, 이것으로 항공기를 코팅하면 때가 잘 타지 않고 얼룩이 묻어도 쉽게 지워진다. 이 제품은 빠르게 청소할 수 있다는 장점뿐만 아니라, 항공사의 고객이 평가하는 안정성 평가지표의 하나로 청결도를 뽑는다는 데 착안해 기획되었다. 고객사의 고객, 여기에서는 항공기를 이용하는 고객 입장에서 중요하게 생각하는 감성적 가치를 제품 개발에 활용한 B2B마케팅 사례다.

셋째, B2B기업의 마케팅 캠페인에 이용한다. 미국 중소기업의 87%는 소셜미디어가 자신들의 비즈니스에 도움을 준다고 말한다. 74%의 마케팅 담당자는 일주일에 6시간만 소셜미디어에 투자하면 기업 웹사이트에 트래픽이 증가한다는 것을 알고 있다. 페이스북, 링크드인, 유튜브 등 소셜미디어는 우리 생활을 엄청나게 변화시키고 있고, 이미 B2C영역에서는 그 역할이 영업과 마케팅 모두에게 중요한 채널과 전략으로 자리 잡았다는 것을 이미 몸으로 체험하고 있다. B2B마케팅 담당자에게도 소셜미디어는 대단히 효과적인 채널이 되고 있다. 브랜드 인지도를 높여주고 B2B기업의 따뜻한 이미지를 만들어주며 가망고객과 고객, 인플루언서와 연결해준다.

아멕스 오픈은 아멕스 카드의 B2B브랜드다. OPEN포럼은 소기업 비즈니스 오너들에게 온라인으로 정보를 제공함으로써 사업을 돕는 서비스로 개발되었다. 아멕스는 OPEN포럼을 위해 웹사이트를 개설했고, 소기업 비즈니스 오너들이 성공할 수 있도록 다양한 소셜미디어 플랫폼을 통해 지속적으로 온라인 커뮤니케이션을 실행했다. 질문과 이미지, 사진 링크, 퀴즈 등의 콘텐츠를 페이스북, 트위터 등 소셜미디어를 통해 제공하고 질문에 응답하는 등 중소기업고객을 위한 활동을 캠페인을 통해 수행했다. OPEN포럼은 소셜미디어를 통해 고객에게 신용카드 서비스를 판매하는 것이 아니라 고객의 비즈니스가 잘되도록 유용한 정보를 제공해 궁극적으로 브랜드 이미지를 높이고, 아멕스 카드 서비스에 대한 중소기업의 충성도를 높여 성공을 거둔 사례다.

글로벌 회사를 중심으로 B2B기업의 마케팅에 대한 시도는 B2C

시장에서의 경험을 바탕으로 지속적으로 진행 중이다. B2B시장의 영업 리더십과 후속으로 이어진 B2B마케팅의 소셜미디어 마케팅을 포함한 다각적인 시도는 기업고객을 대상으로 하는 B2B사업의 발전에 크게 기여할 것으로 보인다.

23

고객 혜택,
쪼개고 펼쳐라

다양한 고객가치에 관해 고민하라

HP의 장 부장은 2년 전부터 대형 보험회사를 고객으로 담당하고 있다. 고객 중에 프린팅 솔루션 선정 기획을 담당하는 노 차장이라는 고객이 있는데, 이 고객은 독실한 기독교 신자라서 술도 안 마시고 특히 영업직원들과는 점심식사도 같이 하지 않았다. 나름 회사를 위한 공정한 의사결정을 하기 위해 필요 밖의 모든 것을 하지 않는 철저한 사람이다. 영업을 하려면 고객에 관해 고민해야 하고 고객과 아침, 점심, 저녁을 함께하는 것이 신뢰를 위한 가장 첫 번째 길이라고 앞에서도 말했다. 예로부터 인간 생활의 가장 기본은 의식주였다. 이 중에서 남과 함께할 수 있는 것은 먹는 것이며, 인간은 누군가와 함께하는 활동 중 식사를 가장 편안하게 느낀다고 한다. 결국 누군가와 함께 무엇을 먹는다는 것은 관계 증진을 위한 지름길이고, 함께 먹는다는 것 자체가 신뢰관계를 시작하겠다는 공언이라고 할 수 있다. 그런데 이 고객은 먹는 것 자체를 하지 않으니 어떻게 신뢰를 쌓아야 할지가 큰 고민이었다. 그 고객을 처음 만난 뒤 이런 고민을 시작한 지 1년이 넘었을 때의 일이다. 점심을 먹고 고객사에 들어갔는데 노 차장이 점심을 먹고 비닐 봉투에 무엇인가를 담아 가지고 들어왔다. 클래식 CD 몇 장이었다. 요즘은 음원을 내려받아서 듣는 경우가 대부분인데 이 고객은 CD를, 그것도 클래식 CD를 대여섯 장이나 사서 들어오는 것이 아닌가? 궁금해서 물어보았다. "클래식을 좋아하시나 보네요?" 그러자 노 차장은 반갑게 웃으면서 대꾸했다. "네, 아주 좋아하는데 여유가 많지 않아서 월급 나오면 몇 장 삽니다." 다시 물었다. "좋은 음악회가 있으면 종종 가시겠네요?" 그러자 노 차장이 대답했다. "웬걸요! 대학 때는 제일 싼 티켓을 사서 서울시향 콘서트라도 갔는데 지금은 그럴 여유도 없어요. 하하!" 그 고객의 고객가치는 클래식 음악이었다. 너무나도 반가운 고객가치였다. 그때까지 경쟁사의 어느 영업직원도 그것이 고객가치라고 생각하지 않았고 발견도 하지 못했다. 그 뒤 장 부장은 그 고객과 클래식 음악회에 함께 가는 사이가 되었다. 1년 넘게 고민했던 고객가치를 발견한 순간 신뢰관계가 시작된 것이다. 이렇듯 고객가치는 상상도 하지 못할 곳에 숨어 있을 수 있다. 이것 또한 시장에서 고객과 함께 많은 시간을 보내다 보면 알게 된다. 영업직원은 수많은 가치 중에 고객이 어떤 가치를 좋아하는지 현장에서 알아내야 한다.

고객가치를 재정의하라

한양대 한상린 교수는 저서 《B2B마케팅》에서 "B2B시장에서 고객가치란 특정 공급업체와의 거래관계에서 고객이 인식하는 혜택과 그에 대해 지불하는 비용과의 차이를 의미한다."라고 정의했다.

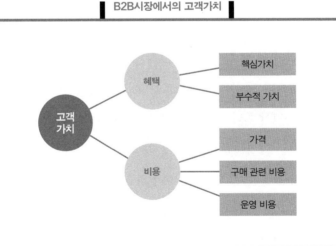

▌ B2B시장에서의 고객가치 ▐

같은 책에 실린 앞의 표에서는 고객이 얻는 혜택을 직접적인 핵심가치와 간접적으로 발생하는 부수적 가치로 구분했다. 핵심가치는 고객이 구매를 통해 얻고자 하는 직접적인 목표(재고보충, 품질향상, 원가절감, 정확도 등)의 달성에서 오는 가치를 가리키고, 부수적 가치는 간접적으로 발생하는 혜택(공급업체와의 관계 개선, 시장정보 획득, 구매 후 서비스, 구매 경험 축적 등)을 의미한다. 그리고 비용은 이들 혜택을 얻기 위해 지불하는 대가를 의미한다.

고객가치란 고객이 느끼는 혜택이 지불하는 비용보다 많아야 고객에게 가치로서 인정받을 수 있다. 그렇다면 고객이 느끼는 혜택은 구매기업이 인정하는, 앞에서 예로 든 핵심가치와 부수적 가치만일까? 다른 요소는 없을까? 영업 측면에서 보면 고객이 느끼는 효용과 혜택에 다른 측면에서도 접근할 수 있다. 실제로 고객을 둘로 나눌 수 있는데, 하나는 고객사고 다른 하나는 그 안에서 일하는 임직원이다. 앞에서 정의한 핵심가치와 부수가치는 고객사 입장에서의 가치다. 그러나 영업 측면에서의 고객은 그 기업에서 실제로 일하고 있는 임직원이다. 물론 이론적으로는 기업과 임직원이 동일한 목표와 가치를 가져야 한다. 그러나 현실적으로는 다를 수 있다. 아니, 기업이 추구하는 가치뿐만 아니라 그 기업의 임직원이 추구하는 가치도 만족시켜줘야 한다. 왜냐하면 다수의 고객이 존재하기 때문이다.

광의의 의미로 보면 다수의 고객에는 의사결정 과정에 접해 있는 여러 부서의 직원과 그 부서 안의 중역, 위원회 구성원 그리고 그 기업도 포함된다. 따라서 고객사의 효용과 혜택을 따질 때는 의사결정 과정에 관련된 임직원과 위원회의 효용과 혜택도 포함해야 한다.

그렇다면 임직원의 효용과 혜택은 어떻게 정의할 수 있을까? 답은 다양하고도 복잡하다. 예를 들어 중요 의사결정자가 최근 진급을 앞두고 있다면 진급 가능성이 효용이자 혜택이다. 모든 의사결정을 오너가 하는 기업이라면 그리고 그 오너의 가장 큰 목표가 이익을 많이 내는 것이라면 가치는 이익을 많이 내는 것이다. 오너의 목표가 이익보다는 회사의 외형을 키우는 것이라면 매출을 많이 낼 수 있는 제안을 해야 한다. 공공기관 고객이라면 사업을 많이 벌여 프로젝트의 수를 늘리는 것이 효용일 수도 있다. 올해 말에 다른 부서로 이동하는 중역이나 공공기관의 수장이 의사결정자라면 긴 프로젝트보다는 올해 안으로 종결되는 프로젝트를 원할 것이다. 이렇듯 고객사의 내외부 환경과 임직원의 상황에 따라 효용과 혜택은 다양하게 나타날 수 있다. 이런 이유로 고객 의사결정자의 주요 성과지표를 알아야 하고, 이에 맞는 솔루션을 개발하고 제안해야 한다.

한상진 교수의 정의처럼 '고객가치란 특정 공급업체와의 거래관계에서 기업의 니즈를 해결하는 기준에서 볼 때, 고객기업과 그 임직원, 이해관계자가 인식하는 혜택과 그에 대해 지불하는 비용과의 차이' 바로 그것을 의미한다. 영업직원은 맨앞에서 이처럼 복잡하고 미묘한 가치를 찾아내고 해결책을 제공하는 선두 주자여야만 한다.

24

고객에게 더 나은
생태계를 제공하라

고객이 내는 돈보다 더 좋은 것을 제공하라

HP는 '인디고'라는 브랜드의 새로운 디지털 프린팅 장비를 시장에
발표했다. 디지털 프린팅은 활자나 필름이 아닌 컴퓨터 파일 형태로
만들어진 이미지를 프린터와 직접 연결해 출력하는 시스템이다. 아
날로그 방식으로 실현하기 어려운 맞춤형 소량 인쇄나 다양한 소재
에 활용할 수 있어서 기존의 전통적인 오프셋인쇄(인쇄방식의 주류로
컬러 편집물을 제작할 때 4가지 색을 조합해 인쇄하는 평판 인쇄방식)를 대체하
는 용도로 최근에 시장에 빠르게 진입하고 있다. 용도는 일반 대형

광고물에서 건물 내외장 인테리어, 옥외 광고, 차량 광고 등으로 다양하다.

최근 디스플레이의 대두로 프린팅 시장이 줄어들고 있는데도 디지털 프린팅 시장만은 유일하게 지속적으로 성장하고 있다. 그렇다 보니 글로벌 대형 프린터 회사들이 모두 이 시장에 뛰어들어 시장에서의 경쟁도 쉽지 않은 상황이다. 기계의 가격 또한 3,000만 원에서 20억 원까지 기존 프린터 가격에 비해 고가이고, 잉크소모품과 유지보수비까지 가격대가 만만치 않아 시장에서 수요를 확산시키는 것이 영업의 주요 목표이기도 하다.

지금까지는 디지털 프린팅 인쇄업체가 기존에 운영하던 오프셋인쇄를 대체하는 용도로 계약을 맺어왔는데 최근에는 이마저 수요를 초과하게 되었다. 제품 및 유지보수 가격이 고가이다 보니 이제는 비즈니스 모델을 통한 전체 디지털 프린팅 생태계를 형성하고, 디지털 인쇄 수요를 창출하려는 노력이 뒤따라야만 수주가 되는 형태로 바뀌고 있다. 영업도 이에 따라 전략을 적극적으로 바꾸어야 할 시기가 도래했다.

이런 시장 상황 때문에 HP 인디고 담당 영업직원인 이 차장은 고민이 많다. 디지털 프린터의 경우 구매는 인쇄업체가 하고 실제 사용은 디지털 프린팅 인쇄가 필요한 대기업이 하는, 구매처와 사용처가 다른 경우가 대부분이다. 게다가 기계 가격과 운영비, 유지보수비가 매우 고가여서 상대적으로 영세한 대부분의 인쇄업체에서 사용처와의 계약 확정 없이 구매를 결정하기란 거의 불가능하다. 또 상대적으로 영업력이 부족한 인쇄업체가 수요를 창출해내기를 마냥 기다릴 수도 없다. 결국 HP 입장에서는 디지털 프린팅 생태계 전체를 구축하는 비즈니스 모델을 만들고, 각 부분의 구매처와 사용처를 연결해 최종적으로 수주하는 방법밖에는 영업의 길이 없었다.

이 차장은 올해 초부터 6개월간 전체 프린팅 솔루션의 전체 에코시스템(생태계)을 구축하기 위한 영업을 진행해왔다. 신제품의 출시에 맞춰 구매처인 인쇄업체와 힘을 합쳐 최종 수요처(인쇄 사용처) 영업을 진행 중이다. 최근에는 모 그룹 IT계열사가 디지털 프린트에 관한 사업을 준비하고 있다는 소식을 듣고 1차 미팅을 했다.

이 IT계열사는 웹투프린트(Web to Print) 사업을 신규사업으로 검토 중이었다. 웹투프린트 사업이란 웹 포털에 프린팅 플랫폼을 만들어 놓고 사용처인 고객사들이 웹을 통해 디지털 프린팅을 요청할 수 있게 한 것이다. 예를 들어 웹상으로 명함이나 라벨, 바코드, QR코드 등을 소량 맞춤형으로 요청하면 웹 포털의 솔루션 플랫폼을 통해 자동으로 인쇄업체에 전달되는 서비스 사업이다.

이 그룹의 규모를 보면 계열사의 인쇄물만도 컸다. 이 차장은 인쇄업체와 에코시스템으로 묶을 수 있을 것으로 확신하고 제안을 준비해 웹투프린트 포털을 만드는 데 필요한 기술을 지원했다. HP는 개발이 끝날 때까지 석 달간 기술 인력 두 명을 파견했고, 개발이 끝나 마침내 디지털 프린팅 에코시스템 비즈니스 모델이 가동되었다.

HP는 인디고 첫 번째 신제품을 인쇄업체에 납품했고, 그룹 IT계열사와 인쇄업체는 3년간 인쇄 서비스 계약을 체결하는 데 성공했다. 상세 제안 및 협업내용은 다음과 같다.

첫째, 디지털 인쇄업체와 협업해서 영업한다. HP는 수요처가 인쇄 수요 물량을 위해 인쇄업체와 계약하는 것을 지원하고, 인쇄업체는 HP 디지털 프린팅 신제품을 추가로 구매한다. 최근 HP가 거래하는 인쇄업체 중에 월 인쇄량이 꽉 차서 추가로 장비 구매를 해야 하는 업체가 있는데, 가격이 워낙 비싸 수요처가 확보되지 않으면 추가 구매를 할 경제적 여력이 없었다. 이 업체의 주 거래 업체 중 하나가 이 IT계열사였던 것이 수요처 영업에도 도움이 되었다.

둘째, 그룹 IT계열사에 에코시스템 구축 비즈니스 모델을 제안한다. 디지털 프린팅 에코시스템의 공급망 사슬의 구성요소를 담은 통합 제안서를 작성하고, 각 구성요소의 역할과 기대효과를 제안한다. 옆의 표에서도 나타나듯 이 IT계열사는 웹투프린트 포털을 통해 신규 사업을 확장하고, 이 인쇄업체는 IT계열사와 연간 디지털 인쇄 사용계약을 맺어 장기 수요를 확보한다.

HP는 각자의 효용가치를 활용해 이 인쇄업체와 디지털 프린터 구매 계약을 체결할 수 있었다. 디지털 프린팅 솔루션 에코시스템을 창조해냄으로써 모두가 윈윈하게 된 것이다.

이 사례는 디지털 프린팅 솔루션 에코시스템 구축을 통한 비즈니스 모델 영업에 성공한 사례다. 디지털 프린터는 수요처와 구매처가 다르다. 수요처는 인쇄업체가 아니어서 고가의 장비를 구매할 이유가 없고 소모품과 유지 보수비라는 짐을 질 이유도 없다. 또 디지털 인쇄라는 에코시스템상의 각 구성요소 기업들이 저마다 목적하고 기대하는 효과도 다르다. 결국 각각의 기업이 얻을 수 있는 에코시스템상의 효용과 효과를 누군가가 설득해서 알려줘야 하는데, 이때 비즈니스 모델을 만들고 에코시스템상의 기업들을 설득하는 것이 바로 영업의 할 일이다. 이 사례는 각 고객 및 협력사에 가치를 계산해주어

디지털 프린팅 솔루션 에코시스템

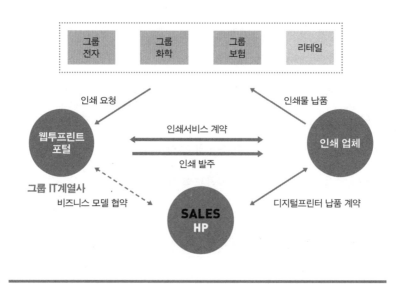

모두가 만족한 윈윈 모델로, 고객가치 제공 역량이 돋보인다.

고객가치의 차별화 방법

고객이 지불하는 비용보다 큰 효용과 혜택을 제공하면 고객은 가치를 인정한다. 효용과 혜택을 제공하려면 고객사가 원하는 핵심가치와 부수적 가치에 추가해서 고객사의 임직원이 원하는 문제 및 니즈를 해결해주어야 한다. 고객의 문제 및 니즈를 가장 쉽게 해결하는 방법은 저렴한 가격으로 제공하는 것이다. 그러나 시장에는 다양한 고객과 이해 관계자들이 존재하고 그들 모두가 저렴한 가격만을 원하지는 않는다. 고객사의 재무담당자의 니즈는 일단 투자금액이 저렴한 것일 수 있다. 그러나 현업부서의 니즈는 좋은 제품과 솔루션, 안정적인 사후 서비스, 고객이 볼 때 적정한 브랜드 등 다양하다. 투자를 해서 자산을 만들고 자산이 매출과 이익을 견인해야 하기 때문이다. 고객은 단순하더라도 고객의 혁신에 기여할 수 있는 제안을 원한다. 물론 이것은 고객사 임직원의 니즈라기보다는 고객사의 니즈라고 할 수 있다. 그렇다면 고객가치의 차별화 방법으로 원가 외에 또 무엇이 있는지 알아보자.

첫째, 제품의 차별화를 통해 고객에게 가치를 제공한다. 차별화된 제품으로 고객의 니즈를 충족시켜 가치를 제공하는 방법이다. 가장 손쉬운 방법이기는 하지만 최근에는 제품으로 차별화하기가 거의 불가능해졌다고 볼 수 있다. 기술의 신속한 발전과 이에 따른 제품 라이프 사이클의 축소 등으로 차별화에 성공하더라도 빠른 시일 내에 경쟁사에 추월당하기 일쑤이기 때문이다. 그러니 제품의 차별화에 투자하기가 쉽지 않은 것이 현실이다. 기술의 발전 속도가 지금처럼 빠르지 않았을 때는 제품의 차별화를 통해 고객에게 가치를 제공하는 것이 글로벌 1등 기업으로 가는 지름길이었다.

1964년 IBM은 시스템 360이라는 대형 컴퓨터를 선보였다. 이 시기의 대형 컴퓨터는 지금과는 비교가 안 될 정도로 매우 컸고 발열, 환기, 온도 조절을 자체적으로 해결해야 했으며 전원 공급비용도 무지막지하게 드는 제품이었다. 지금과 비교하면 스마트폰 하나의 성능도 안 되었지만 그 당시로는 엄청난 혁신 제품이었다. 기업 및 공공기관, 군을 포함한 조직의 운영과 발전에 크게 기여한 것도 사실이다.

시스템 360을 시작으로 1980년대 말까지 거의 30년 동안 IBM은 글로벌 1위 회사로 자리매김했다. 이 대형 컴퓨터는 전 세계 시장에서 제품을 주문해서 얼마나 빠른 기간 내에 공급하느냐를 영업직원의 역량으로 판단했을 정도로 시장에서의 위치가 굳건했다. 그러나 1980년대 말부터는 제품의 차별화를 통한 고객가치 제공만으로는 고객의 기대를 만족시키기에는 부족해졌다. 시장의 니즈에 민첩하게 대응하지 못한 결과 IBM은 고객의 니즈가 대형 컴퓨터시장에서 유닉스 서버, PC시장으로 이동하는 모멘텀을 놓쳐버렸다. 이 사례에서 볼 수 있듯 기술이 급속도로 발전하고 정보의 양과 전파 속도가 빠른 현대에 들어서면서 제품의 차별화는 한계에 부딪혔다고 볼 수 있을 것이다.

둘째, 솔루션의 차별화를 통해 고객에게 가치를 제공한다. 솔루션은 고객이 만족하도록 고객의 문제 혹은 니즈에 대한 창조적인 해결책을 제공하는 것이다. 단지 개념으로 존재하는 솔루션은 실제로는 제품(하드웨어, 세트)과 소프트웨어, 서비스의 통합으로 구성된다. 또한 솔루션의 차별화는 통합과 맞춤 형태로 이루어진다. 통합과 맞춤이라는 두 테마는 솔루션의 차별화를 만들어내고 고객의 니즈를 해결해 효용을 높여준다.

가구산업의 예를 살펴보자. 내가 재직 중인 가천대학교의 경영학과와 산업경영학과 학생들이 지난 학기에 한샘 리하우스 사업부로 장기 현장실습을 나가게 되었다. 앞에서도 소개했듯 한샘 리하우스 사업부는 우수 인테리어 업체와 제휴해 인테리어 리모델링 사업을 하고 있다. 인테리어 업체와의 협업을 통해 한샘의 다양한 상품과 우수한 시공 및 AS 서비스를 고객사(아파트, 호텔, 리조트 등)에 제공해 고객에게 효용과 혜택을 준다. 가구회사가 설계와 시공을 맡아 통합과 맞춤형 제안을 함으로써 고객에게 가치를 제공하는 것이다. 한샘

의 홈페이지에서 기업 고객가치에 새로운 변화를 시도하는 문구를
인용한다.

"한샘의 패키지 설계는 가구가 아니라 공간을 제안합니다."

고객에게 제공하는 가치인 공간은 한샘 제품의 통합과 설계에 기
반한 시공이라는 맞춤이 합쳐져 완성된다.

이미 제품의 차별화만으로는 변화하는 시장환경에 대응할 수 없
다. 고객은 기다려주지 않으며 끊임없는 혁신과 만족을 원한다. 제품
과 솔루션의 통합만으로도 고객가치의 제고가 가능한 경우가 종종
있다. 통합과 맞춤이라는 솔루션의 차별화를 통해 고객의 문제를 해
결하고 니즈를 만족시킴으로써 고객에게 가치를 제공할 수 있는 것
이다.

셋째, 로열티 프로그램으로 차별화해 고객에게 가치를 제공한다.
"고객은 왕이다."라는 말이 있다. 이 말의 의미는 아마도 고객이 자
기만 돌봐주기를 바란다는 의미일 것이다. 고객가치 제공 중 하나는
그 고객만을 돌봐준다는 느낌을 주는 것이다. 말하자면 단골영업이
다. 단골고객에게는 그들에게만 해당되는 서비스를 제공해야 한다.
그 고객만을 위한 유지보수 전담 서비스 엔지니어, 그 고객만을 위
한 전담 컨설턴트, 심지어 그 고객만을 위한 영업직원까지도 필요하
다. 여러 번 말했듯 기업영업은 규모가 크고 서비스가 복잡하며 기
회 발굴부터 종결까지 걸리는 기간이 길다. 따라서 이 과정을 함께

할 전담 영업직원까지 원한다. 만약 전담 영업직원을 원하는 고객사가 있다면 그 기업은 그 영업직원이 있는 회사를 떠나지 않을 것이다. 기업구매는 논리적인 사고를 바탕으로 하므로 고객사가 자기만의 무언가를 원한다는 것은 곧 단골이 되겠다는 의미로 보아도 좋을 것이다. 이럴 경우에는 전담 조직과 다양한 로열티 프로그램을 통해 고객을 지원해야 한다.

고객 전담조직의 운영은 고객사로부터 얻는 혜택과 가능성에 기초한다. 큰 수익을 주는 고객을 대상으로는 로열티 프로그램을 운영하지만 그렇지 못한 고객을 대상으로는 운영할 수 없다. 최근 글로벌 기업에서는 '글로벌 어카운트'라는 제도를 시도하고 있다. 수익 측면에서 기업에 크게 기여하는 고객이라면 지역에 상관없이 본사의 한 조직에서 지원하는 제도다. 구글의 도요타자동차 글로벌 어카운트는 좋은 예다. 글로벌 어카운트 제도하에서는 매출의 규모에 따라 본사 부사장이나 수석부사장이 전체를 책임진다. 이 조직에는 영업팀, 컨설팅팀, 제안팀, 유지보수팀과 심지어 인사팀 및 재무팀까지 있다. 이 안에서 지역에 상관없이 전 세계의 도요타자동차를 지원하고 아울러 전체 매출액을 기초로 지원 프로그램(컨설팅 지원, 사후 유지보수 지원, 금융 오퍼링 등)을 적용한다. 도요타자동차의 전사적인 전략과 연계해서 지원활동을 수행하다 보니 고객사인 도요타자동차도 구글에 더욱 의존할 수밖에 없다. 서로에게 상승작용이 일어나는 것이다.

넷째, 고객과의 신뢰를 바탕으로 한 관계로 차별화해 가치를 제공한다. 관계정립과 유지로 차별화하는 방법이다. 고객을 만족시키는 가장 오래되고 기본적인 방법이기도 하다. 제품 차별화와 마찬가지로 구시대에는 차별화 방법으로서 의미가 있었지만, 최근에는 필요조건 중 하나라고 보는 것이 맞을 것이다. 단지 고객이 원하는 것을 듣고 알기 위해서도 고객과의 신뢰를 바탕으로 한 관계 유지는 필수적이다. 어느 영업 베테랑의 말이다.

"예전에는 관계가 좋으면 영업이 결과로 나왔는데, 최근에는 관계가 좋으면 좋은 정보를 알게 되고, 이를 토대로 영업단계를 밟아서 경쟁에서 질 때를 시장보다 먼저 아는 정도에 그치는 것 같다."

제품 차별화와 마찬가지로 신뢰를 바탕으로 한 관계는 여전히 고객에게 가치를 제공한다. 그러나 이것 하나만으로는 결과를 도출해내기가 어려워진 것도 사실이다. 그럼에도 솔루션 차별화와 로열티 차별화가 관계 차별화와 결합하면 천하무적이 될 것임은 말할 필요조차 없다. 그만큼 고객과의 신뢰를 바탕으로 한 관계는 고객가치 제안의 중요요소 자리를 지키고 있다고 할 수 있다.

고객가치 제안을 위한 제도와 프로세스

고객가치 제안은 고객이 원하는 것을 만족시킬 수 있어야 하고, 이는 제품의 차별화, 솔루션의 차별화, 로열티 프로그램의 차별화, 관계의 차별화를 통해 제공할 수 있다. 그렇다면 이러한 차별화를 통해 고객에게 가치를 제공하기 위해 무엇을 준비해야 하는지 알아보자.

첫째, 고객별 담당 영업직원 제도를 마련한다. 고객에게 가치를 제안하려면 고객을 담당하는 영업직원이 있어야 한다. 담당 영업직원에게는 영업기회 발굴의 책임이 있고 이를 통해 신상필벌을 명확히 할 수 있다. 또한 담당 영업직원이 있어야 영업 종결 이후 사후 관리의 초점도 일원화시킬 수 있다.

둘째, 대리점에 책임상권제를 도입한다. 직접영업이 아니라 대리점을 통해 고객사를 지원할 경우, 대리점에 정확한 책임상권을 주고 담당 영업직원 관리방법과 마찬가지로 신상필벌을 명확히 해야 한다. 그래야 영업의 지속성을 위해 영업 종결 이후 사후 관리의 초점을 둘 수 있다.

셋째, 협업을 통한 프로세스를 인정한다. 고객가치는 대개 한 기능만으로 제안할 수 없다. 고객사와 그 안의 다양한 임직원 및 이해관계자의 니즈를 만족시킬 제안을 하려면 기업 내의 여러 기능이 협업해야 한다. 이를 위해 여러 기능의 협업을 지원하는 프로세스가 있어야 하고 원활하게 돌아가야 한다. 이러한 기능의 한 가지가 협업

매출의 인정이다. 고객영업팀과 제품 및 솔루션제안팀, 채널영업팀이 협업해서 이룬 매출이 중복으로 인정되고 인센티브에도 반영되어야만 진정한 고객가치 제안이 가능하다.

넷째, 고객가치 제안을 위한 내부자원 활용 극대화의 중심에 영업 직원이 있어야 한다. 제품, 지원서비스, 직속관리자 및 임원 등 회사의 모든 자원은 고객가치의 제안을 위한 도구들이다. 이 도구들을 고객가치로 전환해 제안하려면 누군가 중심에 설 필요가 있다. 협업의 단점 중 하나는 사공이 많다는 것이다. 고객을 알고 고객과의 신뢰를 바탕으로 하는 고객 담당 영업직원이 중심 역할을 맡아야 한다. 전체를 아우르는 리더 및 실무자부터 기업의 중역과 대표이사는 제안과 영업 시 구성요소로 참여하고, 전략과 실행 계획을 짜는 역할은 고객 담당 영업직원이 맡는 게 바람직하다. 이를 위해서는 영업직원의 주인정신이 필요하고 기업은 이를 인정해주는 프로세스와 문화를 갖추어야 한다.

나만의 영업 브랜드 만들기

브랜드 분야의 구루인 데이비드 아커는 저서 《브랜드 리더십》에서 성공하는 기업은 강력한 브랜드를 구축하고 이를 통해 브랜드 리더십을 확보해야 한다고 주장했다. 미국의 글로벌 브랜드 컨설팅 기업인 인터브랜드가 발표한 '2015년 베스트 글로벌 브랜드' 순위에는 우리에게 낯익은 애플, 구글, 코카콜라, 마이크로소프트, IBM과 도요타에 이어 7위에 삼성이 포진해 있다. 이들은 강력한 브랜드 리더십을 바탕으로 초우량 글로벌 기업으로 향하고 있는 기업들이다. 아커에 따르면 강력한 브랜드는 '브랜드 자산'을 통해 만들어지는데 이것은 브랜드 인지도', '지각된 품질', '브랜드 충성도'와 '브랜드 연상이미지'로 구성된다고 했다.

'브랜드 인지도'는 고객들의 마음속에 존재하는 특정 브랜드에 대한 태도의 강도이고, '지각된 품질'은 고객이 인식하는 품질이다. 그리고 '브랜드 충성도'는 브랜드에 대한 고객의 충성심이고, '브랜드 연상이미지'는 브랜드에 대한 고객의 정체성이다.

최근 들어 강력한 브랜드 구축이 기업의 운명을 좌우하고 있다. 시장에서 움직이는 모든 기업은 브랜드 리더십을 가지기 위해 노력한다. 무한경쟁 속에 있는 영업직원도 자신만의 브랜드 리더십을 확보해 시장에 대응해야 한다. 브랜드는 시장에서 기업의 위치를 설명하며 장기적으로는 기업의 미래를 예측하게 한다. 고객의 생각이 가장 근본인 영업인은 자신만의 영업 브랜드 자산을 확보하고 개발함으로써, 시장에서 영업인으로서 자신의 위치를 확인하고 장기적인

영업을 잘하는 방법(7C)과 영업 브랜드 리더십		
브랜드 자산	설명	영업의 브랜딩 방법
브랜드 인지도	친밀감과 호감, 특정 브랜드 생각	신뢰관계(Creditability)
지각된 품질	고객이 인식하는 품질	창조적 사고(Creativity)
		고객가치(Customer Value)
브랜드 충성도	브랜드에 대한 로열티	고객 비즈니스(Customer Business)
		판매경로(Channel)
연상 이미지	브랜드 아이덴티티	승부사 정신(Competing Spirit)
		감성의 정도(Cordial Ethics)

미래를 예측할 수 있어야 한다. 또한 이를 통해 자신의 영업 브랜드 리더십을 만들어야 한다. 내가 이 책에서 강조하는 '영업인의 핵심 역량'과 아커의 '브랜드 자산'은 강력한 브랜드를 만든다는 측면에서 같은 개념이다. 아커는 '브랜드'를 통해 기업의 강력한 브랜드 리더십을 확립할 것을 나는 '인사이트영업'을 통해 영업직원의 강력한 브랜드를 만들 것을 주장하기 때문이다.

아커의 브랜드 자산 구축과 연동해 영업인의 브랜드를 구축하는 방법을 요약해보자.

- **첫째, 영업 브랜드 인지도:** '고객과의 신뢰관계'를 통해 자신만의 영업 브랜드 인지도를 높인다(신뢰관계/Creditability).
- **둘째, 고객이 인식하는 품질:** '창조적인 사고'를 통해 '고객가치'를 제공함으로써 영업의 품질을 높인다(창조적 사고/Creativity, 고객가치/Customer Value).
- **셋째, 브랜드에 대한 충성도:** '고객의 비즈니스'를 이해하고 고객에게 가는 '판매경로'를 관리함으로써 자신만의 영업 브랜드 로열티를 관리한다(고객 비즈니스/Customer Business, 판매 경로/Channel).
- **넷째, 자신의 영업 브랜드에 대한 연상 이미지:** 고객에게 자신의 성취욕에 기반을 둔 '승부사 정신'과 따뜻한 '감성'이 깃든 윤리성을 제시해 자신만의 영업 브랜드 연상 이미지를 구축한다(승

부사 정신/Competing Spirit, 감성의 정도/Code of Ethics).

영업을 잘하는 7가지 역량(7C)과 영업 잘하는 33가지 방법을 습득하고 실행함으로써 자신만의 영업인의 브랜드 자산을 만들고, 이를 통해 고객에 대한 나만의 강력한 영업 리더십을 길러보자.

25

통합하고
맞춰주기만 해도 된다

통합과 맞춤으로 호텔을 차별화하다

삼성전자는 최근 본격적인 솔루션영업을 시작하기로 전사 차원에서
의사결정을 했다. 영업의 시작은 고객의 문제와 니즈에서 시작해서
이를 만족시키는 통합 및 맞춤형 솔루션을 만들어내는 것이다. 이를
위한 여러 가지 변화 요구 중에서도 중요한 것 중 하나가 본원적인
솔루션 영업인재의 확보다. 이 혁신 전략에 따라 삼성전자는 영업인
력 몇 명을 외부에서 영입했다. 그중 한 명인 이 과장은 새로운 개념
의 세상에서 자신이 선구자가 될 수도 있다는 생각에 어디를 가도,

늦게까지 야근해도 별로 힘든 줄 모를 정도다. 최근에는 이 과장이 참여한 TF결과가 전사 차원에서 수락되어 본격적으로 홈솔루션, 호텔솔루션, 빌딩솔루션의 개발과 수주가 시작되었다. 지금까지 배운 IT가 건설과 만나고 전자제품이 공간에 접목되는 새로운 세상이 열리는 것이다. 이 과장은 이 사업이 제대로 진행되려면 빠른 시일 내에 복합솔루션 사업을 확신시키는 영업기회를 찾고, 제품과 소프트웨어, 서비스 및 설치 시공이 통합된 수주를 따내야겠다고 다짐해본다. 기존에 홈오토메이션 사업을 하고 있던 고객 중에 복합 호텔솔루션을 수행할 수 있는 혁신적인 아이디어를 가진 고객사가 있는지 찾던 이 과장은 청도건설이 동탄시에서 분양형 호텔사업을 구상 중이라는 소식을 듣고 호텔솔루션을 제안할 수 있는지 가능성을 확인한다. 실무자와 미팅해 이번 분양형 호텔이 비즈니스호텔이며 호텔방 분양과 운영은 전문 호텔운영회사가 한다는 것, 수익금을 분양자에게 나눠주는 분양형 호텔사업이라는 것을 확인한다.

청도건설은 탄탄한 재무상태를 지닌 업계의 중견 건설회사로, 특히 대표이사는 아이디어도 많고 혁신적인 사람으로 업계에 정평이 나 있다. 이번 호텔 건축은 시행과 시공을 함께하는 사업이다 보니 대표이사는 이 비즈니스모델을 어떻게 하면 잘 만들지 고민이다. 동탄은 삼성전자 본사가 있는 바로 옆 도시여서 삼성전자와 관련이 있는 편이다. 청도건설은 호텔 운영을 맡을 업계 1위의 호텔 운영 전문 회사와 이미 소싱해서 협력하기로 했다. 이제는 어떻게 차별화를 가져갈지에 대해 건설사 전체가 검토 중이었다.

이 과장은 내부 중역진과 이러한 상황을 검토한 뒤 'IT 기반의 호텔솔루션'을 통해 호텔의 차별화를 제안하기로 한다. 그리고 아래 표처럼 IT 기반의 호텔솔루션과 제품 포트폴리오를 만들어 청도건설에 제안한다. 처음으로 하는 호텔솔루션이지만 그간 홈솔루션(홈오토메이션)사업을 하면서 배운 노하우를 활용해, 제안팀은 나름 훌륭한 제안서를 작성한다. 아울러 호텔솔루션의 시공과 함께 전 호텔객실

제안도

에 삼성전자 제품 설치를 제안한다. 명실공히 삼성전자 첨단 제품과 호텔솔루션이 통합된 최초의 복합솔루션이다. 이로써 호텔솔루션을 통한 차별화는 물론, 최고의 브랜드 제품을 통합한 제품과 솔루션을 통합한 제안을 통해 궁극적으로 고객의 차별화를 이루어냈다.

청도건설은 새로운 시도인 'IT 기반의 통합과 맞춤형 호텔솔루션을 장착한 비즈니스호텔'이라는 개념에 만족했고, 분양 모델하우스에는 제품과 객실 및 빌딩 인프라솔루션과 삼성전자 제품이 비치되었다. 'IT 기반의 유비쿼터스 호텔'의 분양은 성공적이었다. 삼성전자는 첫 번째 호텔 복합솔루션 성공사례를 확보해 추후 복합솔루션 확장의 시초를 만들었고, 경영진은 첫 번째 통합형·맞춤형 수주를 축하해주었다. 이번 수주는 그간 단품 제품의 합으로 거액의 매출을 올려온 회사 입장에서 볼 때, 여러 품목과 솔루션, 설치 시공이 결합돼 수십억 원의 매출을 기록한 통합 맞춤형 솔루션사업에 대한 가능성을 확인하는 계기가 되었다.

이 사례는 'IT 기반의 유비쿼터스 호텔'이라는 차별화 포인트로 고객가치를 높여 성공을 거둔 건설 및 시행산업의 영업사례다. 평소 홈오토메이션 사업을 통해 쌓은 신뢰관계가 성공요인 중 하나일 것이다. 이를 통해서 영업이 시작되었기 때문이다. 또한 IT 기반의 유비쿼터스 호텔이라는 고객가치도 성공적인 분양을 이루어낸 요인이었다.

그러나 무엇보다도 이 사례에서 가장 눈길을 끄는 성공요인은 통

주요품목	대수	비고
보르도 TV 32인치	150	
보르도 TV 46인치	6	
냉장고	150	
홈씨어터	6	
인터넷 전화기	150	
홈미디어게이트웨이	15	셋톱박스
7인치 객실기	150	
서버	5	세트
PC	6	세트
프린터 복합기	4	세트

합과 맞춤이라는 것만으로 경쟁을 예방하고 고객에게 가치를 제공한 것이라고 할 수 있다. 객실솔루션과 빌딩 인프라솔루션, 제품 모두를 공용부의 제어센터에서 통합 관리하는 복합솔루션은 당시로서는 생소한 IT 기반의 차별화를 만들었다. 각 분양호수마다 원하는 전자제품과 호텔솔루션을 맞춤형으로 신청할 수 있도록 제안한 것도 청도건설의 성공적 분양에 큰 도움을 주었다고 볼 수 있다. 청도건설은 성공적 분양으로 삼성전자에 지불한 가격보다 더 많은 혜택을 얻었다. 이처럼 통합과 맞춤형 제안만으로도 해결책을 내고 고객을 감동시킬 수 있다.

통합과 맞춤으로 고객의 문제를 해결하라

글로벌 기업이든 국내 기업이든 규모와 상관없이 인수합병은 기업이 급변하는 내외부환경하에서 살아남기 위해 필수 불가결한 선택이다. 기업은 생존과 번영을 위해 인수합병을 시도한다. 최근 삼성그룹의 화학 및 방산업체의 타 그룹사 매각과 델컴퓨터의 EMC 인수 등 시장에서는 다양한 M&A가 끊임없이 이루어진다. 합병은 반드시 IT시스템의 통합을 수반한다. 금융업체의 합병 시에는 돈을 다루는 산업이므로 IT시스템의 통합은 더욱 중요한 분야다.

비슷한 규모의 두 대형 보험회사가 합병되었다. 당연히 통합법인의 IT시스템이 하나로 합쳐져야 시너지와 효율이라는 두 가지 목표를 달성할 수 있다. 강력한 카리스마를 지닌 통합 보험회사의 CEO는 빠른 시일 내에 실질적인 통합을 마무리하도록 강조했고, 그 일환으로 IT통합시스템의 요건 정의에서 시스템 가동까지 1년이 채 안 되는 기간을 목표로 정하게 되었다. IT통합시스템은 보험업무의 근간인 보험업무시스템부터 콜센터시스템까지 업무를 총망라한, 이른바 모든 업무에 대한 통합이었다. 통합보험사의 목표는 한 시스템 하에서 두 개의 대형 보험회사가 명실상부한 초유의 대형 보험회사로 거듭나는 것이었다. 또한 이 두 기업은 기존 전산시스템이 상이했을 뿐만 아니라 운영 방식 또한 달랐기 때문에 한 시스템으로 합친다는 것은 여러 측면에서 대단히 큰 위험을 수반했다. 문화가 다른 두 기업의 인력과 운영의 통합은 자칫하면 시스템 통합의 실패로 이어질 수 있었고, 업무의 마비라는 상상할 수 없는 위험도 존재했다. 상황이 이렇다 보니 IT통합시스템을 구축하기는 해야 하는데 누구도 책임지고 나서기가 어려웠다. 여러 개의 복잡한 IT시스템의 통합은 물론 상이한 두 문화의 통합, 1년 이내의 성공적 가동이 모두 포함된 어려운 과제였기 때문이다.

대형 SI(시스템통합)사가 주 계약자로 선정된 통합법인의 IT시스템 통합은 결국 치밀하고도 전력을 다한 노력으로 성공을 거두었다. 짧은 기간 내에 SI사의 탁월한 프로젝트 개발팀, 고객사 시스템에 능통한 기술유지보수팀, 오랫동안 신뢰의 연결고리 역할을 한 영업팀이 고객사의 절체절명의 위기 앞에 위기의식과 책임감으로 똘똘 뭉친 덕분에 1년도 채 안 되는 기간 내에 통합시스템은 성공적으로 가동되었다. 혹자는 두 시스템을 합치는 것이 그렇게 어렵냐고 물을 수 있다. 최근에 여러 금융기관의 차세대 IT시스템 개발 계획이 2~3년이라는 기간 내에도 성공하지 못하고 지지부진 끄는 경우를 종종 본다. 이 통합법인은 규모도 컸고 기간은 매우 짧은 데다, 더구나 합병을 통한 이종 문화의 융합이라는 엄청난 위험변수까지 포함돼 있었다. 그럼에도 1년도 채 안 되는 기간에, 그것도 처음 계획한 기간 내에 성공을 거두었다.

이 사례에서는 SI사의 컨설팅, 보험업무 이해, 프로젝트 개발, 유지보수 등의 기술인력이 최상이었던 것이 큰 성공요인이었다. 그러나 가장 큰 성공요인은 무엇보다도 고객의 복잡한 문제를 통합과 맞춤이라는 차별화로 해결해 고객가치를 제공한 것이라고 할 수 있다. 이후 통합법인은 SI사와 지속적으로 파트너십을 유지 중이다. 통합과 맞춤을 통해 고객과의 신뢰관계가 지속되고 영업의 목표가 달성되며 고객의 효용 또한 배가된다는 것을 알 수 있다.

통합화와 맞춤화

영업은 고객이 처한 문제 혹은 과제를 고객의 입장에서, 고객의 업무 및 프로세스를 충분히 이해하는 수준에서 창조적 해결책을 제공함으로써 고객에게 가치를 제공한다. 복합적 가치 제공은 두 가지 중요한 개념과 합치되는데 첫째는 통합적 솔루션의 제공이고 둘째는 맞춤형 솔루션의 제공이다. 이 두 가지를 통해 영업의 차별화가 이루어진다. 맞춤화(Customization)는 제품과 서비스를 고객의 요건에 맞추는 것이다. 대개 산업별로 다르게 진행되는 것이 일반적이나 대형 기업의 경우 종종 독자적인 맞춤형 해결책을 요구하기도 한다. 통합화(Integration)는 여러 가지 통합(제품과 소프트웨어, 서비스의 통합, 제품과 소프트웨어의 통합, 제품과 제품의 물리적인 통합 등)을 통해 고객에게 부가가치를 제공한다. 영업은 맞춤화와 통합화라는 두 차별화로 시장에서 경쟁우위를 가질 수 있다. 이를 이루기 위해서 기업은 역량면에서는 고객산업지식 및 문제해결능력/통찰을 가진 인력으로 변화시켜야 하고, 통합화와 맞춤화가 가능한 제안 역량을 보유해야 한다. 단품을 판매할 때보다 더 기술적이고 구매자의 신뢰를 얻을 수 있는 영업역량 또한 개발해야 한다. 맞춤화되고 통합화된 수준이 높을수록 경쟁자는 없어지고 수익은 높아진다고 볼 수 있다.

예를 들어 한 기업이 노트북을 구입하기 위해 예산을 잡았다고 하자. 아래 표는 제품영업과 솔루션영업의 차이를 분명하게 보여준다. 제품영업의 측면에서 보면 고객의 니즈는 영업직원용 노트북을 구입하는 것이다. 노트북을 판매하는 기업의 영업직원은 고객의 니즈를 바탕으로 노트북 견적을 경쟁력 있게 제안한다. 물론 고객 입장

제품영업과 솔루션영업

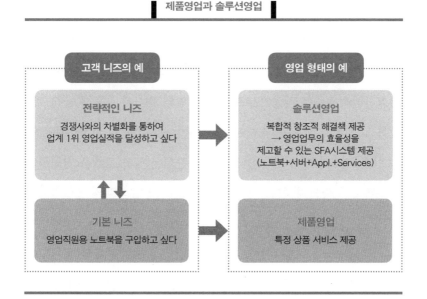

에서 볼 때 다른 차별화 부분이 없기 때문에 좋은 사양에 저렴한 가격을 제안해야만 경쟁에서 이길 수 있을 것이다. 반면에 솔루션영업의 측면에서 보면 영업직원이 평소에 IT구매부서와 신뢰를 바탕으로 한 관계를 형성해놓아야 경쟁에서 이길 수 있다. 그리고 이 예산이 단순히 노트북 구입을 위한 것이 아니라, 경쟁사와의 차별화를 통해 업계 1위의 영업실적을 달성하려는 고객사의 니즈에서 비롯된 것임을 파악해야 한다.

고객은 노트북이 부족해서 구매하려는 것이 아니라 영업직원의 설명을 듣다 보니 업계 1등을 차지하려면 노트북이 필요하다고 판단하고 예산을 확정했다. 영업직원은 이 니즈를 바탕으로 통합형, 맞춤형 해결책을 제시한다. 업계 1위를 위해서는 노트북만 사는 것이 아니라 영업업무의 효율성을 제고할 수 있는 영업관리시스템(고객의 구매패턴과 요구사항을 분석하고 판매전략을 세우기 위해 영업 제안, 납품에 이르기까지 직접적인 영업업무를 지원하는 시스템)을 구축하고, 이를 통해 영업기회관리시스템을 갖춤으로써 영업직원의 허드렛일을 효율적으로 줄여 고객과의 시간을 더 확보하게 해야 결과적으로 업계 1위로 갈 수 있다고 제안한다. 이 통합솔루션에 관심이 생긴 고객은 영업관리시스템을 구축하기 위한 제안을 요청하고, 영업직원은 통합영업관리시스템을 제안한다. 물론 영업관리시스템은 노트북과 모바일, 서버, 영업관리 애플리케이션 그리고 개발인원까지 포함한 통합맞춤형으로 제안한다. 다른 경쟁사가 노트북 가격 제안을 준비하는 동안

이 영업직원은 몇 배 큰 매출을 일으키는 통합 제안을 하고, 이는 경쟁을 예방할 수 있는 차원까지 있어서 매출과 이익에서 큰 성과를 달성하게 된다.

이렇듯 영업에서 접근방식의 변화에 따라 성과는 큰 차이를 보인다. 물론 이는 평소 고객과의 신뢰를 바탕으로 한 관계형성이 되어 있었기 때문에 가능하다고도 볼 수 있다. 지속적인 신뢰관계가 형성돼 있지 않았다면 고객이 이 해결책 제안을 경청하지 않았을 것이기 때문이다.

통합하고 맞춰주기만 해도 되는 이유

영업이 곧 고객 입장에서 부가가치를 제공하고, 이를 통해 영업회사가 더 큰 수주와 매출, 이익을 얻을 수 있다는 사실을 우리는 앞에서 살펴보았다. 그리고 이러한 영업이 고객에게 통합하고 맞춰주기만 해도 가능하다는 것을 알게 되었다. 그렇다면 좀 더 깊이 있게 고객 입장에서 통합하고 맞춰주는 솔루션영업이 영업회사 및 담당자 입장에서 왜 필요한지 논의해보자.

첫째, 공급하는 제품 및 서비스의 제값을 받을 수 있다. 최근 국가의 성장률이 둔화되면서 이로 인해 기업의 공급량은 줄지 않는 반면

소비자의 수요량은 줄고 있는 것이 사실이다. 공급은 늘고 수요는 줄면 기존보다 경쟁이 심화된다. 더구나 차별화하지 못하는 제품 및 서비스라면 더 이상 말할 필요조차 없을 것이다. 경쟁의 심화는 기업을 운영하는 기업가나 현장에서 뛰는 영업직원 모두에게 오래전부터 큰 걸림돌이 돼왔고, 기업은 경쟁에서 이기기 위해 혹은 경쟁 자체를 예방하기 위해 여러 가지 노력을 기울여왔다. 제품 및 서비스를 통합화·맞춤화한 해결책을 제공하면 구매자 입장에서 구매 결정요인이 단수 가격 비교가 아닌 전체 솔루션의 비즈니스 효과로 변화하므로 경쟁의 심화를 예방할 수 있다.

또한 통합화 및 맞춤화한 해결책은 고객의 문제점을 해결해준다는 측면에서 제품영업에 비해 상대적으로 경쟁자들과 차별화된다. 따라서 오랫동안 맺어온 신뢰관계를 기초로 솔루션을 개발 및 제안한다면 같은 준비에 더 많은 노력을 기울여야 하는 경쟁자의 숫자를 줄일 수 있다. 그리고 경쟁자의 숫자를 줄이면 내가 제안한 통합솔루션이 경쟁사가 단순 제안한 제품보다 비싼 값을 받을 수 있게 된다. 그뿐만 아니라 구매 의사결정 시 여러 가지 결정요인(통합의 정도, 맞춤화의 정도, 고객의 부가가치 등)을 추가해 상대적으로 가격 민감성을 줄일 수도 있다. 단순 제품 비교를 통한 경쟁보다 제품 및 서비스를 제공하고 제값을 받을 수 있는 가능성이 높아지는 것이다.

둘째, 신규 시장을 개척할 수 있다. 크로스셀링(교차판매), 업셀링

(추가판매), 번들링이라는 용어가 있다. 크로스셀링이란 기존 상품을 구입한 고객이 연관된 다른 상품도 구매하도록 하는 마케팅 방법이다. 기업이 기존 구매고객에게 다른 상품을 구매하도록 제안하거나 고객이 특정상품을 구매할 경우 그와 연관성이 높은 상품을 연계해 판매하는 것을 말한다. 예를 들면 은행에서 적금상품을 구매하려는 고객에게 추가로 보험상품이나 카드상품을 구매하도록 제안하거나, 금융지주회사의 경우 증권이나 신탁상품도 제안하는 경우를 말한다. 업셀링이란 특정한 상품 범주 내에서 상품구매액이 늘어나도록 더욱 비싼 상품이나 업그레이드된 상품을 구매하게 유도하는 마케팅 방법이다. 예를 들면 커피전문점에서 아메리카노를 구매하려는 고객에게 가격이 더 비싼 카페라테나 캐러멜마키아토를 권유하는 경우를 말한다. 번들링이란 두 개 이상의 다른 제품을 하나로 묶어서 단일 가격으로 판매하는 마케팅 방법이다. 마이크로소프트사가 다양한 소프트웨어를 하나의 제품으로 묶어서 파는 것을 말한다.

이와 같이 교차해서 팔고 업그레이드해서 팔고 묶어서 팔고 통합해서 파는 다양한 영업기법이 있는데, 이러한 기법은 자칫 잘못하면 고객의 오해와 불신을 살 수 있다. 고객이 영업직원에게 속았다는 식의 잘못된 생각을 가질 수도 있으므로 이러한 통합판매 방식은 신뢰를 기반으로 한 관계 정립이 선행되어야만 효과가 있다. 아울러 통합했을 때 고객 입장에서 부가가치가 있어야 한다. 고객이 추가로 지불한 금액보다 고객이 느끼는 효용이 더 커야 된다는 말이다. 즉,

차별화된 서비스와 솔루션영업의 기본이라 할 수 있는 통합 및 맞춤을 통한 고객가치의 제고가 함께 존재해야 한다. 이를 통해 공급기업은 단순한 제품이나 서비스에 추가해 복합된 새로운 시장을 갖게 된다. 위에서는 주로 소매영업의 예를 들었지만 실제로 이러한 통합을 통한 신규 시장 개척은 고객에게 통합 이외에 차별화된 가치를 제공하는, 신뢰를 바탕으로 한 관계지향형 솔루션영업에서 볼 수 있으며, 솔루션영업이 필요한 이유 중 하나다. 호텔에 통합호텔솔루션(시스템에어컨과 가전제품 및 IT제품의 단품 영업이 아닌, 호텔에 필요한 모든 통합솔루션을 제안)을 통합 및 맞춤 제안함으로써, 객실솔루션 및 지능형 빌딩시스템과 CCTV솔루션 등을 포함한 빌딩 인프라솔루션까지 사업을 확장하는 것을 예로 들 수 있다.

셋째, 고객관계 강화에 꼭 필요하다. 영업의 근간 중 하나는 신뢰에 바탕을 둔 장기적인 고객관계다. 이것이 있어야 고객에게 가치를 제공할 수 있고 이를 통해 기업의 이익이 지속적으로 달성된다. 단품 제품영업과 달리 솔루션영업은 제품 공급업체(흔히 '업자'라고 부르는)가 전략적인 솔루션 파트너십 관계를 형성하고 발전해나갈 수 있게 해준다.

내가 IBM에서 삼성전자로 이직한 후 얼마 지나지 않았을 때의 일이다. 지금의 삼성전자는 B2B사업을 글로벌 차원에서 전사적으로 진행하고 있지만, 당시만 해도 B2B영업 문화가 초기 단계여서 거의 모든 영업을 단품영업으로 진행했다. PC 따로, 프린터 따로, 가전 따로, 핸드폰 따로 영업할 때였다. 나는 IBM에서 단순 제품과 서비스가 아닌, 고객의 부가가치를 높이기 위한 제품 및 서비스의 통합된 맞춤형 솔루션을 제안하며 많은 경험을 했기 때문에 고객과 제품의 판매업체가 아닌 전략적 파트너 관계를 계속 유지했다. 삼성전자로 이직한 후 고객사인 금융기관 임원과 삼성전자 임원의 미팅을 주선하게 되었다. 이직 이전에도 고객사 임원 중 많은 분들이 나의 이직을 축하해주었고, 삼성전자라는 회사 또한 고객분들이 존경하는 회사였기에 당연히 우리 쪽 담당 임원과 금융기관 고객사 임원과의 만남이 쉬울 것으로 생각했다. 그러나 고객사 임원의 첫 번째 반응은 당황스러웠다. "내가 그분을 왜 만나냐? 나랑 아무 관련이 없다. PC나 프린터나 기타 가전제품 등은 조직 내에서 나의 주요 성과지표와 관련이 거의 없고, 그 구매는 실무자가 입찰을 통해 진행하기 때문에 내가 할 말도 별로 없다."라는 것이었다. 물론 그 이후 관계를 만들고 자주 만나는 사이로 발전은 했지만, 이 사례는 솔루션영업이 왜 필요한지 그 이유를 극명하게 보여주는 예다. 단순 제품 공급업체의 '업자'가 아니라 고객의 문제를 해결해주고, 고객의 주요 보직자의 주요 성과지표와 연관되며, 장기적이고 전략적인 파트너로서 자리매김해야만 영업의 지속적인 성장과 발전이 가능한 고객관계가 정립된다. 결국 고객관계 강화는 솔루션영업의 중요한 필요성이 된다.

통합과 맞춤이 가능한
고객 지향형 조직으로 변화한다
- 선가드

선가드(SunGard)는 전 세계의 선도적인 소프트웨어 및 테크놀로지 서비스 기업들 중 하나로서, 금융서비스에 특화된 소프트웨어 및 프로세싱 솔루션을 제공하는 미국 소프트웨어 회사다. 매출 3조 원 규모에 1만 3,000여 명의 직원을 거느리고 70개 이상의 국가에서 사업 중이다.

급속도로 변화하는 영업환경하에서 선가드 역시 다른 기업들이 겪는 것과 같은 어려움을 겪고 있었다. 글로벌 경쟁은 더욱더 심화되고 고객은 인터넷과 모바일의 보급으로 더욱 똑똑해졌다. 또 금융환경의 복잡성으로 인해 갈수록 강화되는 정부의 규제는 금융 소프트웨어 회사의 경쟁력에 심각한 악영향을 끼치고 있었다. 이처럼 어려운 환경에서는 영업조직이 고객의 문제와 니즈를 정확히 파악해서 문제를 해결해줄 솔루션을 제공할 수 있는 역량을 지녀야 하는데, 선가드의 영업조직은 고객산업과 연동된 조직이 아닌 제품 지향형 조직이었다. 한 고객에 관련된 제품에서 여러 명의 영업직원이 고객과 접촉하고 있었다. 그러다 보니 자신이 담당한 제품을 파는 능력은 있어도 고객의 문제를 해결하는 능력에는 한계가 있었고, 고객 또한 여러 명의 영업직원을 상대해야 하므로 불편함을 호소했다.

이 문제를 해결키 위해 선가드는 두 명의 영업 리더를 영입했고, 그들은 분석을 통해 고객 및 솔루션 지향으로의 조직 변화와 통합 영업전략의 필요성을 제기했다. 이러한 변화에는 시간이 걸리고 큰 투자가 필요했지만 두 영업 리더는 회사의 미래 발전을 위해 최고경영진에게서 반드시 필요한 혁신이라는 합의를 이끌어냈다. 이들이 세운 선가드의 비전은 고객 비즈니스를 성공시킬 수 있도록 고객에게 가치와 인사이트를 제공할 수 있는 장기적인 영업조직과 영업인력을 양성하는 것이었다. 즉, 고객의 문제를 듣고 선가드의 제품과 솔루션을 통합해 맞춤형 솔루션을 제공할 수 있는 조직과 인력을 만들자는 것이었다.

최고경영진의 지원을 바탕으로, 선가드는 전 세계의 직원을 대상으로 한 현재와 미래의 영업조직에 대한 설문조사를 시작으로 고객 지향형 조직에 대한 컨센서스를 이루어낼 수 있었다. 이를 통해 새로운 조직과 프로세스, 소프트웨어 툴을 개발하고, 이에 맞는 영업인력의 재배치와 개인별 개발 계획을 수립하고 실행할 수 있었다.

혁신 과정에서 변화의 관리는 중요하다. 선가드는 전문 영업개발 관리자를 영입하고 이들이 일선 영업관리자와 소통함으로써 영업직원의 사기와 변화를 관리하게 했다. 혁신 초기에는 반발세력이 변화로 인해 발생할 수 있는 초기 매출 감소를 들며 반대했지만, 변화된 영업직원들이 첫해에 전년도 대비 두 배의 성과를 달성하며 첫해 매출은 성공적으로 달성되었다. 이는 경영진의 혁신에 대한 의지를 한

층 북돋워주는 계기가 되었다. 영업의 기본이라고 할 수 있는 고객 산업 및 고객 비즈니스와 연동된 영업조직을 만들어 변화를 추진하고 변화 시기의 재무성과 또한 소기의 목적을 달성했으므로 선가드의 영업혁신은 성공적으로 시작되었다고 할 수 있다.

필경재의 한 상 가격

통합형·맞춤형 가격 제안은 단품의 항목별 가격의 합이 되어서는 안 된다. 통합의 가치에 대해 가격이 매겨져야 한다. 제품의 가격은 제품 단가에 납품된 개수를 곱해 산정된다. 이후 대량 계약일 경우 볼륨 디스카운트 등을 적용해 고객에게 제안하는 최종 가격이 산정된다. 그러나 통합형·맞춤형 가격 제안은 고객의 니즈를 해결해 고객에게 가치를 제공하는 것이라서 제품의 가격 산정을 적용해서 구성요소의 가격의 합을 산정하는 것이 아니라, 마지막 산출물 혹은 제안물의 통합 비즈니스 가치를 산정해서 가격을 제안하는 것이다.

다음의 두 가지 예를 살펴보자. 국내 제조기업들은 그동안 대부분 단품영업을 진행해왔다. 제품의 종류가 많아도 각 제품의 영업직원이 따로 정해져 있었다. 당연히 견적시스템도 단품 가격에 수량을 곱한 합으로 이루어졌다. 10가지의 통합 제안(예를 들면 냉장고, PC, 프린터, TV의 합)이라 하더라도 단품 견적의 합과 수량에 대한 할인만 존재했고, 통합된 제품이라 하더라도 고객사는 이를 분할해 냉장고는 냉장고대로, PC는 PC대로 경쟁사와 가격견적을 비교했다. 차별화의 큰 부분인 통합화를 이루더라도 내부 견적구조나 영업직원 및 재무직원이 이를 분할해서 제품의 합을 기초로 가격견적을 냈던 것이다. 그러나 이제는 다르다. 앞에서도 언급했듯이 삼성전자의 호텔형 통합솔루션 제안처럼 고객이 원하는 것이 제품 수량의 합이 아닌, 쾌적하고 효율성 있는 호텔을 만들기 위한 통합 IT 기반 시스템이라는 점을 기억해야 한다. 물론 이 안에는 제조사의 모든 제품이 통합된 데다 아울러 특화솔루션까지 첨가돼 고객의 니즈를 만족시킬 수 있다. 결국 경쟁사의 개별적인 경쟁도 예방하고 통합 비즈니스 가치에 입각해 가격 견적을 진행해서 최종적으로 수주에 성공할 수 있다. 고객이 요청한 제품의 합이 아닌 고객의 니즈를 만족시키려는 시도로 응분의 보상을 얻는 것이다.

두 번째는 필경재다. 수서동에 위치한 필경재는 고급 한정식 집인데 500년이 넘은 고택에서 훌륭한 요리사가 최상급의 식사와 고급스러운 서비스를 제공하는 곳이다. 이곳은 특히 외국 손님들에게는 이국적이며 고급스럽고 한국 전통의 맛을 느낄 수 있는 곳이어서 자주 이용하곤 한다.

이 필경재의 한정식 상품이 맞춤형·통합형 가치 제안이라고 할 수 있다. 필경재의 한정식 메뉴 가격은 1인당 5만 원에서 24만 원까지다. 단품 가격 산정 방식으로 하면 절대로 이 금액이 산정될 수 없다. 필경재 한정식에 포함된 각각의 반찬 가격과 신선로 가격, 밥 가격 및 기타 후식 가격을 모두 합해도 1인당 가격의 50%도 안 될 것이다. 그러나 필경재는 통합솔루션 가격 체계를 기반으로 가격을 정하고 고객에게서 당당히 그 가격을 받고 있다. 고택에서의 훌륭한 음식과 서비스로 고객의 니즈인 고급스러움, 맛, 편안함 등을 포함한 가치를 제공해 통합솔루션의 솔루션 프라이싱을 가능하게 함으로써 고가의 음식서비스를 제공하고 있다. 단품의 합이 아니라 한 상 가격을 제안하는 것이다. 이 식당에 와서 왜 단품의 합으로 계산하지 않느냐는 이야기는 누구도 하지 않을 것이다. 이와 같이 솔루션 가격 산정은 고객이 느끼는 비즈니스 가치를 기반으로 산정된다.

26

고객보다 먼저
세상의 변화를 읽어라

영업의 시작과 끝은 고객이며 고객이 모여 있는 곳이 시장이다. 고객을 모르고 시장을 모르면 제대로 된 영업을 하지 못한다. 내가 영업을 처음 시작하던 시기에 경험 많은 선배가 해주었던 말이 기억난다. "두부를 팔려면 두부값을 알아야 하고 두부값을 알려면 가능한 한 많은 재래시장을 찾아가서 두부 파는 아주머니에게 물어보아야 한다."라는 내용이었다. 당시는 인터넷이 없던 시대였으니 당연히 발품을 팔아야 고객의 목소리, 시장의 목소리를 듣고 영업을 잘할 수 있다는 뜻이었다. 그때부터 나는 이 말을 항상 염두에 두고 시장과 고객의 얘기를 듣기 위해 항상 고객을 찾아가서 만나고 고객의 얘기, 시장의 얘기에 귀를 기울여왔다.

우리는 인터넷, 모바일 등 수 많은 혁신적인 IT기술을 통해 많은 정보의 홍수 속에 살고 있다. 그러나 고객이 정말로 원하는 요건을 바탕으로 고객에게 진정한 부가가치를 제공하기 위해서는 직접 고객을 찾아가서 고객의 목소리를, 시장의 목소리를 들어야 한다. 이는 두말할 필요조차 없는 진리다. 결국 시장에서 벌어지고 있는 일을 끊임없이 듣고 분석하고 이를 바탕으로 행동하는 것이야말로 영업직원의 본분이라고 할 수 있다.

그렇다면 우리가 항상 관심을 가져야 할 시장과 고객이 현재 어떤 변화 속에 있는지 알아보자.

시장과 고객은 폭발적으로 변화하고 있다

기업의 경쟁력을 올리는 방법에는 두 가지가 있다. 원가와 차별화다. 우리나라가 두 자릿수로 고속 성장하던 시기에는 원가경쟁력을 높이는 것도 지금보다 어렵지 않았고 차별화 방법 또한 상대적으로 많았다. 그러나 현재 고객이 처한 시장환경을 보면 표준화의 가속과 원가 구성요소의 증가 등으로 원가경쟁력을 올리는 데도 한계체감의 법칙이 적용된다. 그뿐만 아니라 차별화 방법을 찾는 것도 점차 어려워지고 있다.

이런 이유로 차별성을 가진 기존 제품과 서비스조차도 범용화되어가고 있다.

산업마다 약간의 편차는 있겠지만 대규모 투자, 시장수요보다 과잉한 공급, 채널의 다양화, 기술혁신 등으로 제품(세트)의 가격 하락은 지속적으로 늘어가고, 차별화의 어려움으로 인한 가격 경쟁의 심화 및 이를 통한 수익성 악화는 이제 우리나라 산업의 전 분야에 나타나는 현상이다. 기본적으로 아래 도표에서 볼 수 있듯 우리나라 경제가 저성장의 긴 터널에 들어선 것은 물론 가격경쟁 심화와 수익 악화가 가속화되고 있다고 해도 과언이 아니다.

시장에서 일어나고 있는 또 하나의 큰 변화는 기술혁신으로 인한

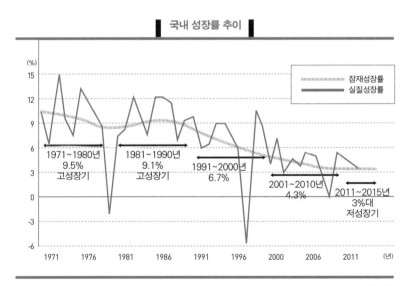

┃ 국내 성장률 추이 ┃

* 자료: 한국은행, 현대경제연구원   * 주: ↔는 잠재성장률의 구간 평균치임

변화다. 최근 수년간의 기술혁신은 가히 인류 역사 이래 전대미문의 속도로 진행되고 있다. 반도체 기술의 혁신, 모바일 및 SNS의 출현과 전 세계로의 폭발적인 확산, 이를 통한 빅데이터의 발전, 사물인터넷 등 이루 말할 수 없을 만큼 다양한 신기술이 등장하고 있다. 이러한 기술혁신을 통한 정보의 홍수와 신속한 정보 획득방법, 아울러 빅데이터 분석기술의 발달로 분석된 정보의 출현 등 정보에 관한 시장의 변화는 가히 폭발적이라는 말을 쓸 수밖에 없을 정도다.

고객보다 변화를 먼저 인식하라

오늘날처럼 폭발적인 기술 변화를 통해 분석되고 신속하게 전달된 정보는 고객의 행동에도 영향을 미쳤다. 고객은 솔루션이라는 개념에 입각해 기업의 문제점에 대한 해결책을 제시하는 영업직원과 그 회사의 솔루션을 선택하고 제값에 구매하기 시작했다. 그 결과 이제는 분석된 정보를 바탕으로 솔루션 해결책의 질을 선정하는 기준이 더욱 높아졌다. 결국 고객은 문제점을 해결해주고 부가가치를 제공해주는 공급자와 파트너십을 맺게 되었고 이를 발전시키게 되었다. 또 인터넷과 모바일의 출현, 똑똑해진 구매부서, 경험 많은 구매 컨설턴트들은 영업직원을 처음 만나기 전에 이미 구매대안에 대한 조사 및 순위 결정, 요건 정의, 가격 벤치마킹 등 전통적인 구매 의사결정의 60%가량을 먼저 진행한다. 앞서 논의했듯이 고객보다 먼저 문제를 인식하고 고객의 니즈를 창조하며 고객보다 먼저 인사이트를 제공함으로써 변화한 고객을 만족시켜야 한다.

글로벌 기업의 핵심가치

오랜 전통과 브랜드를 가진 글로벌 기업의 핵심가치는 과연 무엇일까? HRD 용어사전에 따르면 "핵심가치는 공유가치라고도 하는데 조직 내에서 바람직한 행동을 제시하는 기본규범이며, 기업 구성원들이 공유하고 있는 가치관이자 신념을 말한다." 핵심가치란 기업의 가치관이자 신념이다. 기업의 목적은 계속 기업(Going Concern)이 되는 것이다. 진정으로 존경받는 기업은 최근 몇 년 동안 세계 1위를 한 기업이 아니고 세계적으로 인정받으며 오랫동안 생존, 발전하는 기업이다. 그처럼, 100년이 지난 현재도 존경받는 글로벌 기업의 핵심가치를 통해 그들의 가치관이 무엇인지 그리고 이를 통해 기업이 진정으로 추구해야 할 핵심가치를 찾아보자. 설립된 지 100년이 넘는 기업인 IBM과 글로벌 지속 컨설팅기업인 액센추어의 핵심가치에 관해 알아보자.

IBM의 핵심가치

IBM의 핵심가치는 세 가지로 구성된다.

- 모든 고객의 성공을 위한 헌신

  (Dedication to every client's success)

- 회사와 세상을 위한 혁신

  (Innovation that matters, for our company and the world)

- 모든 관계에 있어서의 신뢰와 개인적 책임

  (Trust and personal responsibility in all relationships)

IBM의 첫 번째 핵심가치는 모든 고객의 성공을 위한 헌신이다. 고객의 성공을 위해 IBM의 모든 전문가가 최선을 다한다는 뜻이다. 두 번째 핵심가치는 회사와 세상을 위한 혁신이고 세 번째 핵심가치는 신뢰와 개인적 책임에 관한 가치다. 설립 100년이 넘는 글로벌 기업인 IBM의 가치관 세 가지 중 첫 번째가 고객이고 나머지 둘은 고객을 위한 혁신과 신뢰다.

액센추어의 핵심가치

액센추어의 핵심가치는 여섯 가지로 구성된다.

- 미래세대를 위한 더 나은 회사 구축(Stewardship)
- 최상의 직원 채용, 개발 및 유지(Best People)
- 고객의 부가가치 창출(Client Value Creation)
- 글로벌 네트워크 활용(One Global Network)
- 개인 존중(Respect for the Individual)
- 정도 및 윤리 경영(Integrity)

이 중에는 고객의 부가가치 창출이 들어 있다. 이 핵심가치의 설명을 보면 고객을 성공할 수 있게 하고 부가가치를 제공함으로써 오래 지속되는 관계를 정립한다는 것을 알 수 있다. IBM과 마찬가지로 고객의 중요성과 고객에 대한 섬김이 가치관에 뚜렷하게 명시돼 있다.

글로벌 기업의 기업 조직원이 보유한 가치관과 신념이 고객의 성공을 최우선으로 삼고 이를 위해 노력하는 고객중심 마인드라는 것을 알 수 있다. 세계적으로 존경받으며 오랫동안 생존, 발전을 거듭하는 기업의 가치관 중심에는 고객이 있다. 제품 중심에서 고객 중심으로 마음가짐을 변화시키는 것이 영업의 시작이다.

PART 6

로마로 가는 길은 여러 가지다

창조적 사고

Creativity

Creativity

"올해 사업계획에 차질이 생겨 고객이 올해 투자 예산을 대폭 줄였다고 합니다."
"우리 제품을 살 예산이 줄었다고 하니 올해 장사는 포기해야 할 것 같습니다."
만약 이렇게 회사에 보고했다면 나는 창조적, 혁신적인 영업직원이 아니다. 영업을 잘하려면 창조적인 사고로 슬기롭게 위기를 극복하고, 적극적으로 영업기회를 찾으며 복잡한 문제를 솔선수범해서 해결하고, 전략과 전술을 가지고 고객에게 접근해야 한다. 또한 창조와 혁신의 사고로 고객만족을 높이며 유연한 전략으로 시장을 공략해야 한다.

비용을 줄이려는 고객에게도 매출을 만들 수 있다

기업영업의 환경은 복잡하다. 다수의 고객과 이해관계자를 만족시켜야 하고, 대개의 경우 기회 발굴부터 계약 종결 및 서비스 실행까지의 기간도 길다. 고객사가 구매를 통해 경쟁력을 높일 수 있어야 하고 만약 잘못될 경우 고객사 임직원의 신상에도 변동이 생길 수 있다. 물론 구매를 통해 고객사의 경쟁력에 좋은 변화가 생기면 그 임직원의 신상에도 긍정적인 변화(진급 등)가 생긴다. 또 계약과 공급만으로 끝나는 것이 아니고 사후 유지보수도 매우 중요하다. 사후에 서비스가 잘못될 경우에는 고객사의 경쟁력에 심각한 영향을 끼치기도 하고 이 때문에 지속적인 계약관계를 유지하기가 어려워지기도 한다. 고객사의 담당자가 바뀔 경우에는 그 고객과의 신뢰를 만들기 위해 또 시간이 소요된다. 참 어렵고 복잡하다. 이처럼 어렵고 복잡한 고객의 상황과 요건을 단순화하고 새로운 해결책을 찾아 제안하려면 창조적이고 혁신적이야 한다.

탁월한 영업직원이 되려면 현상을 분석해서 혁신적 사고로 뚫고 나가며, 언제 어떤 위기를 만나도 슬기롭게 헤쳐나가는 위기 돌파 능력이 있어야 한다. 고객의 복잡한 문제를 다른 방식으로 사고해 해결책을 찾는 창조성과 유연성을 가져야 한다. 그리고 이러한 사고를 바탕으로 전략과 전술을 구사하는 영업역량 또한 가져야 한다.

원래 군사용어였던 전략과 전술의 의미를 먼저 살펴보자. 전략은 전술의 상위 개념으로 전투를 이끌어가는 방향, 즉 전투 방침을 의미하고 전술은 전략을 달성하기 위한 수단, 즉 전투 기술을 말한다. 전략은 장기적이고 범위가 넓으며 전술은 단기적이고 구체적이라고 할 수 있다.

생각 없는 행동은 잘못된 결과를 낳을 수 있기 때문에 삼가야 한다. 물론 행동 없는 생각이 더 못한 것이기는 하다. 영업을 수행할 때는 반드시 전략적으로 사고해야 한다. 고객의 문제는 전략이 없이는 해결될 수도 없고 기업에게도 의미가 없다. 더구나 새로운 고객사에 첫 계약을 시도할 때나 경쟁사로부터 고객을 윈백(Winback: 현재 운영 중인 경쟁사의 제품을 자사의 제품군으로 바꾸는 공격적인 영업방법)할 때는 더 많고 다양한 조건을 만족시켜야 하고, 계약까지 더 오랜 기간이 필요하므로 전략과 전술은 필수다.

창조적이고 혁신적인 사고, 전략과 전술을 통해 영업을 수행하려는 마음가짐과 태도는 영업의 어느 분야에서나 보유해야 하는 역량이다. 특히 승부사 정신과 조화를 이룰 때 시너지를 낼 수 있다.

전략적으로 창조하라

한 금융그룹의 IT계열사에 신임 대표이사가 부임했다. 이 회사는 그룹의 계열사인 금융회사들의 IT시스템을 통합해 시너지를 내고 유지, 관리하는 기업이다. 글로벌 금융위기 이후 저성장 및 저금리로 인한 수익성 악화로 그룹의 초점은 여전히 절제에 맞춰져 있다. 따라서 대표이사의 성과지표 중 가장 으뜸은 당연히 비용절감을 통한 손익목표 달성이다. 계열사들의 상황도 어려우므로 비용을 줄이는 것이 목표일 것이나, 그런 반면에 기업의 수익을 달성하기 위해 정보시스템에 신규 투자도 해야 하므로 두 마리 토끼를 잡아야 하는 곤란한 입장에 처해 있다. 생산성을 높이기 위해서는 투자를 해야 하고 손익목표를 달성하기 위해서는 비용을 줄여야 한다. 이런 고객사의 상황을 잘 아는 HP 영업직원인 노 차장은 '내 매출 목표도 달성해야 하고 고객의 손익목표도 달성해야 하니 이게 가능한 일일까?'라는 도대체 풀리지 않을 것 같은 문제의 해결책을 내야 해서 고민에 빠지게 되었다.

경영 내외부환경의 변화로 인해 금융그룹의 손익이 매년 감소하는 상황이라 매출과 손익에 직접 영향을 미치는 투자를 제외하고는 투자를 줄이라는 그룹의 지침이 IT계열사에 내려왔다. 그런데 HP가 납품한 대형 서버와 중소형 서버는 유지보수료가 높을 뿐 아니라, 설치한 지 오래되어 유지보수 보증기간이 이미 만료됐거나 올해 만료된다. 게다가 올해 보증기간이 만료되는 기기 때문에 유지보수료가 더 높아지게 되었다. 엎친 데 덮친 격이다.

노 차장은 고객사가 비용을 절감해야 한다는 것을 안다. 또 한편으로는 HP의 매출목표도 달성해야 한다. 서로 반대 방향으로 달리는 것처럼 보이는 두 마리 토끼를 잡아야 한다. 어찌 됐든 고객의 문제를 안 이상 이에 대한 해결책을 찾아내야 한다. 고민에 고민을 거듭하다 보니 고객의 문제도 해결하고 추가투자도 이끌어낼 수 있는 방법을 찾아낸다. 그리고 내부 검토를 거친 뒤 고객사를 설득한다. 노 차장은 이번 일이 노력하면 세상에 안 되는 일은 없다는 것을 알게 해준 좋은 계기가 됐다고 생각한다. 노 차장이 고객사와 합의를 이끌어낸 해결책은 다음과 같다.

첫째, 고객사 비용 절감안을 제시한다. 먼저 신규 대형 서버를 도입함으로써 유지보수료를 줄인다. 신규로 구입한 대형 서버는 보증

기간(3년) 내에는 유지보수료를 내지 않아도 되고, 기존의 오래된 대형 서버를 거두어가기 때문에 이 기기에 부과됐던 고가의 유지보수료를 내지 않아도 된다. 또한 500여 개의 중소형 서버를 신기술이 적용된 10개의 대형 서버로 통합함으로써 3년 뒤 보증기간 종료 후의 유지보수료도 대폭 절감시킨다.

둘째, 신기술 적용안을 수용한다. 올해 투자 예산이 잡혀 있었으나 고객사가 비용 때문에 고민했던, 신기술이 적용된 대형 서버 증설을 비용 절감안과 함께 품의한다. 아울러 중소형 서버에도 최근 신기술을 적용해 그룹의 업무 시스템의 효율성에 큰 도움을 준다.

셋째, 올해 투자 비용을 감소시킨다. 올해 새로 회사에서 발표한 플렉시블 리스 계약(매월 리스료를 정액으로 하지 않고 고객사의 상황에 따라 유연성 있게 책정해 부과하는 리스 방식)을 제안해 처음 1년간의 리스료를 줄이고, 나머지 기간의 리스료를 늘림으로써 올해 비용을 절감하는 효과를 노린다. 이로써 대표이사의 첫해 목표달성에 도움을 준다.

이 사례는 혁신과 창조에 바탕을 둔 전략적 사고로, 해결할 수 없을 것 같던 고객의 문제를 고객가치로 끌어올리고 위기를 기회로 바꾼 성공 사례다. 고객사의 비용 절감 목표가 너무 강하다 보니, 보통의 영업직원이라면 회사에 돌아와 "경쟁사로 다 넘어갈 수도 있으니 경쟁력 있는 싼 가격으로 제안하자."고 내부 경영진을 설득했을 것이다. 그러나 노 차장은 한 단계 더 나아가 회사와 고객이 함께 만족할 만한 윈윈전략을 제시해냈다. 창조적인 가치 제안으로 문제를 풀고, 고객가치 측면에서도 창조적인 만족을 이끌어 낸것이다.

28

영업을 모르는 리더는
뛰어난 전략가가 될 수 없다

영업은 CEO의 필수덕목이다

기업의 목표는 이익 창출이고 이익 창출의 근간은 매출이다. 돈을
벌어와야 하는데 그 일이 바로 영업이다. 이것이 모든 부서가 다 영
업을 해야 하는 이유이다. 회계를 담당하는 직원도, 재고를 관리하는
직원도, 인사담당자도, 자금을 관리하는 직원도, 연구소에 근무하는
연구직도, 비서도 영업을 하지 못하면 존재에 문제가 생긴다.

영업 마인드가 기업 내 각 부서에 상존해야 그 기업에 발전 가능
성이 있다. 물론 모든 부서가 영업을 지원만 해서는 곤란하다. 견제

도 필요하다. 그러나 여기에서의 견제는 막는 것이 아니다. 견제를 통해 도와주는 것이다. 어느 기업이든 중역이 되면 무슨 부서를 맡든 영업목표를 가지게 된다. 컨설팅회사의 직원들은 컨설팅을 잘해야 한다. 그러나 컨설팅회사의 중역에게 가장 중요한 기준은 계약이다. 계약을 따내야 컨설팅을 수행하는 직원의 월급을 줄 수 있기 때문이다.

더욱이 CEO는 말할 필요조차 없다. CEO는 모든 직군에서 나올 수 있다. 제조 출신도 있고, 인사 출신도 있고, 재무 출신도 있고, 기획 출신도 있고, 연구소 출신도 있고 영업 출신도 있다. 그러나 어느 직군에서 왔든 기업의 CEO는 영업목표인 매출과 손익 목표를 달성해야 한다. 영업은 성공하고 싶은 사람이라면 알고 공부하고 마인드를 가져야 하며, 모든 부서가 해야 하는 일이다. 더구나 저성장 기조의 최근 우리나라의 상황을 볼 때 시장의 경쟁에서 이기려면 개인의 영업역량이 더욱 필요하다는 것은 명약관화한 사실이다.

영업직원은 전문가다

영업을 잘하기 위해서는 7가지 핵심역량을 실행하고 개발해야 한다. 신뢰를 바탕으로 한 관계 정립, 고객 비즈니스 이해, 고객에게 의미있는 가치 제공, 시장 채널과의 협업, 혁신과 창조를 바탕으로 한 전략적 사고, 승부사 정신, 정도영업 마인드의 7가지 영업직원의 핵심역량은 이 분야가 전문가를 필요로 하는 이유이기도 하다. 성공한 영업직원이 되려면 위의 7가지 역량을 스스로 보유하고 있는지 현상 분석한 후, 부족한 역량이 있다면 이를 보유하고 개발하기 위한 목표를 세우고 행동 계획을 수립해 개발해야 한다. 이것이 영업직원이 전문가라는 첫 번째 근거다.

앞에서도 언급했던 〈하버드 비즈니스 리뷰〉에 실린 'Teaching Sales'에 따르면 기업구매자의 39%는 구매업체를 선정할 때 가격이나 품질, 서비스보다 영업직원의 스킬을 더 중요하게 여긴다고 했다. 또한 영업직원이 고객이 의사결정을 할 때 가장 중요한 의사결정 기준이라는 조사결과까지 나왔다. 지금 기업 내 영업직원이 전문가가 아니라면, 그 기업은 지금 당장 전문가를 육성하거나 전문가를 채용하는 프로젝트를 수행해야 한다. 그 기업의 매출을 일으키는 고객이 의사결정 시 가장 중요하게 여기는 것이 영업직원이기 때문이다. 이것이 영업직원이 전문가라는 두 번째 근거다.

나는 대학을 졸업하고 첫 직장에 취업한 이후 세 번을 이직했다. 기업 경력상으로 보면 IBM, 삼성전자, HP와 한화그룹의 네 군데를 다니는 동안 내 전공은 계속 영업이었다. 지금의 대학으로 오기 전 마지막 직장이었던 한화그룹을 제외하고는 모두 헤드헌터로 불리는 채용컨설팅 회사를 통해 이직했다. 채용컨설팅 회사는 거액의 보수를 받고 전문성을 원하는 회사에 연결시켜준다. 거액의 보수를 준다는 것은 원하는 기업도 그 사람의 전문성을 인정한다는 뜻이다. 채용컨설팅 회사에서는 인사 전문가, 마케팅 전문가, 재무 전문가와 마찬가지로 나 같은 영업 전문가도 지난 오랜 시간 동안 기업에 연결시켜왔다. 이것이 영업직원이 전문가라는 세 번째 근거다.

영업직원은 시장에서 인정한 전문가다. 전문가는 일반적인 회사원과는 다른 차별화 요소를 가진 집단이다. 기업은 기업 생존에 필요한 영업 전문가를 발전시키고 업무에 안정성을 주기 위해 끊임없이 고민하고 투자해야 한다. 아울러 영업직원은 자신이 전문가라는 자부심을 가지고 전문가로서 쉼 없는 공부와 자기발전을 위한 노력을 기울여야 한다. 지금처럼 변화무쌍한 노동환경에서 전문성을 갖추는 것은 자기 직업의 안정성을 확보하는 좋은 길이기도 하다.

온라인 쇼핑몰도 B2B 시장으로:
알리바바

2014년 9월 이전까지만 해도 글로벌 인터넷 쇼핑몰의 대명사는 아마존닷컴이었다. 그러나 2014년 9월 이후 나스닥에 상장하며 시가 총액 2,314억 달러(270조 원)를 기록한 알리바바가 2015년 11월 11일 광군제(중국판 블랙 프라이데이) 하루에만 매출 16조 원을 달성하는 등 명실공히 온라인 상거래에서 1위를 차지했다.

온라인 쇼핑 시장에서 발군의 1위 업체인 알리바바는 현재 B2C모델인 '티몰'과 C2C(소비자와 소비자 간 거래)모델인 '타오바오'를 운영하고 있다. 그러나 알리바바의 태동인 알리바바닷컴은 B2B모델, 즉 중소기업 B2B전자상거래로 시작됐다. 얼마 전 알리바바는 B2B시장의 온라인 모델로 출발해 B2C와 C2C, 온라인 결제 모델인 '알리페이', 기업 거래부터 소비자 택배까지 지원하는 B2B2C모델인 '알리익스프레스', 다양한 정보를 제공하는 '알리윈' 등 전자상거래 생태계를 구축했다. 알리바바 모바일 소매 모델인 '타오바오'의 경우 시장점유율이 80%를 넘는다.

최근 알리바바는 B2B시장 진출의 일환으로 B2B플랫폼 '홀세일러'를 공식 오픈했다. 전 세계의 브랜드 B2B시장을 겨냥한 횡보다. 기업의 태동은 B2B모델이었지만 시장점유율은 아직 40%가량에 머물러 있는 B2B시장에 집중하려는 것으로 볼 수 있다. 알리바바 브랜드와 홀세일러 플랫폼을 결합해 알리바바그룹의 B2B브랜드 경쟁력을 높이기 위한 전략이다. 홀세일러 플랫폼의 기치는 "전 세계 40개 카테고리에서 750만 개의 상품을 제공해 중소기업들이 신용도 높은 공급자들을 통해 브랜드 상품을 구매하도록 돕습니다. 우리는 세계에서 가장 큰 브랜드 마켓 플레이스를 만들 것입니다."이다. 완성도 높은 제품을 B2B시장에 판매한다는 야심찬 전략임을 알 수 있다.

29

사공 많은 배의
주인 사공이 돼라

주인 사공이 되어 배를 이끌어라

영업은 고객을 위해 고객 중심 기업의 주 역할자가 되어야 한다. 고객
의 문제와 니즈를 해결해주는 해결책은 협업을 통해서 구할 수 있는
데, 협업에는 단점이 있다. 저마다 훌륭한 객 사공만 많으면 배가 산
으로 갈 뿐이다. 목적한 방향대로 절대로 가지 않는다. 협업은 누군
가가 주인 사공의 역할을 맡아야만 효율적으로 진행되고, 오케스트
라의 지휘자처럼 전체를 결집시키고 조화를 이뤄 시너지를 냄으로써
시장에서 독보적인 자리를 만들 수 있게 된다. 영업직원은 이러한 주

인정신을 가져야 한다.

주인 사공인 영업직원은 주인정신으로 무장하고 기업의 모든 자원(제품, 서비스, 지원서비스, 직속 관리자 및 중역)을 적절히 조화롭게 리드함으로써 시장에서 이길 수 있게 해야 한다. 그렇다면 주인 사공에게는 어떠한 덕목이 필요할까?

첫째, 주인 사공은 약속을 지켜야 한다. 신뢰는 약속 이행을 통해 만들어진다. 고객과의 납기 약속은 반드시 지켜야 한다. 목숨과도 같다고 생각해야 한다. 고객이 영업직원의 신뢰도를 가장 쉽게 확인할 수 있는 것이 납기약속이다. 납기약속을 지키지 못하거나 변동사항이 생겼을 때 고객이 곤란해지기 전에 소통하지 못하면 주인 사공의 자격은 상실된다. 협업을 리드하고 제안을 주관하는 주인 사공의 신뢰도가 떨어지면 그다음 영업이 쉽지 않을 것은 충분히 예상 가능한 일이다.

기업 내부에서도 마찬가지다. 주인 사공이 약속을 이행하지 못한다면 잘난 객 사공들이 주인 사공의 조언과 방향을 따를 리 없다. 객 사공들은 잘나고 똑똑하다. 약속을 지키지 않는 리더는 리더로 여기지 않는다. 그러니 주인 사공이 방향을 틀자고 해도 의견이 조율되지도 않을뿐더러 불만만 제기할 것이다. 당연히 목표대로 가기도 어렵고 만약 가더라도 시간과 노력이 많이 들 것이다. 이처럼 내부 협업에 있어서도 약속 이행은 중요한 덕목이다.

영업직원이 매출에 있어서 회사와 약속하는 것이 예상매출이다. 월별, 분기별로 영업직원이 예상하는 매출은 회사 전체의 수요 예측에 직접적인 영향을 미친다. 이를 근거로 기업은 공장을 가동하거나 프로젝트 수행인력을 준비한다. 이 또한 회사와의 약속이다. 이 약속은 철저하게 준비해야 하고 상사와 약속하면 반드시 지켜야 한다. 물론 어렵다. 예상하기 어려운 문제가 생길 수도 있고 경쟁상황이 돌변할 수도 있다. 그래도 영업직원은 약속을 이행하려고 노력해야 한다. 회사가 믿을 것은 신뢰할 수 있는 일선의 영업직원뿐이기 때문이다. 이 약속 이행이 깨지기 시작하면 누구나 주인 사공의 자격에 대해 의문을 가지게 된다.

둘째, 주인 사공은 책임감을 가져야 한다. 고객의 니즈를 해결하려면 협업이 필요하다고 했다. 협업을 할 때는 역량 있는 사공들이 함께해야 제대로 된 해결책이 나올 가능성이 높다. 역량 있는 사공들이 제각기 방향을 잡으면 배가 산으로 간다. 역량 있는 사공을 리드하려면 주인 사공이 책임감을 가져야 한다. 협업하려는 사공들은 저마다 자신의 전공분야에서 답을 찾고 이를 가지고 소통하려 한다. 그러므로 주인 사공이 무슨 일이 있어도 고객이 원하는 방향으로 가겠다는 책임감을 가지고 리드해야 한다. 안 그러면 말만 많아질 뿐 배는 앞으로 나아가지 못하고 제자리를 맴돌 가능성이 높다.

셋째, 주인 사공은 더 창의적이어야 한다. 사공이 많은 배의 객 사공은 저마다 똑똑한 척하고 싶어 한다. 많은 사공 속에 함께 있다 보니 자신도 무엇인가 차별화해야겠다고 생각하기 때문이다. 그래서 잘 알지도 못하면서 자기가 주장하는 쪽으로 가야 한다고 우기게 된다. 다양한 객 사공을 목적지로 향하게 하려면 그들보다 더 많이 생각하고 고민하는 것은 물론 더 유연해야 한다. 그래야 객 사공들이 제대로 된 의견을 내고 한 방향으로 가는 것에 동참한다. 고객에게 제대로 된 가치를 제안해야 하므로 주인정신을 가진 주인 사공, 즉 영업직원은 창의적 사고를 멈추지 말아야 한다.

오케스트라 지휘자처럼

오케스트라 지휘자는 각각의 훌륭한 사공들을 이끌어 청중에게 감동을 주는 주인 사공이다. 관객과 오케스트라 구성원과의 약속을 지켜야 하고, 오케스트라의 조화와 협업을 이루겠다는 책임감을 가져야 하며, 연주할 곡에 대해 누구보다도 많이 고민하고 새롭게 접근해야 한다. 이를 통해 관객(고객)을 감동시켜야 하므로 영업의 롤 모델과 같다. 오케스트라 지휘자와 영업직원의 공통점을 찾아보자.

첫째, 지휘자 자신은 연주하지 않는다. 지휘자는 현악기, 목관악기,

금관악기, 타악기를 리드해 전체 하모니를 만들 뿐 자신은 연주하지 않는다. 마찬가지로 영업직원은 고객과의 관계를 바탕으로 회사의 여러 부서를 이끌어 고객의 니즈를 만족시키는 역할을 수행한다.

둘째, 지휘자는 각기 전공 분야가 있는 훌륭한 연주자를 리드한다. 영업직원은 각각의 전공 분야가 있는, 개성과 자아가 강한 기술자그룹이나 재무팀을 리드해야 한다.

셋째, 지휘자는 전체 악보를 이해하고 악기별로 강약을 지시해 하모니를 만든다. 지휘자는 시너지를 통해 위대한 아름다움을 창조한다. 영업직원은 고객 비즈니스와 외부환경을 정확히 이해하고 전체적인 전략을 가져간다. 그리고 이 전략에 따라 여러 팀에게 저마다 강약의 호흡을 유도하고 이를 통해 사업을 따낸다.

넷째, 지휘자는 오케스트라에서는 지휘를 하지만 대개의 경우 자신의 전공이 있다. 정명훈 지휘자는 피아노가 전공이었고 베를린 필하모닉 오케스트라 상임지휘자인 사이먼 레틀 경은 타악기가 전공이었다. 이들은 자신의 전공분야에서 이미 음악계에 입증된 연주자이기도 했다. 자신의 전공이 있기 때문에 오케스트라 단원을 잘 이해하고 입증된 실력을 통해 음악을 만들어낸다. 영업직원도 보통 자신의 전공이 있다. 영업직원이 되기 전에 개발자였거나, 엔지니어였거나, 설계자였거나, 유지보수 서비스 담당이었기 때문이다. 자신의 전공이 있으므로 고객가치를 제안하는 전체 팀을 더 잘 이해할 수 있다.

다섯째, 지휘자에 따라 같은 곡, 같은 오케스트라도 차별화된다. 나는 음악 전문가는 아니다. 그러나 주위에 음악을 전문적으로 하는 지인들이 있다. 이들에 따르면 같은 오케스트라가 같은 곡을 연주해도 지휘자에 따라 다른 감동을 준다고 한다. 엘리야후 인발이라는 지휘자가 서울시립교향악단과 협연한 적이 있었다. 이 지휘자는 런던 필하모닉 오케스트라, 체코 필하모닉 오케스트라 등 세계적인 오케스트라의 상임지휘자를 역임한 거장이다. 이날 오케스트라는 브람스 교향곡 1번을 연주했는데 내 지인은 너무나도 큰 감동을 받았다고 한다. 서울시립교향악단이 엘리야후 인발이라는 지휘자를 만나 기존과 다른 새로운 감동을 준 것이다.

지휘자의 열정과 능력은 관객에게 새로운 감동을 안겨준다. 이와 마찬가지로 어느 영업직원이 고객을 맡느냐에 따라, 어느 프로젝트를 이끄느냐에 따라 그 비즈니스의 결과와 고객의 감동도 달라진다. 영업직원은 전체를 조망하되 세부사항도 관심을 가지고 살펴야 한다. 고객이 진정으로 원하는 것을 제공하기 위해 지휘자처럼 조화와 시너지에 대한 책임을 져야 한다. 진정으로 신뢰가 있고 창의적인 전략이 있고 주인정신을 가진 영업직원이라면 고객과 회사를 감동시킬 수 있다.

30

"부도덕하고 불법적인 것 외에는 다 합니다"

적극적, 능동적으로 기회를 찾아라

기업의 내부환경은 끊임없이 변한다. 기업의 경쟁을 포함한 외부환경 또한 마찬가지다. 혁신과 창조를 기반으로 한 전략적 사고는 적극적이고 능동적으로 환경에 대응하는 것에서부터 시작된다. 시장에서는 예기치 못한 돌발상황을 만나는 경우가 자주 있다. 영업직원에게는 위기를 기회로 만드는 위기돌파 능력이 반드시 필요하다. 그리고 이를 위해 창의적이고 혁신적인 아이디어가 필요한 것은 당연하다.

내가 삼성전자에 있을 때의 일이다. 시행 및 시공을 같이하는 어느 건설회사를 대상으로 영업할 때였다. 건설회사에 삼성전자 제품을 포함한 통합솔루션을 제안해 그 회사의 대형 프로젝트의 정보기술을 포함한 경쟁우위를 고객가치로 창조하는 영업이었다. 그런데 고객의 사고방식이 잘 변하지 않았다. 당시 삼성전자가 유비쿼터스 통합솔루션을 제안하겠다고 했지만, 고객은 IT제품이나 가전제품을 취급하는 삼성전자가 설치 시공 및 기타 외부 제품까지 포함한 통합솔루션을 만들고 시공한다는 것을 잘 이해하지 못했다. 물론 삼성전자의 브랜드가 워낙 제품 지향인 데다, 소프트웨어나 솔루션 서비스를 포함한 통합솔루션 브랜드가 약하게 인식되었기 때문이었을 것이다. 어느 날 건설회사의 대표이사를 만났을 때 이러한 고객과의 의견 차이가 또다시 불거졌다. 이때 나는 그 의사결정자에게 말했다.

"우리는 성매매, 마약 등 부도덕하고 불법적인 것을 제외하고는 모든 것을 판매합니다. 통합솔루션을 통해 IT제품, 가전제품 등을 파는 것이 아니라 이와 같이 부도덕하고 불법적인 것을 제외하고는 모든 것을 통합해서 고객에게 가치를 제공하는 사업을 하고 있습니다."

그 뒤로 통합솔루션의 요소에 대한 의견 차이는 사라졌다. 한 예이지만 시장의 변화에 적극적으로 능동적으로 대응한 사례다. 즉각적인 위기돌파로 추후 새로운 사업의 장을 오히려 넓힌 사례라고 할 수 있다.

최근의 급속한 기술혁신과 이를 기반으로 한 비즈니스 모델의 변화는 기업과 고객사 모두에게 사업의 존폐를 논할 만큼 큰 충격으로 다가오고 있다. 이러한 변화 속에 언제 닥칠지 모를 위기를 해결하기 위해서는 더욱 적극적이고 능동적인 환경 대응이 필요하다.

없는 것도 만들어라

IBM의 정 차장은 고객을 만날 때 절반 정도의 시간을 IT부서가 아니라 IT와는 별로 관련이 없는 본부부서나 지점들에 할애한다. 기존에 만나던 정보시스템부서에서 영업기회를 만드는 것은 일상적이라, 새로운 영업기회를 찾으려면 더욱 능동적 정보시스템부서에 정보기술을 요청하는 현업부서 고객을 직접 만나야 한다고 생각하기 때문이다.

최근 은행에서는 여러 가지 새로운 것을 추구하고 있는데, 정보시스템부서에서 못 듣는 은행사업에 관한 진솔한 이야기를 사업부서에서 들을 수도 있다. 한 발짝 고객에게 더 다가서는 한편으로 정보시스템부서에게 전달되는 메시지를 먼저 들을 수 있어서 더욱 빨리 기회를 찾을 수 있다. 정 차장은 은행의 개인고객본부에 들렀다가 은행이 PB 영역을 향상시키기 위해 IT시스템을 발주하기로 결정했고 컨설팅과 업무개발, 컴퓨터시스템의 세 부분으로 진행할 거라는 소식을 우연히 들었다. 컨설팅은 컨설팅회사들에게 발주하고 업무

개발은 외국계 전문업체에게 제안요청을 할 거라는 소식이었다. 정보시스템부서에 요청해 시스템 부분에서는 IBM을 포함해 HP, 오라클, 마이크로소프트가 경쟁할 것이라는 정보도 추가로 얻었다.

보통 영업직원이라면 정보시스템부서를 통해 요청될 시스템영역의 경쟁만을 고민하겠지만, 개인고객본부에 간 이유가 적극적인 영업기회를 찾으려고 간 것이다 보니 정 차장은 이 세 부분을 모두 수주할 방법이 없을까 고민했다. 회사에 돌아온 정 차장은 컨설팅, 업무개발, 하드웨어/소프트웨어 시스템까지 모든 것을 수주할 전략을 수립하고, PB시장에서 가장 경쟁력 있는 컨설팅사와 업무개발사를 찾았다. 그리고 IBM 내부 컨설턴트를 통해 은행이 나아갈 방향을 고려한 최상의 컨설팅과 업무개발, 시스템까지 묶는 통합 제안서를 만들어 개인고객본부의 PB사업팀을 찾아가 통합의 장점을 설명했다.

'어차피 이 통합 제안서가 고객을 설득한다면 없는 기회를 만드는 것이고, 설득하지 못한다고 해도 시스템 경쟁만 하면 되기 때문에 잃을 것이 없다.'

'통합했을 때 은행 입장의 장점인 각 업무에서 최고의 업체와 일을 하면서 책임소재를 한 곳으로 주자고 제안하자.'

'이 책임소재가 믿을 만한 브랜드라면 고객에게도 더 중요한 가치가 되지 않을까?'

이렇게 생각하니 더욱 자신 있게 통합의 장점을 주장할 수 있었다. 이 제안이 받아들여져 정 차장은 마침내 컨설팅, 업무개발, 시스템까지 총괄하는 계약을 수주했다. 핵심역량이 다른 영역(PB컨설팅, PB업무개발)을 통합해 제안서로 탈바꿈시킴으로써 새로운 계약을 수주한 사례다. 만약 IBM이 가장 잘하는 하드웨어와 소프트웨어 영역만 노렸더라면 계약 규모는 훨씬 작았을 것이고 경쟁 또한 더 심했을 것이다. 그러나 정 차장은 기회를 발견하고 더욱 적극적이고 능동적으로 대응해 발주 업무를 통합해 제시했다. 경쟁사였던 컨설팅회사나 업무개발회사에서는 전체 통합업무를 할 수도 없었고 고객도 신뢰하지 않았기 때문에 자연스레 전체를 수주하게 되었다. 없는 기회를 적극적으로 찾아 계약 규모를 크게 확대시킨 사례라고 할 수 있다.

PART 7

뒤가 아름다운
사람이 돼라
·
감성의 정도

Cordial Ethics

Cordial Ethics

후배 영업직원이 물었다. "어쩔 수 없는 상황에서 유연성이 필요할 때 유연성이 먼저인가요, 원칙을 지키는 것이 먼저인가요?" 나는 단호하게 대답했다. "둘 다 중요해. 단, 원칙을 지키면서 유연성을 적용해야 하지." 그러자 후배가 말했다. "너무 어려운데요?" 다시 대답했다. "룰대로만 할 수는 없어. 영업환경은 너무나 가변적이고 동적이어서 그때그때 상황에 맞춰 유연하게 상황에 대처해야 하는 거야. 단, 아무리 어렵고 힘들어도 기본 원칙은 지켜야 하고, 기본 원칙에 문제가 생길 경우에는 차라리 그 기회를 포기해야 해." 급속도로 경제 발전이 진행돼온 대한민국에서는 '빨리빨리'가 자랑이었다. 이러한 속도는 가끔 '원칙'을 넘어서는 가치가 되기도 했다. 정도 영업은 못하면 과락이 되는 역량이다. 반드시 해야 한다. 고객은 유능한 프로 영업직원을 좋아한다. 유능한 영업직원이 좋은 가치를 제안하기 때문이다. 그러나 유능함만 있는 영업 브랜드는 오래가지 못한다. 따뜻하고 올바르게 행동하는 것은 없어서는 안 될, 반드시 갖춰야 할 덕목이다.

31

바른 사람을
싫어하는 사람은 없다

영업은 상호작용이다

프린스턴 대학교의 저명한 심리학자인 수잔 피스크와 마케팅 전문가 크리스 말론이 2013년 공동 집필한 저서 《휴먼 브랜드》에 따르면 인간은 원시시대부터 생존을 위해 다음 두 가지 요소에 대한 판단을 신속하고도 정확하게 내려야 했다고 한다. 그들은 나에게 무슨 의도로 접근 했을까(따뜻할까)? 그들에게 목적한 것을 이룰 수 있는 능력이 있을까(유능할까)? 사회활동에서는 어느 누구도 유능함만을 평가의 대상으로 보지 않는다. 따뜻함도 함께 보게 마련이다. 이렇듯 사람에 대한 평가 기준은 원시시대부터 생존을 위해 필요했고 이것은 시대를 넘어서도 지속적으로 진화했다. 우리가 누군가에 대해 묻는 "그 사람 괜찮아?"라는 질문에 항상 이 두 가지 의미가 내포되는 것도 이것이 이미 DNA에 내재되어 있기 때문이다. 이 따뜻함과 유능함은 결국 인간의 주요한 본능이 되었고 이를 통해 인간은 지구의 주인이 되었다고 한다.

이 책에서 저자는 지금까지의 기업들은 자신의 브랜드를 고객들에게 어떻게 효과적으로 인식시킬 것인지에 관해 유능함이라는 일방적인 관점에서 접근했으나, 이제는 인간의 가장 원초적인 본능인 따뜻함이 필요하다고 주장한다. 그리고 브랜드도 인간미가 넘치는 '휴먼 브랜드'를 구축해야만 기업이 생존, 발전할 수 있다고 주장한다.

영업은 상호작용이며 신뢰를 기반으로 한 관계관리가 그 시작이다. 인간의 본원적인 측면에서 보면 기업의 브랜드 관리보다 개인과 개인이 직접 소통하는 영업이 '휴먼 브랜드'라는 측면에 훨씬 가까울 것이다. 지금까지 나는 영업인이 자신의 강력한 브랜드를 구축하는 방법인 영업 잘하는 방법에 관해 서술했다. 이것은 '유능함'에 관한 이야기였다. 영업을 잘하는 방법의 마지막은 '인간미'에 관해, 인류가 오랫동안 진화시켜온 인간의 가장 원초적인 판단 기준인 "그 사람 어때?"라는 말의 속뜻인 '따뜻함'과 '옳음'에 관한 이야기다.

따뜻한 영업 브랜드

수전 피스크의 연구에 따르면 아래 표에 나타난 바와 같이 따뜻함과 유능함의 조화는 끌림과 유대와 협력의 행동반응을 보인다고 한다. 나는 그간 유능함은 있으나 따뜻함은 없던 선배와 동료, 후배를 종종 봐왔다. 영업영역에는 이런 성향을 가진 사람들이 별로 없다. 고객 및 내부 직원과의 소통과 상호작용이 중요한 영업인에게서 차가움은 찾아보기 어려운 것이 사실이다. 아니, 있다고 하더라도 영업인으로서 오래가지 못한다.

반대로 유능함은 없지만 따뜻함은 많은 선배들이 있었다. 고객은 차라리 이런 영업직원들을 챙긴다. 나도 사업이 잘 안 된 영업직원들을 어떤 거래에 포함시켜 달라는 고객의 요청을 종종 받곤 했다. 그만큼 영업직원의 따뜻함은 필수조건이다.

내가 영업을 수행할 때 항상 잊지 않는 것이 있다. 고객 중 멀리 지방으로 가거나 혹은 주요 구매 의사결정에서 벗어나 인사 발령이 나

▌따뜻함 - 유능함 모델▐

구분		감정 반응		행동 반응
따뜻함 + 유능함	➡	존경, 자랑	➡	끌림, 유대, 협력
차가움 + 유능함	➡	질투, 시기	➡	의무적 연계, 방해
따뜻함 + 무능함	➡	동정, 연민	➡	도움, 방치
차가움 + 무능함	➡	경멸, 멸시	➡	거부, 회피

도 잊지 않고 떠난 기간에 찾아가는 것이다. 보통의 경우 주요 의사 결정자였더라도 기업에서는 그 고객을 항상 그 자리에 두지 못한다. 비리 발생을 예방하는 면도 있지만 한 개인을 늘 주요 보직에만 둘 수 없기도 하고, 다양한 경험을 하게 해 미래에 중요 직책을 맡기기 위해서도 순환보직을 줄 수밖에 없다. 중요 의사결정 보직에서 떠나 있는 동안 멀리서 영업직원이 찾아오면 고객은 너무나도 반가워한 다. 곰탕 한 그릇에 소주 한잔을 기울이면서 이제는 아무 상관도 없 는 자신을 찾아와준 것에 감동하고 고마워한 것이다.

영업기회가 있을 때 미리 알고 정확히 찾아오는 '유능한' 영업직 원이 아닌, 한직에 있는 옛 고객을 멀리서 찾아와준 '따뜻한' 영업직 원에게 말이다. 어느 고객이 내게 한 말이다. "모 기업의 김 부장은 평시에는, 특히 내가 지방 부서에 가 있을 때는 코빼기도 안 비추다 가 돈 벌 기회만 생기면 '형님' 하며 찾아온다. 그렇게 자기 것만 밝 히는 영업직원은 정말로 우리 회사가 필요할 때 도와주지 않을 것이 뻔하기 때문에 절대로 중요 파트너로 생각할 수 없다."

고객도 인간의 DNA를 가지고 있다. '따뜻함과 올바름'의 정서는 영업인에게 필수요건이다. 신뢰는 오랫동안 갈고닦아야 생긴다. 한번 만들어진 인연에는 따뜻함이 있어야 한다. 영업 잘하는 방법에 대해 지금까지 논의한 유능함에 인간적인 따뜻함이 함께한다면, 당신의 영업 브랜드는 글로벌 브랜드로 성장할 수 있을 것이다.

'김영란법'과 영업의 미래

2016년 여름과 가을, 9월 28일 이전까지 바쁜 사람이 많았다고 한다. 청탁금지법(일명 김영란법)이 발효되기 전에 공무원, 공직유관단체, 교직원, 언론인과 밀린 식사와 골프 등 밀린 약속을 하느라 바빴다고 한다. 9월 27일 저녁까지 거래처인 언론사, 공직자, 교직원과 식사 약속을 하는 사람들이 꽤 있었다고 하고, 혹자는 아직 법에 익숙하지가 않아서 배우자가 김영란법 대상자인 경우를 대비해 고마운 민간기업 고객들과도 9월 28일 전에 3만 원이 넘는 식사를 대접하느라 서둘러 저녁 약속을 했다고 한다.

청렴한 한국을 만들기 위해 제정된 '부정청탁 및 금품 등 수수의 금지에 관한 법률'인 청탁금지법, 일명 김영란법이 9월 28일 발효되었다. 공무원, 공직유관단체 직원, 교직원, 언론인에게는 청탁을 금지하는 법이고 배우자가 이 대상일 경우에도 해당이 된다. 청탁을 하면 위법이 되고 아울러 식사는 3만 원, 선물은 5만 원, 경조사는 10만 원을 넘으면 위법이므로 이 법이 제대로 자리 잡는다면 대단한 한국사회의 변화를 가져올 듯하다. 우리나라의 많은 국민이 이 법의 대상이 될 것이고 공직이 아닌 민간까지도 자연스럽게 이 문화가 자리를 잡게 되지 않을까 싶다. 혹자는 내수가 위축되느니, 농업종사자들에게 문제가 되느니 하지만 선진국으로 도약하려고 하는 우리나라에게 공정한 거래와 문화라는 선진국의 필수 요건을 갖추게 하는 초입길이 되지 않을까 생각한다.

나는 외국계 글로벌 회사에서 처음 경력을 시작했다. 거의 30년 전에도 IBM과 HP 등 외국계 글로벌 회사는 일찍 전부터 공공기관이나 공공기관 투자회사의 임직원들과는 20~30달러 이상의 식사나 선물을 금지하고 있었다. 이를 지키지 않으면 해고되었고 이는 많은 나라에서 사업을 하는 글로벌 기업의 생존 전략이었다. 사업을 하는 나라에서 윤리적 문제가 발생 시 본사의 존폐까지 영향을 미칠 수 있기 때문에 이는 절대로 지켜야 하는 룰이었고, 우리나라처럼 사회문화적인 문제로 시작한 것이 아니라 사업의 안위를 위해 시작된 것이다. 한국의 많은 기업들이 이제는 글로벌화되었고 글로벌화가 진행 중이다. 우리나라의 사회문화적인 부분 때문만이 아니라 기업의 궁극적인 발전을 위해서도 반드시 가야 할 길이다. 사회문화와 경제적인 면에서 발전하기 위한 받침돌이 될 것이기 때문이다.

오래전에 모기업의 IT네트워크를 구축하는 사업을 제안할 때 일이다. 약 50억가량의 사업이었는데 그 당시에는 꽤 큰 사업이었다. 나는 배우고 익힌 대로 신뢰기반의 관계를 바탕으로 고객의 오랜 거래처인 판매경로를 선택하였고, 고객의 가려운 부분을 정확히 이해하여 고객에게 도움이 되는 창조적인 제안을 하였다. 물론 실무자부터 의사결정자까지 이 제안을 회사에 좋은 방안이라 생각했고 거의 계약을 할 즈음이었는데, 검토 업체 중 한 곳에서 우리 회사와의 계약을 철회하고 갑자기 2위도 아닌 3위 경쟁사와 계약해야겠다고 하는 것이 아닌가? 더구나 실무자는 내게 정말 미안하지만 이번 건은 잊어달라고 부탁하는 것이었다. 의사결정자까지도 거절할 수 없는 꽤 큰 청탁이 있었던 것이다. 물론 이런 경우 고객도 힘들 것이기 때문에 고객과의 장기적인 관계를 생각해서 나는 내부 제안을 담당한 IBM 기술진과 윗분들을 설득하여 이 사업은 포기했다. 얼마 후 당시 정계의 거물이 부탁하여 수주업체가 뒤바뀐 것을 알게 되었고 내가 아무리 열심히 해도 이렇게 뒤바뀌는 것을 보고 못내 씁쓸했다.

이런 경우 내가 이 책에서 줄기차게 강조하고 있는 판매경로 관리, 승부사 정신, 창조적인 고객 가치 제안, 전략적 사고, 고객 비즈니스의 이해, 정도 영업 등은 필요 없게 된다. 힘 있는 사람만 알면, 로비스트만 알면 역량은 필요 없는 것이다. 회사는 직원들의 영업

역량을 키우기보다는 권력 조직에서 은퇴한 사람을 고문으로 고용하면 되고 고객사 의사결정자의 혈연, 지연, 학연이 있는 사람을 이용하면 될 것이고 영업직원은 허드렛일만 하면 되는 것이다. 아마도 지금까지 기업에서 영업 교육에 많은 투자를 하지 않은 이유도 이런 것까지 감안했을 것이다. 사회와 조직의 일원이 자신의 역량을 키우는 일에 소홀하다면 그 사회가 발전할 수 있을까? 이 때문이라도 김영란법은 사회 발전을 위해 반드시 필요한 법이다.

김영란법은 자리를 잡을 것이다. 그리고 그래야 한다. 대한민국의 미래가 있을 것이기 때문이다. 이제는 신뢰 기반의 관계 시대, 고객 가치가 중요한 시대가 오고 있다. 옳고 바른 사고의 행동과 영업 방식이 대우받는 세상이 온다. 사물인터넷의 세계는 거짓말하면 안 되는 세상을 만든다. 모든 것이 네트워크로 연결되고 어느 것도 숨겨질 수 없다. 이제 아이들도 거짓말하면 안 되는 것을 가르쳐야 생존할 수 있다. 영업도 고객 가치, 창조적 사고, 신뢰 등 옳고 바른 개념이 성과를 더 만들 것이라 확신한다.

김영란법이 발효되고 얼마 안 된 날에 어느 영업의 대선배님이 한 말이다. "이제는 영업도 정말로 역량 있는 사람이 잘하겠네. 김영란법 때문에 술과 접대로 단련된 영업직원이나 고객과 지연, 학연으로 연결되어서는 한계가 있을 것이고 신뢰를 가진 영업역량이 있는 영업직원의 세상이 오겠구먼!"

창조적 고객 가치 제안, 신뢰기반의 관계, 승부사 정신, 고객 업무의 이해, 판매경로 장악, 따뜻하고 바른 영업, 이런 것들이 영업의 성과에 직접적 영향을 미칠 것이고, 회사는 이를 바탕으로 더욱 체계적으로 영업직원을 채용하고 영업역량을 가르쳐야 할 것이다. 개발되고 훈련된 영업역량을 가진 영업직원의 시대가 오고 있다. 아울러 다양한 사례를 바탕으로 5년 후, 10년 후 김영란법과 영업의 성과에 관한 긍정적 영향의 연구들이 쏟아지길 기대해본다.

32

정수가
꼼수를 이긴다

후배가 존경하는 사람이 돼라

매년 초에 회사에서는 영업직원을 새로운 영업영역으로 이동시킨
다. 담당 고객사를 바꾸는 것이다. 회사의 조직 변화에 따라 변경되
기도 하고 담당 영업직원이 진급하거나 이직할 경우 담당 고객사를
바꾸기도 한다. 물론 앞에서 논의한 대로 신뢰관계를 위해서는 영업
직원의 연속성이 유지되어야 하지만, 조직에서는 어쩔 수 없이 변경
되어야 하는 측면도 있다.

영업회사에서는 이러한 변화가 생길 때 담당 영업직원의 문제점

을 알게 된다. 새로 담당하게 된 영업직원은 이전 영업직원이 묵혀 놓았던 문제나 해결 못한 일들, 혹은 실적은 잡아놓고 해야 할 일을 정리하지 않은 것 등 다양하게 뭉개놓은 것들을 발견하게 된다. 새로운 담당 영업직원은 이를 해결하기 위해 많은 시간과 노력을 쏟는다. 당연히 이전 영업직원에 대한 불평과 불만이 많을 수밖에 없다. 특히 정도에 어긋난 일을 해놓고 떠난 영업직원에 대한 뒷말은 당연할 것이다.

그런데 이전 영업직원이 일은 다 해놓고 다음 영업직원을 위해 실적을 남겨놓는 경우를 볼 때가 있다. 새롭게 담당하는 영업직원은 당연히 이 직원을 칭찬하며 사람들에게 훌륭한 영업직원이라고 알릴 것이다. 영업직원 대부분이 곧 떠날 고객사에 관한 복잡하고 하기 싫은 일을 뭉개놓고 가고 싶은 유혹을 받는다. 그러나 전자보다는 후자의 고마운 영업직원이 돼야 하지 않을까 싶다. 지금까지의 경험에 비춰볼 때 전자의 영업직원은 성공하기가 쉽지 않고 후자의 영업직원은 훗날 성공했다는 소식을 종종 듣는다.

고객과는 신뢰가 우선이라고 했다. 후배에게 하기 싫은 것을 떠넘기고 가는 선배 영업직원이 고객과 신뢰를 쌓을 수 있을까? 후배가 칭찬하고, 떠난 자리가 아름다운 영업인이 되어야 할 것이다.

10년 후 잘되는 후배들을 보며 행복해하라

2005년 10월 삼성전자로 이직했을 때의 일이다. 나는 다양한 기업영업 경험을 바탕으로 삼성전자로 옮기면서, 당시 이 회사의 미래 먹거리를 준비하는 B2B미래전략TF 리더를 맡아 삼성전자의 첫 B2B영업팀을 만드는 그림을 그렸다. 드디어 2006년 당시 방인배 전무를 팀장으로 회사의 첫 B2B영업팀이 발족되었다. 문화가 다른 B2B영업을 만들어 회사의 미래 먹거리로 키우기 위해 B2B영업팀 은 다양한 시행착오를 겪으며 많은 역경과 고생을 헤쳐나왔다. 수많 은 전투에서 이기기도 하고 좌절하기도 하며, 임직원이 떠나기도 하 는 속에서 남은 인원은 열심히 시장을 지키며 맷집과 열정으로 회사 의 미래 먹거리로 육성하기 위해 최선을 다했다.

나는 2010년 말에 회사를 떠났지만 삼성전자는 여전히 전략적으 로 B2B사업을 키우고 있다. 국내사업에 집중했던 조직의 영역이 해 외사업으로 확장되었고, 회사 차원의 각 제품사업부에서 B2B영업 팀이 확대 운영도 하고 있다. 회사를 떠나면서 뒤에 남은 직원에게 할 일을 뭉개놓고 가는 것이 아니라, 힘은 들지만 미래를 위한 비전 을 주고 가야 하는 것처럼 여전히 B2B영업은 삼성전자 내에서 진행 형이다.

당시 내 보스가 한 말이 있다. "10년이 지난 후에 후배가 잘될 수 있는 조직과 문화를 만들자."라는 것이었다. 진정한 정도를 걷는다는 것은 비정도를 걷지 않는 것이 아니라, 10년 후 잘된 후배를 보며 행복해하기 위해 준비하는 것이다. 이렇게 준비한다면 당연히 옳지 않은 것은 시도조차 하지 않을 것이다. 지금도 B2B영업팀의 퇴직 OB모임을 이어가고 있다. 10년이 지난 지금 잘되고 있는 회사의 후배들을 보며 행복해하는 당시의 영업전우들에게 고맙다는 생각을 해본다.

변화의 속도

큰 조직의 변화는 신중하게 진행되며 의사결정에 오랜 시간이 걸린다. 작은 조직의 변화는 상대적으로 신중함이 덜할 수 있고 의사결정에 걸리는 시간도 비교적 짧은 경우가 많다. 그렇다면 큰 조직의 혁신에 시간이 많이 걸린다고 해서 혁신적이지 않은 것이고, 그 조직의 경영진이나 임직원을 개혁의 걸림돌이라고 할 수 있을까?

내가 삼성전자의 B2B미래전략TF 리더를 처음 맡고 얼마 안 되었을 즈음의 일이다. B2B미래전략TF의 업무는 삼성전자 한국 총괄의 B2B사업본부의 첫 그림을 그리는 것이었다. 당시 삼성전자는 솔루션사업을 막 시작했을 즈음이었고 B2C영업이나 제품제조 등에서는 전 세계에서 1등을 하고 있을 때였다. 앞에서 논의했듯이 같은 영업이라도 B2B영업과 B2C영업에는 큰 차이가 있었고 제품사업과 솔루션사업도 마찬가지로 차이가 컸다. 나는 B2B영업의 사관학교라고 불렸던 IBM에서 많은 것을 배우고 경험한 것을 살려 TF팀과 함께 큰 변화의 제언을 만들었다. 당시 내가 제일 잘하는 분야라 어떻게 하면 될지 자신이 있었고 이를 토대로 변혁적인 보고서를 만들었으나, 번번이 회사에서 온전히 받아들여지지 않았다. 속상한 나머지 항상 좋은 조언을 해주는 업계 선배에게 불평하던 중 이 문제를 해결할 수 있는 좋은 예를 들었다.

항공모함은 오른쪽으로 선회하기로 결정하면 의사결정 후에 실제로 10마일(확실치는 않지만 꽤 가야 한다는 정도로 이해 바란다) 정도 가야 완전히 오른쪽으로 선회한다고 한다. 그래서 항공모함은 신속하고 돌파력 있는 구축함의 호위를 받으며, 항공모함에 탑재된 전투기도 같은 역할을 수행한다고 한다. 의사결정 후 선회하는 동안 적의 공격을 예방해야 하기 때문이다. 반면에 작은 통통배는 바로 선회가 가능하다. 항공모함도 바로 선회를 할 수도 있으나 급하게 선회하면 전복될 수도 있다.

그 이야기를 들은 후 나는 큰 조직의 혁신은 항공모함의 선회에 비유될 수 있겠다고 생각했고, B2B영업의 변화란 삼성전자라는 항공모함의 큰 의사결정 사항이므로 더욱 신중하게 많은 고려를 해야 한다고 생각하게 되었다. 혁신의 속도는 기업의 크기와 사안의 중요성과 밀접한 관계가 있다. 만약 항공모함이 급격한 의사결정을 하고 바로 선회한다면 전복될 수도 있다. 물론 일개 임원의 주장으로 큰 조직이 전복당할 정도의 의사결정과 혁신은 있을 수 없다. 어찌됐든 현재 삼성전자의 B2B영업은 당시와는 비교도 안 될 큰 오퍼레이션으로 바뀌었는데, 당시 B2B미래전략TF도 좋은 결과물을 내놓아 솔루션혁신에 일조한 것으로 보인다. 당시 TF 결과물의 제언은 4년여의 기간이 지난 후에 거의 모두 이루어졌다. 결국 10마일이 걸린 것이다. 변화의 어려움도 물론 논의돼야겠지만, 특히 대형 조직의 혁신에는 변화와 혁신에 대한 신중한 고려도 반드시 필요하다.

33

정도는 나를 위한
길이다

글로벌 기업의 핵심가치에서는 정도 및 윤리에 관한 가치를 항상 한 항목으로 중요하게 다룬다. 기업의 규모가 커짐에 따라 지속 가능한 사업을 하려는 그 어떤 기업에도 정도 및 윤리경영은 필수이며 반드시 지켜야 하는 강력한 가치다.

우리는 〈포춘〉의 세계 100대 기업에 속했던 에너지 기업 엔론이 분식회계로 파산한 사례를 직접 본 바 있다. 국내에도 정도 및 윤리 경영 문제로 파산하거나 갑자기 어려워지는 기업이 나타나고, 최근 들어 이와 관련한 이슈가 점차 중대하게 다루어지는 추세다. 국내 소비자들도 의식 수준이 지속적으로 높아져 도덕성에 흠집이 난 기업에게는 싸늘한 시선을 보낸다. 기업의 규모와 상관없이 기업의 기본 가치인 윤리적 책임은 이제 기업의 존폐를 논할 정도로 중요한 가치가 되었다.

정도영업이란 정도 및 윤리경영을 포괄하는 개념으로 분식회계 등 재무, 회계, 기타 기업의 기능 등을 제외한 영업과 관련해서 회사의 수익 혹은 기타 목적을 위해 비도덕적, 불법적 행위를 통해 영업하지 않는 것을 의미한다. 정도영업으로 회사에 존폐 위기를 불러일으키거나 악영향을 끼칠 수 있는 불법적이고 부도덕한 영업행위를 예방 및 제거함으로써 기업의 지속 가능성을 도모해야 한다.

정도로 영업하라

앞에서 내가 "성매매, 마약을 포함한 부도덕하고 불법적인 것 외에는 다 판매합니다."라고 했던 말을 기억할 것이다. 정도영업의 반대말인 비정도영업은 제품뿐만이 아닌 파는 방법, 판매경로 등 정도영업에 다양하게 위반되는 것을 말한다. 매출 부풀리기, 밀어내기, 담합, 접대 및 뇌물을 포함한 부정, 내부 정보의 부정 사용 등 여러 가지 유혹은 물론, 이를 묵인하는 경영진까지 비정도 영업은 다양하게 나타날 수 있다. 무한경쟁 상황의 출현으로 매출 등 목표에 대한 영업직원의 스트레스는 점차 도를 넘어서고 있다. 아울러 영업직원의 지나친 승부사 정신으로 인해 비정도영업 행위가 일어날 가능성도 있다. 이러한 비정도영업은 영업직원과 기업의 성과를 하루아침에 몰락시킬 수 있으며, 평판을 먹고사는 기업 입장에서는 존폐를 논할 정도로 악영향을 끼칠 수도 있다. 영업직원과 기업의 생명은 고객이다. 비정도영업은 기업의 생명과도 같은 고객에게까지 악영향을 끼칠 수 있음을 명심해야 한다. 어떤 순간에도, 어떤 유혹이 있더라도 정도영업은 반드시 지켜야 한다. 아무리 훌륭한 자원과 환경을 가진 기업이라고 해도, 아무리 훌륭한 역량을 보유한 영업직원이라고 해도 비정도영업은 모든 것을 파괴할 수 있다.

글로벌 기업들은 일찍부터 글로벌 사업 환경하에서 정도영업을 해야만 했다. 글로벌 기업의 현지 지사장들이 분기 재무목표를 달성치 못할 경우 이에 대한 본사의 지시와 간섭은 익히 알려진 것처럼 꽤 강하다. 그러나 분기 재무목표를 달성 못했다고 해서 지사장을 해임하지는 않는다. 사업환경과 극복 계획을 검토하고 어떻게 지원할 것인지 함께 연구하며 독려한다. 이런 활동들이 지속적으로 이어져도 진행이 잘 안 되면 그제야 지사장을 바꾸기로 의사결정을 한다. 그러나 정도영업에 위반되는 행위가 발견되면 가차 없이 현지 경영진을 교체한다. 이는 과락 항목임과 동시에 이 건이 사고로 터질 경우 본사에 미치는 영향이 너무나 크다는 것을 정확히 알기 때문이다. 글로벌 기업뿐만 아니라 글로벌 증시에 상장된 국내 기업이 단순한 유혹에 넘어가 정도경영을 위반하는 경우에도 기업 본사나 브랜드 혹은 신뢰에 심각한 악영향을 끼치는 것은 말할 필요조차 없다. 이는 주가에 타격을 주며 기업의 가치에도 큰 영향을 미친다. 정도영업을 준수하지 않으면 아무리 다른 과목을 잘해도 이 과목 때문에 모든 과목에서 실패하는 결과를 초래한다.

본줄기를 잊지 마라

나무에는 본줄기와 곁가지가 있다. 큰 과일나무를 오르는 사람들은 꼭대기에 있는 열매를 따기 위해 오른다. 그런데 큰 나무는 위로도 높고 길지만 옆으로도 넓고 수많은 곁가지가 나 있다. 큰 나무를 오르는 사람은 꼭대기에 있는 과일을 따고, 꼭대기에 올라가서 주위를 내려다볼 때의 행복감을 느끼기 위해 오른다. 그러나 큰 나무의 꼭대기까지 오르는 데는 시간도 많이 걸리고 유혹도 많다. 게다가 나무를 오르기 시작하자마자 넓게 퍼진 곁가지에 달린 열매들이 유혹한다.

결국 유혹에 져서 이것을 따기 위해 곁가지로 옮겨 간다. 이때 곁가지에 붙은 작은 열매를 따서 먹은 후 또 그 옆에 붙는 작은 열매를 따러 이동하면 안 된다. "내 목표가 무엇이지?"라고 자신에게 물은 후 "아! 내 목표는 꼭대기의 큰 열매지!"라고 대답하고는 즉시 본줄기로 돌아와야 한다. 꼭대기까지 가는 데는 많은 시간이 걸리지만 나에게 허용된 시간은 그리 많지 않기 때문이다. 그리고 본 줄기를 타고 꼭대기를 향해 올라가야만 처음에 목표로 삼은 꼭대기의 큰 열매를 딸 수 있기 때문이다.

여기에서 본줄기는 원칙이고 곁가지는 변칙이다. 본줄기는 정도고 곁가지는 비정도다. 비정도의 유혹은 나무를 끝까지 오를 때까지 지속적으로 이어진다. 그러나 명심해야 한다. 목표는 원칙의 꼭대기에 있는 성공이라는 열매라는 것을. 눈앞에서 손해를 보더라도 유혹을 뿌리쳐야 한다. 이것이 궁극적으로 나를 위한 길이다.

글로벌 기업의
임직원 행동규범

글로벌 기업인 HP와 오라클의 핵심가치와 임직원 행동규범이 윤리와 정도 경영을 어떻게 다루고 있는지 벤치마킹해보자. 이 두 기업이 정보 및 윤리규범에 관해 기업 차원에서 어떻게 다루고 있는지, 어떤 방향으로 고민하고 있는지 알아보고, 임직원 행동규범에 정도 영업과 관련한 내용이 구체적으로 어떻게 나타나 있는지도 검토해보자.

오라클의 핵심가치와 임직원 행동규범

오라클의 핵심가치는 열 가지인데, 이 중에서 정도(Integrity), 준수

(Compliance), 윤리(Ethics)의 세 가지가 정도 경영과 관련이 있다. 오라클은 일반적인 경우보다 많은 핵심가치를 가지고 있지만, 그중에 세 개의 가치가 정도 경영과 밀접하게 연결될 만큼 정도와 윤리에 중요성을 두고 있다.

- 정도(Integrity)
- 상호 존중(Mutual Respect)
- 팀워크(Teamwork)
- 소통(Communication)
- 혁신(Innovation)
- 고객만족(Customer Satisfaction)
- 품질(Quality)
- 공정(Fairness)
- 준수(Compliance)
- 윤리(Ethics)

HP 핵심가치와 임직원 행동규범

HP는 다섯 가지의 핵심가치 중 정도 경영(Uncompromising integrity)을 강조한다. 양보하지 않는, 강경한 정도 경영(Uncompromising Integrity)을 써서 강조했다.

아울러 양보하지 않는 정도 경영(Uncompromising Integrity)과 관련된 임직원 행동규범을 아래와 같이 상세히 나열했다.

1. **자산을 현명하게 사용한다.**
2. **정확한 비즈니스 기록을 남기고 유지한다.**
3. **이해관계의 충돌을 피한다.**
4. **뇌물을 주거나 불법적인 돈을 받지 않는다.**
5. **민감한 정보를 보호한다.**
6. **국제무역관례법을 준수한다.**
7. **비공개 정보를 거래하거나 누설하지 않는다.**

오라클과 HP의 사례에서 볼 수 있듯 글로벌 기업은 정도 및 윤리 경영의 중요성을 기업의 핵심가치로 직접 공표하고, 아울러 임직원 행동지침으로 상세하게 가이드라인을 내놓고 있다. 그리고 이러한 가이드라인의 많은 부분이 영업직원이 빠지기 쉬운 비정도영업의 유혹을 뿌리쳐야 하는 것에 관해 다루고 있다.

영업은 곧 미래고 기회다

이 책의 독자는 이제 영업에 대해 '창조와 혁신', '신뢰관계', '즐거움', '프로 정신', 'CEO의 덕목' 등을 떠올릴 것이다. 영업이 긍정적, 전략적, 미래 지향적이라는 것도 알게 되었을 것이다. 저성장 시대의 도래와 무한경쟁 상황에서의 영업의 가치는 매우 빠른 속도로 높아지고 있다. 또한 수많은 국내외의 글로벌 기업과 강소 기업이 B2B 시장으로 진출하고 있다. 현재 업으로 삼고 있거나 앞으로 영업을 하는 모든 이에게 영업은 곧 미래이고 기회다. 이것이 '영업의 진실'이다.

이 책에서 나는 '영업의 진실'을 바탕으로 영업인의 강력한 브랜드를 만드는 방법에 관해 7가지 역량(7C)과 세부적인 33가지 방법을 제시했다. 이 세부적인 33가지 방법은 영업인으로서 '유능함'과 아울러 사람 냄새 나는 '따뜻함'을 갖춘, 고객과 기업이 진정으로 원하는 역량과 이를 만드는 구체적인 방법이다. 단지 이 책을 읽는 것으로 끝나서는 안 된다. 7가지 역량(7C)을 살펴보고 나에게 어떤 역량이 부족한지 먼저 파악해야 한다. 그리고 부족한 역량의 세부방법들을 검토한 다음 구체적인 행동 계획을 세우고 실행하며, 실행한 것을 중간중간 직접 평가해야 한다. 이 과정을 진행하다 보면 훌륭한 영업의 달인이 된, 리더가 된 자신의 모습을 곧 발견하게 될 것이다.

영업의 중심은 이론이 아니다. 영업은 현장에서의 실행이 중심인 심리학과 사회학의 합이다. 생각만 하고 알기만 하고 실행하지 않으면 아무 의미도 없다. 이 책의 독자 모두가 실행에 옮겨 행복한 영업인이 되기를 바란다. 이 책이 현재 영업에 종사하고 앞으로 이 일을 하려고 고민하는 모든 사람에게 도움이 되리라 믿는다.

영업을 잘하는 7가지 역량과 33가지 방법의 기초는 현장이다. 고객과 시간을 얼마나 많이 보내느냐가 모든 역량의 밑거름이 된다. 승부사 정신도 고객과 현장에서 배우고 고객과의 신뢰관계도 현장에서 맺어지고 발전되며, 창조적 사고와 고객가치도 책상이 아닌 현장에서 나온다. 고객 비즈니스의 이해에도 현장경험이 크게 작용한다. 현장에 가지 않는, 혹은 가끔 가는 영업인은 단연코 진정한 영업인이 될 수 없다. 구두 뒤축이 닳아 자주 바꾸는 영업인이 되어야 하며 영업조직에 그런 영업직원이 많은 회사는 반드시 발전한다.

나는 오랫동안 영업을 직접 수행해왔다. 사업을 총괄하는 내내 어떤 역량을 가진 영업직원을 채용해야 하는지가 큰 숙제였으며, 내부 영업직원들의 교육과 경력 개발에 대해서 항상 고민해왔다. 이런 측면에서 영업직원이 갖추어야 할 역량과 덕목에 대해서도 항상 생각하고 고민했다. 현재 영업직을 수행하는 경우는 자신이 어떤 역량을 보유해야 하는지, 또 갖춰야 할 역량 중 어떤 역량이 부족한지 알아야 그 부분을 보완해 발전할 수 있다. 한 건 한 건마다 실패에 대한 위험 민감도가 매우 크고 성공했을 경우 기업에 기여도 또한 큰 기업영업의 특성을 고려할 때, 기업영업팀을 이끄는 리더 입장에서 중요한 것은 부하직원에게 어떤 핵심역량을 보유하게 해서 성공하는 영업인으로 키울 수 있을까 하는 점이다.

2005년 삼성전자 B2B미래전략TF장(상무)으로 옮기기로 결정한 어느 날이었다. 삼성전자로부터 영업에 대해 강의를 해달라는 요청을 받았다. 삼성전자는 B2C분야에 있어서는 이미 세계 최고라고 말할 수 있지만 B2B분야에서는 아직 준비가 필요하니, 직원들에게 영업문화를 접목시키기 위한 교육을 해달라는 요청이었다. 이것을 계기로 처음 만든 'B2B영업의 이해'라는 강의안이 이후 10년이 지난 지금 이 책으로 진화했다. 그동안 계속 진화시켜온 강의안과 지난 25년간 지속해온 영업의 경험이 이 책을 탄생시켰다고 해도 과언이 아닐 것이다. 무엇보다도 영업에 대한 강의를 시작할 수 있는 기회를 주어 지금의 책을 출간하는 데 큰 도움을 주신 당시 삼성전자 장창덕 사업부장님과 방인배 전무님, 김형준 상무님에게 지면을 빌어 감사를 드린다. 이 첫 번째 시도가 다음의 열 번째까지 이어지며 계속 진화하기를 기대하며, 영업의 길에서 나를 가르쳐준 IBM과 나를 키워준 삼성전자, HP와 한화에 특별한 감사의 마음을 담아 드리며 글을 마친다.

참고문헌

- 강성호, 《마케팅에 눈 뜬 B2B기업들》, 한국경제신문, 2015.
- 김현철, 《CEO, 영업에 길을 묻다》, 한국경제신문, 2009.
- 김현철, 《저성장시대, 기적의 생존 전략—어떻게 돌파할 것인가》, 다산북스, 2015.
- 최용주, 김상범, 《영업의 미래》, 올림, 2014.
- 한상린, 《B2B마케팅》, 21세기북스, 2011.
- 박정은, 〈우리나라 영업 연구의 현재와 미래: 비판적 고찰과 미래 연구방향을 중심으로〉, 마케팅연구, 2014.
- 임진환, 〈국내 B2B영업 연구의 탐색적 고찰: 미국 및 유럽 B2B영업 문헌 연구 관점을 중심으로〉, 마케팅논집, 2016.
- 정영철, 〈맞춤 소비시대, 조직 구조도 고객 맞춤형으로〉, LG주간경제, 2005.

- Aaker, A. David, *Building Strong Brands*(New York, NY; The Free Press, 1995).
- Aaker, A. David, *Brand Leadership*(New York, NY; The Free Press, 2000).
- Adamson, Brent, Matthew Dixon and Nicholas Toman, "The End of Solution Sales," *Harvard Business Review*(2012).
- Anderson, E. Rolph, Alan J. Dubinsky, and Rajiv Mehta, *Personal Selling: Building Customer Relationships & Partnerships* (IA: Kendal Hunt, 2014).
- Bagley, Robert, "Sales Training," Training(2013).
- Canaday, Henry, "Selling the New SunGard Way," (Selling Power, 2013).
- Correia, Margarida, "HSBC's Now Comp Structure-Insane or Prescient?," (Bank Investment Consultant, 2013).
- Fleschner, Malcom, "Prescription for Success," (Selling Power, 1996).
- Fogel, Suzanne., Richard Hoffmeister, and Daniel P. Strunk, "Teaching Sales," *Harvard Business Review*(2012).
- Geehan, Sean, *The B2B Executive Playbook*(Clerisy Press, 2011).
- Harris, Michael, *Insight Selling—Sell Value & Differentiate Your Product with Insight*

Scenarios(CEO Insight Demand, 2014).

- Hutt, D. Michael, and Thomas W. Speh, *B2B Marketing Management*(South Western: Cengage Learning, 2010).

- Ingram, N. Thomas, Raymond W. LaForge, Ramon A. Avila, CHharles H. Schwepker Jr., and Michael R. Williams, *sales management-analysis and decision making*(New York, NY: Routledge, 2015).

- Ingram, N. Thomas, Raymond W. LaForge, and Charles H. Schwepker Jr., *Sales Management-Analysis and Decision Making*(Orlando, Fl.; The Dryden Press, 1997).

- Kaplan, Mike, *SECRETS OF A MASTER CLOSER*(Master Closers, Inc., 2012).

- Kotler, Philip, and Waldemar Pfoertsch, *B2B Brand Management*(Berlin; Springer, 2006).

- Kotler, Philip, Neil Rackham, and Suj Krishnaswamy, "Ending the War Between Sales and Marketing," *Harvard Business Review*(2006)

- Malone, Chris, and Susan Fiske, *The Human Brand*(San Francisco, CA.; Jossey-Bass, 2013).

- Oakley, Jared, and Alan J. Bush (2012), "Customer Entertainment in Relationship Marketing: A Literature Review and Directions for Future Research", *Journal of Relationship Marketing*(2012).

- Rodriguez, Michael, Earl D. Honeycutt, and Charles Ragland, "Preliminary Investigation of Entertainment Strategies Involving Alcohol: Implications for Professional Sales Education and Training in Business Markets," *Journal of Business-to-Business Marketing*(2015).

- Schultz, Mike and John E. Doerr, *Insight Selling*, Hoboken, New Jersey; John Wiley & Sons, Inc., 2014).

- Schultz, J. Roberta J, Charels H. Schwepker, and David J. Good, "An Exploratory Study of Social Media in Business-to-Business Selling: Salesperson Characteristics, Activities and Performance," *Marketing Management Journal*(2012)

- Stewart, A. Thomas, and David Champion, "Leading Change from the Top line," *Harvard Business Review*(2009).

- Trimnell, Edward, *B2B Sales*(Beechmont Crest Publishing, 2011).